Dr. Ute Stapel

# GHS – Betriebsanweisungen und Gefährdungsbeurteilung

Arbeitsschutz in Apotheken beim Umgang mit Gefahrstoffen

Dr. Ute Stapel

# GHS – Betriebsanweisungen und Gefährdungsbeurteilung

Arbeitsschutz in Apotheken beim Umgang mit Gefahrstoffen

1. Auflage 2011

Govi-Verlag

Bibliografische Information der Deutschen Bibliothek

Die Deutsche Bibliothek verzeichnet diese Publikation in der Deutschen Nationalbibliografie;
detaillierte bibliografische Daten sind im Internet über
http://dnb.ddb.de
abrufbar.

**Wichtiger Hinweis**

Die Broschüre fasst in handlicher Form die wesentlichen Dinge zusammen, die sich aufgrund der weltweiten Harmonisierung von Vorschriften zur Kennzeichnung von Stoffen und Gemischen für den Apothekenbetrieb ergeben. Der Leitfaden dient als Einstieg in die Materie; die Ausführungen sind nicht rechtsverbindlich.
Für Detailfragen sind die Gesetze, Verordnungen und Richtlinien im Original heranzuziehen. Alle Daten wurden mit größter Sorgfalt zusammengestellt. Alle Angaben sind ohne Gewähr, eine Haftung ist ausgeschlossen.

1. Auflage 2011

ISBN: 978-3-7741-1131-8

© 2011 Govi-Verlag Pharmazeutischer Verlag GmbH, Eschborn

Alle Rechte, insbesondere das Recht der Vervielfältigung und Verbreitung sowie
der Übersetzung, vorbehalten. Kein Teil des Werkes darf in irgendeiner Form
(durch Fotokopie, Mikrofilm oder ein anderes Verfahren) ohne schriftliche Genehmigung des
Verlages reproduziert oder unter Verwendung elektronischer Systeme verarbeitet,
vervielfältigt oder verbreitet werden, soweit nicht im Urheberrechtsgesetz etwas anderes bestimmt ist.
Geschützte Warennamen (Warenzeichen) werden nicht besonders kenntlich gemacht.
Aus dem Fehlen eines solchen Hinweises kann also nicht geschlossen werden, dass es sich um einen
freien Warennamen handelt.

Druck: Fuck Druck & Verlag, Koblenz
Printed in Germany

# Inhaltsübersicht

Vorwort .................................................................................... 8

Neuerungen auf einen Blick ................................................ 9

Rechtsgrundlagen ................................................................. 11

I Allgemeine Vorschriften des Gefahrstoffrechts ............... 13
   1 Gefahrstoffrecht .............................................................. 13
   2 Historische Entwicklung: GHS/CLP, REACH ............... 14
   3 Aufbau der GHS/CLP-Verordnung ................................ 18
   4 Grundelemente der GHS/CLP-Verordnung .................... 19
      4.1 Gefahrenklassen, -kategorien, -piktogramme und Signalwörter ............... 19
      4.2 Gefahren- und Sicherheitshinweise ............... 21
      4.3 Vorrangregelung ............... 23
      4.4 Einstufung/Umstufungen nach GHS ............... 23
      4.5 Übergangsvorschriften ............... 26
   5 Zweck und Aufbau der Gefahrstoffverordnung ............... 28
   6 Zweck und Aufbau der Chemikalien-Verbotsverordnung ............... 31
   7 Brennbare Flüssigkeiten ............... 37
      7.1 Kennzeichnung ............... 38
      7.2 Lagerung ............... 38
      7.3 Schutzmaßnahmen gegen Brand- und Explosionsgefahren ............... 39
   8 Gefahrstoffe in der Apotheke ............... 40
      8.1 Lagerung der Gefahrstoffe ............... 40
      8.2 Kennzeichnung der Vorratsgefäße/Reagenzien ............... 40
      8.3 Übergangsfristen ............... 42
      8.4 Kennzeichnung der Abgabegefäße ............... 42
      8.5 Abgabe der Gefahrstoffe ............... 49

II Arbeitsschutz ............................................................... 57
   1 Arbeitsschutz nach GHS/CLP-Verordnung ............... 58
   2 Gefährdungsbeurteilung ............... 58
   3 Informationsermittlung ............... 61
   4 Schutzstufenkonzept ............... 64
   5 Substitutionsprüfung ............... 69
   6 Schutzmaßnahmen ............... 70
      6.1 Technische Maßnahmen ............... 72
      6.2 Organisatorische Maßnahmen ............... 72

|   |   |
|---|---|
| 6.3 Persönliche Schutzmaßnahmen | 73 |
| 6.4 Gefahrstoffverzeichnis | 75 |
| 7 Dokumentation der Gefährdungsbeurteilung | 76 |
| 7.1 Beschäftigungsbeschränkungen | 77 |
| 7.2 Sicherheitsmaßnahmen im Rahmen der Ausbildung | 79 |
| 8 Betriebsanweisung | 79 |
| 8.1 Der Arbeitgeber | 79 |
| 8.2 Der Arbeitnehmer | 83 |
| 9 Betriebsstörungen, Unfälle, Notfälle | 84 |
| 10 Reinigung und Entsorgung gefährlicher Arbeitsstoffe | 84 |
| 11 Erste-Hilfe-Maßnahmen | 86 |
| **III Betriebsanweisung für Gefahrstoffe** | **87** |
| **Physikalische Gefahren** | **91** |
| Betriebsanweisung 1: Physikalische Gefahren, GHS01 | 91 |
| Betriebsanweisung 2: Physikalische Gefahren, GHS02 | 94 |
| Betriebsanweisung 3: Physikalische Gefahren, GHS03 | 98 |
| Betriebsanweisung 4: Physikalsiche Gefahren, GHS04 | 100 |
| **Gesundheitsgefahren** | **102** |
| Betriebsanweisung 5: Gesundheitsgefahren, GHS05 | 102 |
| Betriebsanweisung 6: Gesundheitsgefahren, GHS06 | 105 |
| Betriebsanweisung 7: Gesundheitsgefahren, GHS07 | 108 |
| Betriebsanweisung 8: Gesundheitsgefahren, GHS08 | 111 |
| **Umweltgefahren** | **115** |
| Betriebsanweisung 9: Umweltgefahren, GHS09 | 115 |
| **Besondere Betriebsanweisungen** | **117** |
| Betriebsanweisung 10: Steroidhormone | 117 |
| Betriebsanweisung 11: Zytostatika | 119 |
| Betriebsanweisung 12: Explosionsschutz | 122 |
| **IV Gefährdungsbeurteilung** | **125** |
| Allgemeine Schutzmaßnahmen | 125 |
| Zusätzliche Schutzmaßnahmen | 127 |
| Besondere Schutzmaßnahmen | 129 |
| **V Listen** | **131** |
| Gefährliche Arzneistoffe – besondere Arbeitsschutzmaßnahmen | 131 |
| GHS/CLP-Verordnung: Gefahrenhinweise (H-Sätze) und ergänzende EU-Hinweise (EUH) | 135 |
| GHS/CLP-Verordnung: Sicherheitshinweise (P-Sätze) | 138 |
| GHS/CLP-Verordnung: Umwandlung R-Sätze in Gefahrenhinweise | 142 |
| Umwandlungstabelle Physikalische Gefahren | 149 |
| Umwandlungstabelle Gesundheitsgefahren | 151 |
| Umwandlungstabelle Umweltgefahren | 152 |

**Anhang I** Unterweisungsbestätigung .................................................. 153
**Anhang II** Gefährdungsbeurteilung und ergänzende EU-Hinweise (EUH)
Wirksamkeitsprüfung / Dokumentation ...................................... 155
**Anhang III** Explosionsschutzdokumentation ............................................ 156
**Anhang IV** Checkliste Arbeitsschutz ...................................................... 157
**Anhang V** Dokumentation – Gefahrstofftätigkeiten ................................. 159
**Anhang VI** Notruftafel ........................................................................ 160
**Anhang VII** Giftinformationszentren ..................................................... 161

**Glossar** .................................................................................... 163

**Inhalt beiliegender CD** ............................................................... 167

# Vorwort

Das Gefahrstoffrecht wird seit Jahren europäisch geregelt. Die Globalisierung hat jedoch zu einem florierenden Handel mit Chemikalien auch über die Grenzen Europas hinaus geführt. Die weltweit nicht einheitlichen Einstufungs- und Kennzeichnungskriterien für das Inverkehrbringen von Chemikalien und eigene Regeln der Staaten für den Gefahrguttransport waren für den Handel zunehmend problematisch. Hinzu kamen unterschiedliche Regelungen für die Sicherheitsdatenblätter.

Auf Initiative der Vereinten Nationen hin wurde ein System für die weltweite Harmonisierung von Vorschriften für die Einstufung und Kennzeichnung von Stoffen und Gemischen erarbeitet. Es wird häufig mit dem Kürzel **GHS** (Globally Harmonized System) bezeichnet. Daran orientiert sich die Verordnung über die Einstufung, Kennzeichnung und Verpackung von Stoffen und Gemischen (Regulation on Classification, Labelling and Packaging of Substances and Mixtures), kurz **CLP-Verordnung**, die am 20.01.2009 europaweit in Kraft trat. Die Verordnung für das Inverkehrbringen und die Verwendung wie auch für den Transport soll den Welthandel vereinfachen.

Gefährliche Chemikalien werden eingestuft, die von ihnen ausgehenden Gefahren und Risiken ermittelt und bewertet. Standardisierte Piktogramme und Gefahrenhinweise auf den Verpackungen informieren Verbraucher und Anwender. Kennzeichnung und Sicherheitsdatenblatt bilden somit die Basis zur Information über Risiken und Gefahren.

Auf Grund der globalen Harmonisierung müssen in Deutschland zahlreiche Rechtsvorschriften geändert werden. Beginnend bei dem Chemikaliengesetz, der Gefahrstoffverordnung und der Chemikalienverbotsverordnung werden in den nächsten Jahren nach und nach die Gesetze/Verordnungen angepasst werden.

Der vorliegende Leitfaden ist keinesfalls vollständig noch rechtsverbindlich, sondern vermittelt vielmehr einen ersten Einstieg in die neuen rechtlichen Bestimmungen. Die Broschüre ist eine Hilfe für die praktische Umsetzung in der Apotheke. Der Aufbau der Verordnung, Grundelemente des neuen GHS Systems werden erläutert und verständlich erklärt sowie die in der Apotheke zu beachtenden Kennzeichnungs-, Verpackungs- und Abgabevorschriften. Zusätzlich werden schwerpunktmäßig Probleme des Arbeitsschutzes, die Unterweisung sowie die in der Gefährdungsbeurteilung festzulegenden Schutzmaßnahmen beim Umgang mit Gefahrstoffen behandelt. Die allgemeinen Gruppenbetriebsanweisungen, die sich an den Gefahrenpiktogrammen orientieren, sollen dem Apotheker die praktische Durchführung ermöglichen.
Der Leitfaden richtet sich in erster Linie an Apotheker und Kleinbetriebe, an berufsmäßige Verwender und informiert über Kernpunkte der GHS/CLP-Verordnung. Ziel ist es, Apotheker und Mitarbeiter mit dem zukünftigen Einstufungs- und Kennzeichnungssystem vertraut zu machen.

Hamm, im August 2010                                                                                              Dr. Ute Stapel

| Stoff. bzw. Zubereitungsrichtlinie 67/548/EWG oder 1999/45/EWG | GHS/CLP-Verordnung EG 1272/2008 | **Buch** Seite |
|---|---|---|
| **Einstufung** | | |
| 15 Gefährlichkeitsmerkmale | 28 Gefahrenklassen und Gefahrenkategorien | 19f |
| **Gefahrensymbole** | **Gefahrenpiktogramme** | 21 |
| Andreaskreuz, Xn und Xi entfallen | neue Piktogramme | 21 |
| **Gefahrenbezeichnung** z.B. gesundheitsschädlich, ätzend | **Signalwörter** „Gefahr" und „Achtung" | 21 |
| **Identifizierungsmerkmal** | | |
| z.B. E für explosionsgefährlich F für leichtentzündlich C für ätzend T für giftig | z.B. GHS 01 – Explodierende Bombe GHS 02 – Flamme GHS 05 – Ätzwirkung GHS 06 – Totenkopf mit gekreuzten Knochen GHS 07 – Ausrufezeichen | 21 |
| R-Sätze – Gefahrenhinweise | H-Sätze – Gefahrenhinweise Hazard statements | 21; 135 |
| S-Sätze – Sicherheitsratschläge | P-Sätze – Sicherheitshinweise Precautionary statements | 22; 138 |

– Fortsetzung Tabelle nächste Seite –

| | Stoff. bzw. Zubereitungsrichtlinie 67/548/EWG oder 1999/45/EWG | GHS/CLP-Verordnung EG 1272/2008 | Buch Seite |
|---|---|---|---|
| Neue Kriterien zur Einstufung führen teilweise zu Umstufungen | **z.B. EU – Gase / Dämpfe** Gesundheitsschädlich | Gefahrenklasse: **Akute Toxizität (Dämpfe)** Achtung  Gesundheitsschädlich bei Einatmen H 332 (Kategorie 4) | 24f |
| | | Gefahr  Giftig bei Einatmen H331 (Kategorie 3) | 24f |
| | Giftig | Gefahr  Lebensgefahr bei Einatmen H330 (Kategorie 2) | 24f |
| | Sehr giftig | Gefahr  Lebensgefahr bei Einatmen H330 (Kategorie 1) | 24f |
| | Sehr giftig / Giftig | Gefahr  Totenkopf steht für akut wirkende Gifte | 24f |
| | | Gefahr oder Achtung  Neues Symbol für längerfristige Folgen z.B. Entstehung von Krebs, CMR Stoffe und atemwegssensibilisierende Stoffe | 24f |
| CMR Stoffe | Kategorie 1   Kategorie 2  Kategorie 3  | Kategorie 1A     Gefahr  Kategorie 1B     Gefahr  Kategorie 2     Achtung | 43 |

Tabelle 1: Neuerungen auf einen Blick.

# Rechtsgrundlagen

1. **CLP - Verordnung\*** (EG) Nr. 1272/2008 vom 16. Dezember 2008 über die Einstufung, Kennzeichnung und Verpackung von Stoffen und Gemischen zur Änderung und Aufhebung der Richtlinien 67/548/EWG und 1999/45/EG und zur Änderung der Verordnung (EG) Nr. 1907/2006; 1. Anpassung zur CLP Verordnung (EG) Nr. 790/2009

2. **Verordnung (EG) Nr. 1907/2006** Registrierung, Bewertung, Zulassung und Beschränkung chemischer Stoffe (REACH) vom 18. Dezember 2006

3. **Richtlinie zur Einstufung, Verpackung und Kennzeichnung gefährlicher Stoffe** im Jahr 1967 (EG- Richtlinie 67/548/EWG ), zuletzt geändert durch die Verordnung (EG) Nr. 1272/2008 (CLP-Verordnung) und 31. Anpassung

4. **Bekanntmachung** des BMAS zur Übernahme der 30. und 31. Anpassungs-Richtlinie zur Richtlinie 67/548/EWG und Inkrafttreten der EG-GHS-Verordnung (Nr. 1272/2008) (Bekanntmachung des BMAS vom 06.02.2009 - IIIb 3 - 35122)

5. **Richtlinie zur Einstufung, Verpackung und Kennzeichnung gefährlicher Zubereitungen**, EG-Richtlinie 1999/45/EG ABl. L 200 vom 30.7.1999, S.1, geändert durch Richtlinie 2006/8/EG vom 23. Januar 2006, ABl L 19 vom 24.1.2006, S.12.

6. **Chemikaliengesetz – ChemG –** Gesetz zum Schutz vor gefährlichen Stoffen in der Fassung der Bekanntmachung vom 2. Juli 2008 (BGBl. I S. 1146)

7. **Gefahrstoffverordnung – GefStoffV –** Verordnung zum Schutz vor gefährlichen Stoffen vom 23. Dezember 2004 (BGBl. I S. 3758, 3759), zuletzt geändert durch Artikel 2 der Verordnung vom 18. Dezember 2008 (BGBl. I S. 2768)

8. **Chemikalien-Verbotsverordnung – ChemVerbotV –** Verordnung über Verbote und Beschränkungen des Inverkehrbringens gefährlicher Stoffe, Zubereitungen und Erzeugnisse nach dem Chemikaliengesetz in der Fassung der Bekanntmachung vom 13. Juni 2003 (BGBl. I S. 867), zuletzt geändert durch die Verordnung vom 21. Juli 2008 (BGBl. I S. 1328)

9. **Biostoffverordnung –** Verordnung über Sicherheit und Gesundheitsschutz bei Tätigkeiten mit biologischen Arbeitsstoffen vom 27. Januar 1999 (BGBl. I S. 50), zuletzt geändert durch Artikel 3 der Verordnung vom 18. Dezember 2008 (BGBl. I S. 2768)

---

\* Aus Gründen der besseren Lesbarkeit ist diese Verordnung im Text der Broschüre als GHS/CLP-Verordnung bezeichnet.

10. **Betriebssicherheitsverordnung – BetrSichV** – Verordnung über Sicherheit und Gesundheitsschutz bei der Bereitstellung von Arbeitsmitteln und deren Benutzung bei der Arbeit, über Sicherheit beim Betrieb überwachungsbedürftiger Anlagen und über die Organisation des betrieblichen Arbeitsschutzes vom 27. September 2002 (BGBl. I S. 3777), zuletzt geändert durch Artikel 8 der Verordnung vom 18. Dezember 2008 (BGBl. I S. 2768)

11. **Biozidgesetz** – Gesetz zur Umsetzung der Richtlinie 98/8/EG des Europäischen Parlaments und des Rates vom 16. Februar 1998 über das Inverkehrbringen von Biozid-Produkten vom 20. Juni 2002 (BGBl. I S. 2076)

12. **Apothekenbetriebsordnung** in der Fassung der Bekanntmachung vom 26. September 1995 (BGBl. I S. 1195), zuletzt geändert durch Artikel 2 der Verordnung vom 2. Dezember 2008 (BGBl. I S. 2338)

13. **Bekanntmachung BMAS IIIb35122** vom 15.12.2008; (GMBl. Nr. 1, S. 13, 22.1.2009) weitergehende Erläuterungen hierzu in der Bekanntmachung 45 AGS vom 11.9.2009

14. **Hinweise und Empfehlungen zum Sachkundenachweis** gemäß § 5 der Chemikalien-Verbotsverordnung, Bekanntmachung vom 15. September 2009

# I Allgemeine Vorschriften des Gefahrstoffrechts

## 1 Gefahrstoffrecht

Zu dem Gefahrstoffrecht gehören die Bestimmungen, die den Verkehr mit Gefahrstoffen bzw. Giften regeln, soweit diese nicht als Arzneimittel verwendet werden. Das Gefahrstoffrecht ist somit eigenständiges Rechtsgebiet.

Das Gefahrstoffrecht muss mit Inkrafttreten der EG-GHS/CLP-Verordnung (1272/2009), der EG-REACH-Verordnung (1907/2006) sowie weiterer EG-Bestimmungen geändert werden.[1]

Mit der EG-GHS/CLP-Verordnung wird weltweit ein neues Einstufungs- und Kennzeichnungssystem eingeführt. Die Unterschiede in den international existierenden Systemen sollen aufgehoben werden. Dies bedeutet, bestehende nationale Kennzeichnungssysteme werden durch einheitliche Piktogramme ersetzt mit dem Ziel, Handelshemmnisse abzubauen. Gleichzeitig soll der Standard in der Arbeitssicherheit, im Gesundheits-, Umwelt- und Verbraucherschutz verbessert werden. Kernpunkt des Arbeitsschutzes ist die Gefährdungsbeurteilung in Verbindung mit der Informationsbeschaffung durch den Arbeitgeber zur Einstufung von Tätigkeiten, abgestufte Schutzmaßnahmen in Abhängigkeit von der Gefährdung, die Dokumentation sowie die Überwachung der Wirksamkeit der Schutzmaßnahmen. Bei der Einstufung, Kennzeichnung und Verpackung wird in der Gefahrstoffverordnung (GefStoffV) auf die EG-GHS/CLP-Verordnung verwiesen; so wird eine schnelle und unmittelbare Anwendung der Regelungen ermöglicht.

Die Verbote des **Inverkehrbringens** gefährlicher Stoffe, Zubereitungen und Erzeugnisse, die überwiegend dem allgemeinen Gesundheits- und Umweltschutz dienen, sind in der Chemikalien-Verbotsverordnung (ChemVerbotsV) zusammengefasst. Die Verbote der **Herstellung** und der **Verwendung** bestimmter Stoffe, die überwiegend dem Arbeitsschutz dienen, sind in der GefStoffV geregelt.

Technische Regeln für Gefahrstoffe[2], die vom Ausschuss für Gefahrstoffe (AGS) beschlossen und im Bundesgesetzblatt veröffentlicht werden, ergänzen diese Rechtsnormen. In diesen Technischen Regeln für Gefahrstoffe werden Handlungsanleitungen für bestimmte Probleme des Gefahrstoffumganges bis in das kleinste Detail beschrieben. Sie dokumentieren den Stand der Technik und die arbeitswissenschaftlichen Erkenntnisse.

---

1 Die EG-Richtlinie 98/24/EG über den Schutz der Arbeitnehmer vor Gefährdungen durch chemische Arbeitsstoffe bei der Arbeit wie auch die Ausweitung der „Krebs-Richtlinie 90/394/EWG auf erbgutverändernde Stoffe (Richtlinie 98/38/EG) wie auch die Richtlinie 83/477/EWG über den Schutz vor Asbest (Richtlinie 2003/18/EG) werden in nationales Recht umgesetzt.

2 Die Technischen Regeln für Gefahrstoffe (TRGS) geben den Stand der sicherheitstechnischen, arbeitsmedizinischen, hygienischen sowie arbeitswissenschaftlichen Anforderungen an Gefahrstoffe hinsichtlich Inverkehrbringen und Umgang wieder. Sie werden vom Ausschuss für Gefahrstoffe (AGS) aufgestellt und von ihm der Entwicklung entsprechend angepasst. Sie definieren die gesicherten wissenschaftlichen Erkenntnisse für Tätigkeiten mit Gefahrstoffen. Die TRGS werden vom Bundesministerium für Arbeit und Soziales (BMAS) im Bundesarbeitsblatt oder im Bundesgesundheitsblatt bekannt gegeben.

Bei der Kennzeichnung und Lagerung brennbarer Flüssigkeiten ist zusätzlich die Betriebssicherheitsverordnung sowie weitere technische Regeln zu beachten.[3]

Ziel und Zweck des Gefahrstoffrechts ist es, den Menschen und die Umwelt vor schädlichen Einwirkungen gefährlicher Stoffe und Zubereitungen zu schützen, insbesondere sie erkennbar zu machen, sie abzuwenden und ihrem Entstehen vorzubeugen.[4]

Dieses Gesetz dient auch dazu, Sicherheit und Gesundheitsschutz der Beschäftigten bei der Arbeit durch Maßnahmen des Arbeitsschutzes zu sichern und zu verbessern.

Zu diesem Zweck werden Stoffe verboten, Nutzungs- und Umgangsmöglichkeiten eingeschränkt, Gefährdungsbeurteilungen erstellt, die Wirksamkeit der Maßnahmen überprüft, Sach- und Fachkunde bei der Abgabe und beim Umgang sowie umfassende Information gefordert.

## 2 Historische Entwicklung: GHS / CLP, REACH

1992 wurde auf der UN Konferenz (United Nation/Vereinte Nationen) für Umwelt und Entwicklung in der Agenda 21 in Rio des Janeiro (Brasilien) beschlossen, die Einstufung und Kennzeichnung gefährlicher Stoffe, Gemische und Güter weltweit zu harmonisieren. Gremien der UN und der OECD (Organisation for Economic Cooperation and Development) erarbeiteten in den Folgejahren ein global harmonisiertes System. Ziel war es, weltweit einheitliche Regelungen (Einstufung und Kennzeichnung) für das Inverkehrbringen und den Transport zu schaffen wie auch ein einheitliches System zur Erstellung der Sicherheitsdatenblätter. Auf Basis dieses harmonisierten Informationssystems sollte ein international hoher Gesundheits- und Umweltschutzstandard gewährleistet werden.

Beim Weltgipfel 2002 für nachhaltige Entwicklung in Johannisburg (Afrika) wurde von den Mitgliedstaaten die nationale Umsetzung von GHS („Globally Harmonized System of Classification and Labelling of Chemicals") beschlossen. Eine UN Kommission hat im Dezember 2002 das UN-GHS-Basis Dokument verabschiedet. In den nächsten Jahren haben insbesondere die großen Industriestaaten die Implementierung von GHS vorangetrieben. Das GHS soll also sicherstellen, dass international vereinbarte Einstufungskriterien verwendet und somit dieselben Gefahren weltweit einheitlich gekennzeichnet werden.

Im Jahr 2007 hat die EU-Kommission einen Verordnungsentwurf zur Umsetzung des UN-GHS-Dokumentes bezüglich der Einstufung und Kennzeichnung beim Inverkehrbringen gefährlicher Güter vorgelegt. Nach Diskussion des Verordnungsentwurfs wurde am 3.9.2008 das Dossier im Rat verabschiedet. Die EU Kommission legte weiterhin fest, dass GHS in Form einer EG Verordnung umgesetzt werden soll, da diese unmittelbar in allen Ländern gültig und keine Umsetzung in nationales Recht erforderlich ist. Diese GHS-EG Verordnung heißt auch CLP-Verordnung (**C**lassification, **L**abelling and **P**ackaging). Die EG-CLP-Verordnung Nr. 1272/2008 regelt die Einstufung, Kennzeichnung und Ver-

---

3 Technische Regeln für brennbare Flüssigkeiten – TRbF; Allgemeines, Aufbau und Anwendung der TRbF, TRbF 01. Die technischen Regeln für brennbare Flüssigkeiten müssen noch in die TRBS (Technische Regeln für Betriebssicherheit) überführt werden.

4 Zweck des Gefahrstoffrechtes ist somit der Arbeitsschutz, Gesundheits- und Verbraucherschutz sowie der Umweltschutz. Weiterführende umfassende Literatur zum Gefahrstoffrecht: Hörath, Gefährliche Stoffe und Zubereitungen, Wissenschaftliche Verlagsgesellschaft Stuttgart.

packung von Stoffen und Gemischen. Sie wurde am 31.12.2008 veröffentlicht und ist am 20.1.2009 in Kraft getreten.[5]

Ziel der Verordnung ist ein hohes Schutzniveau für die menschliche Gesundheit und für die Umwelt sicherzustellen sowie den freien Warenverkehr innerhalb des gemeinsamen europäischen Binnenverkehrs wie auch weltweit von chemischen Stoffen, Gemischen und bestimmten spezifischen Erzeugnissen zu gewährleisten.

Im Bereich des Gefahrguttransportes ist die internationale Harmonisierung bereits weit fortgeschritten, da Bestimmungen des UN-GHS-Dokumentes in internationalen Regelwerken für die Beförderung gefährlicher Güter verbindlich wurden. Im Bereich des Gefahrgutes hat man von dem Modulprinzip Gebrauch gemacht (Building Block Approach).

Die Bestimmungen des UN-GHS-Dokumentes müssen also nicht in vollem Umfang übernommen werden; man kann bei der Umsetzung auf einzelne Elemente des UN-Dokumentes verzichten. Unterschiedliche Anforderungen ergeben sich durch viele Sektoren, so sind zum Beispiel im Transportrecht die längerfristigen Gefahren von Stoffen/Gemischen weniger von Bedeutung als die akuten Gefahren. Diesen Anforderungen wird das GHS-System gerecht, da es nach dem Baukastenprinzip aufgebaut ist („Building Blocks"). Es wurde auf EU Ebene beschlossen, dass bei der optionalen Übernahme des UN-GHS-Block-Systems die besestehenden Regelungen im EU-System möglichst nur geringfügig verändert werden sollten.

Das UN-GHS-Dokument soll auf UN-Ebene fortlaufend weiter entwickelt werden. Die Fortschreibung und Optimierung des UN-Systems wird regelmäßig zur Anpassung und Änderung der EG GHS/CLP-Verordnung führen.[6] Die Teile, die jedoch vom GHS-Standard übernommen werden, müssen unverändert bleiben. Das heißt, die EU übernimmt nicht den gesamten von den Vereinten Nationen erarbeiteten GHS-Standard. Die GHS-Bausteine wurden so ausgewählt, dass das neue Einstufungs- und Kennzeichnungssystem weitgehend mit der jetzigen Stoff- und Zubereitungsrichtlinie übereinstimmt. Darüber hinaus können Teile, die im UN-GHS-Dokument nicht erfasst sind, auf EU-Ebene weiterhin rechtlich verbindlich bleiben. So wurden einzelne Regelungen aus der Stoff- und Zubereitungsrichtlinie wie auch zum Beispiel einzelne Gefahrenhinweise, die im UN-GHS nicht erfasst sind, beibehalten.

Mit dem GHS sollen zukünftig Unterschiede in den international existierenden Systemen der Einstufung und Kennzeichnung von Chemikalien aufgehoben werden und deren Standard in der Arbeitssicherheit, im Gesundheits-, Umwelt- und Verbraucherschutz weiter erhöht werden.

## REACH

REACH ist ein Akronym und steht für **R**egistration, **E**valuation, **A**uthorisation of **Ch**emicals (Registrierung, Bewertung und Zulassung von Chemikalien). Die REACH-

---

5  EG Verordnung Nr.1272/2008 des Europäischen Parlaments und des Rates vom 16. Dezember 2008 über die Einstufung und Verpackung von Stoffen und Gemischen zur Änderung und Aufhebung der Richtlinien 67/548/EWG und 1999/45/EG und zur Änderung der Verordnung (EG) Nr. 1907/2006. EG Verordnung Nr. 1272/2008, auch GHS-Verordnung (abgeleitet durch die Implementierung des Globally Harmonised System of Classification and Labelling of Chemicals der Vereinten Nationen in die EU) oder EG - CLP-Verordnung (Regulation on Classification, Labelling and Packaging of Substances and Mixtures) genannt.

6  Am 5. September 2009 wurde die Verordnung (EG) Nr. 790/2009 der Kommission vom 10. August 2009 zur Änderung der Verordnung (EG) Nr. 1272/2008 veröffentlicht. Diese Verordnung ist die erste Anpassung der CLP-Verordnung an den technischen und wissenschaftlichen Fortschritt. Sie trat am 26. September 2009 in Kraft.

Verordnung ist am 1. Juni 2007 in Kraft getreten. REACH und GHS/CLP-Verordnung haben mehrere Berührungspunkte, regeln jedoch grundsätzlich unterschiedliche Bereiche.

Die REACH-Verordnung regelt die Herstellung, das Inverkehrbringen und den Umgang mit Chemikalien. Im Mittelpunkt stehen die Eigenschaften der Stoffe, die Bewertung der Risiken, die Pflichten der Hersteller, Inverkehrbringer, in vielen Bereichen gebunden an Mengenschwellen. Das neue europaweit geltende Chemikalienrecht, die Verordnung zur Registrierung, Bewertung, Zulassung und Beschränkung chemischer Stoffe (REACH) hat das bisherige Anmeldeverfahren für neue Stoffe nach dem Chemikaliengesetz und das Altstoffverfahren nach der EU-Altstoffverordnung abgelöst. Adressaten dieser Verordnung sind in erster Linie Hersteller und Importeure mit Sitz in der europäischen Union. Sobald diese einen chemischen Stoff in einer Menge von 1 Tonne/Jahr herstellen oder einführen, sind sie verpflichtet, bei der Europäischen Chemikalienagentur (ECHA) in Helsinki ein Registrierungsdossier einzureichen.[6a]

Ziel dieser Verordnung ist eine allgemeine Registrierungspflicht für alle in der EU hergestellten oder eingeführten Stoffe bei der Europäischen Chemikalienagentur (ECHA), die Bewertung dieser Stoffe und die weitergehende Regulierung bestimmter gefährlicher Stoffe. Diese werden entweder in bestimmten Anwendungen beschränkt[6b] oder einem neuen europäischen Zulassungsverfahren[6c] unterworfen. In dem für die Registrierung notwendigen Dossier werden unter anderem technische Daten, wie beispielsweise Daten über die Eigenschaften des Stoffes, die Einstufung wie auch zur sicheren Verwendung, erfasst. Zu REACH gehört ein umfassendes Risikomanagement bezüglich der einzelnen Stoffe einschließlich Sicherheitsbeurteilung, die im Stoffsicherheitsbericht zusammen gefasst werden. Wird im Rahmen der Beurteilung festgestellt, dass der Stoff gefährlich ist, so muss darüber hinaus ein Expositionsszenario vorgelegt werden, das auch als sogenanntes erweitertes Sicherheitsdatenblatt oder in einem Sicherheitsbericht zur Verfügung gestellt werden kann. Im Rahmen der Registrierung ist die Verwendung der Stoffe anzugeben.[7]

*Kommunikation in der Lieferkette:* Für die Umsetzung des REACH-Systems ist die Kommunikation zwischen Hersteller, Importeur und Verwender entscheidend. Informationen über Stoffrisiken müssen mit dem Sicherheitsdatenblatt vom Hersteller zum Anwender fließen. Umgekehrt müssen Angaben über die Verwendung an den Hersteller zurückfließen, damit diese in den Stoffsicherheitsbericht aufgenommen werden können.

---

6a  Am 1. Juni 2008 begann die Vorregistrierung für Altstoffe. Nach Ablauf der Registrierungsfristen für Altstoffe werden Alt- und Neustoffe gleich behandelt. Bis zum 1. Juni 2018 sollen alle Altstoffe, die ab einer Menge von 1 Tonne pro Jahr in der EU hergestellt oder importiert werden, registriert werden.

6b  Das Beschränkungsverfahren wurde in Titel VIII der REACH-Verordnung neu geregelt. Bisher geltende Beschränkungen wurden in Anhang XVII REACH-Verordnung aufgenommen. Beschränkungen werden ab dem 1. Juni 2009 durch die REACH-Verordnung geregelt.

6c  Einige Stoffe, deren Verwendung ein besonders großes Risiko darstellt (Substances of Very High Concern), werden einem Zulassungsverfahren unterworfen. Die ECHA schlägt im Rahme einer Prioritätenliste Stoffe hierzu vor (u. a. Phthalate), die dann ein EU-Zulassungsverfahren durchlaufen müssen. Ein Zulassungsverfahren kommt für CMR Stoffe (carcinogen, mutagen, reproduktionstoxisch), PBT Stoffe (persistent, bioakkumulierend, toxisch) und vPvB (very persistent, very bioaccumulating) in Frage. Titel VII der REACH VO regelt die Aufnahme in die Liste der zulassungspflichtigen Stoffen (Anhang XIV).

7  Artikel 3 Abs. 24 REACHVO.
Die ECHA gab im Juli 2009 bekannt, dass europaweit am 4.8.2009 484 Registrierungsdossiers eingereicht wurden, davon 217 von deutschen Herstellern und Importeuren. Quelle: ECHA Newsletter, Nr. 4/2009

Kleinere und mittlere Betriebe, die Chemikalien weiterverarbeiten, haben somit auch REACH-Pflichten. Sie werden nach der REACH-Verordnung als nachgeschaltete Anwender (downstream user) bezeichnet. Händler und private Endverbraucher sind keine nachgeschalteten Anwender. Der Anwender, der die Chemikalien zu bestimmten Zwecken erwerben und verwenden will, kann sich über die vom Inverkehrbringer angemeldete und somit identifizierte Verwendung des Stoffes informieren. Der Anwender kann so feststellen, ob die Registrierung wie auch das Sicherheitsdatenblatt die geplante Verwendung des Stoffes umfasst. Sollte er eine andere als die bereits erfassten, identifizierten Verwendungen planen, so kann er diese dem Hersteller mitteilen.[8]

Der nachgeschaltete Anwender nimmt dann Kontakt zum Hersteller, Importeur, Lieferant (upstream user) auf, um diesem die eigene Verwendung des Stoffes mitzuteilen und zu klären, ob der upstream user diese in sein Expositionsszenario aufnehmen wird. Der nachgeschaltete Anwender hat ein essenzielles Interesse, dass seine Verwendung als identifizierte Verwendung berücksichtigt wird. Unter REACH ist es wichtig, dass relevante Informationen sowohl nach oben (up) als auch nach unten (down) weitergeleitet werden.

Es gilt der Grundsatz: No data – no market.

Die REACH-Verordnung verpflichtet somit die Mitgliedstaaten zur Information über Risiken im Zusammenhang mit Stoffen, soweit dies zum Schutz der menschlichen Gesundheit oder der Umwelt erforderlich ist. Die REACH-Verordnung nimmt an vielen Stellen wie unter anderem im Sicherheitsbericht, bei der Weitergabe von Informationen in der Lieferkette wie auch im Zulassungsverfahren Bezug auf die Einstufung und somit auf die GHS/CLP-Verordnung. Bestimmungen zum Einstufungs- und Kennzeichnungsverzeichnis nach REACH hat wiederum die GHS/CLP-Verordnung übernommen.

Die REACH-Verordnung enthält die Vorgaben zur Erstellung, zu seinen Inhalten und die Verpflichtung zur Übermittlung des Sicherheitsdatenblattes.[9] Die Verpflichtung zur Übermittlung eines Sicherheitsdatenblattes ist allerdings nicht an eine bestimmte Menge des in Verkehr gebrachten Stoffes/Gemisches gebunden.

**Auswirkungen auf die pharmazeutische Industrie und die Apotheke**
Alle Stoffe, Wirkstoffe wie auch Hilfsstoffe, die Bestandteil von Arzneimittel sind, unterliegen nicht der Registrierungspflicht.[10] Gleichwohl darf die REACH-VO in der pharmazeutischen Industrie nicht unberücksichtigt bleiben, da Zwischenprodukte, Prozesse wie auch Synthesestoffe, die zur Herstellung von Wirkstoffen und Hilfsstoffen verwendet werden, erfasst sind. Dies bedeutet, dass zum Beispiel Stoffe wie Salicylsäure als Ausgangsstoff zur Wirkstoffherstellung Acetylsalicylsäure zu registrieren sind. Die pharmazeutische Industrie sollte deshalb prüfen, ob die Vorstufen der zur Arzneimittelherstellung eingesetzten Stoffe registriert sind und so weiterhin dem Markt zur Verfügung stehen. Dies gilt insbesondere für Stoffe, die nicht nur zur Arzneimittelherstellung eingesetzt werden, sondern auch in anderen Bereichen verwendet werden. Hier obliegt es der Verantwortung der Industrie dafür zu sorgen, dass diese Stoffe auch zukünftig im Rahmen dieser Verwendung, also zur Arzneimittelherstellung, verfügbar sind.

---

8  Art. 37 Abs.2 REACH VO.
9  Artikel 31 sowie Anhang II REACH Verordnung
10 Art. 2 Abs.5a, 6a REACH VO, siehe hierzu Relevanz der EU-Verordnung zu REACH für die Pharmaindustrie, in: Pharmazeutische Industrie 71 (2009), Nr. 10, S. 1732-1736.

**Auswirkungen auf die Apotheke**
Apotheken beziehen in der Regel Arzneistoffe und Chemikalien aus Ländern der EU und sind somit nicht Hersteller oder Importeur. Im Bereich der Rezepturherstellung ist der Apotheker nachgeschalteter Anwender. Die Pflicht zur Information und zur Erstellung von Stoffsicherheitsberichten entfällt, da nur geringe Mengen an Arzneistoffen verwendet werden. Von der Registrierungspflicht grundsätzlich ausgenommen sind zudem Arzneimittel (Wirkstoffe wie auch pharmazeutische Hilfsstoffe). Bei der Abgabe von Chemikalien ist der Apotheker Händler und nicht Verwender.

Die REACH-Verordnung wird durch die GHS/CLP-Verordnung ergänzt. Unter anderem werden einschlägige Vorschriften von REACH, die sich auf Einstufung und Kennzeichnung beziehen, angepasst.

Wie die neuen Kennzeichnungssymbole aussehen, kann auf der UNECE-Homepage eingesehen werden (http://www.unece.org/trans/danger/publi/ghs/pictograms.html)

## 3 Aufbau der GHS/CLP-Verordnung

Der Geltungsbereich der GHS/CLP-Verordnung ist weitgehend identisch mit der Stoff- und Zubereitungsrichtlinie. Die Verordnung regelt
- die Kriterien zur Einstufung von Stoffen und Gemischen,
- wie gefährlich eingestufte Stoffe und Gemische zu kennzeichnen und zu verpacken sind,
- für welche Gemische gesonderte Vorschriften gelten.

**Struktur der GHS/CLP-Verordnung**
Die allgemeinen Bestimmungen sind in 62 Artikeln zusammen gefasst. In 7 Anhängen werden die Detailbestimmungen festgelegt.

| | |
|---|---|
| Titel I | Allgemeines |
| Titel II | Gefahreneinstufung |
| Titel III | Gefahrenkommunikation durch Kennzeichnung |
| Titel IV | Verpackung |
| Titel V | Harmonisierung der Einstufung und Kennzeichnung |
| Titel VI | Zuständigen Behörden und Durchführung |
| Titel VII | Allgemeine und Schlussvorschriften |

---

11 § 19 (2) ChemG

12 *Stoffe:* Chemisches Element und seine Verbindungen in natürlicher Form oder gewonnen durch ein Herstellungsverfahren, einschließlich der zur Wahrung seiner Stabilität notwendigen Zusatzstoffe und der durch das angewandte Verfahren bedingten Verunreinigungen, aber mit Ausnahme von Lösungsmitteln, die von dem Stoff ohne Beeinträchtigung seiner Stabilität und ohne Änderung seiner Zusammensetzung abgetrennt werden können (Artikel 2 GHS/CL PVO).

*Zubereitungen:* aus zwei oder mehreren Stoffen bestehende Gemenge, Gemische oder Lösungen.

*Erzeugnisse:* Stoffe oder Zubereitungen, die bei der Herstellung eine spezifische Gestalt, Oberfläche oder Form erhalten haben, die deren Funktion mehr bestimmen als ihre chemische Zusammensetzung, als solche oder in zusammengefügter Form. § 3 ChemG.

13 Explosionsfähige Stoffe, Zubereitungen und Erzeugnisse.

14 Ungefährliche Stoffe, Zubereitungen und Erzeugnisse, aus denen beim Bearbeiten gefährliche Stoffe entstehen können; zum Beispiel durch chemische Umsetzung bei der Prüfung im Labor.

15 Sonstige gefährliche chemische Arbeitsstoffe im Sinne des Artikels 2 Buchstabe b in Verbindung mit Buchstabe a der Richtlinie 98/24/EG des Rates vom 7. April 1998 zum Schutz von Gesundheit und Sicherheit der Arbeitnehmer vor der Gefährdung durch chemische Arbeitsstoffe bei der Arbeit (ABl. EG Nr. L 131 S. 11)

→ Biostoffverordnung – BioStoffV – Verordnung über Sicherheit und Gesundheitsschutz bei Tätigkeiten mit biologischen Arbeitsstoffen vom 27. Januar 1999 (BGBl. I S. 50; BGBl. I 1999 S. 2059). Der Ausschuss für biologische Arbeitsstoffe erarbeitet technische Regeln für biologische Arbeitsstoffe, die die abstrakten Regeln der BioStoffV praxisgerecht konkretisieren sollen.

# 4 Grundelemente der GHS/CLP-Verordnung

Mit dem Begriff Gefahrstoff – definiert im Chemikaliengesetz – werden alle gefährlichen Arbeitsstoffe und Gifte erfasst.[11]

**Gefahrstoffe** sind:
1. gefährliche Stoffe und Zubereitungen nach § 3a ChemG sowie Stoffe und Zubereitungen, die sonstige chronisch schädigende Eigenschaften besitzen,
2. Stoffe, Zubereitungen und Erzeugnisse,[12] die explosionsfähig sind,[13]
3. Stoffe, Zubereitungen und Erzeugnisse, aus denen bei der Herstellung oder Verwendung gefährliche oder explosionsfähige Stoffe oder Zubereitungen entstehen oder freigesetzt werden können,[14]
4. sonstige gefährliche chemische Arbeitsstoffe,[15]
5. alle Stoffe, denen ein Arbeitsplatzgrenzwert[16] zugewiesen ist;

**Gemisch:** Der Begriff Gemisch wurde neu eingeführt und ist bedeutungsgleich mit dem Begriff „Zubereitung"; es sind Gemische oder Lösungen, die aus zwei oder mehr Stoffen bestehen.[17]

> Die Einstufung und Kennzeichnung nach GHS/CLP-Verordnung orientiert sich somit analog der Stoff- und Zubereitungsrichtlinie an den gefahrenrelevanten Eigenschaften, eingeteilt in **physikalische Gefahren**, **Gesundheitsgefahren** und **Umweltgefahren**.

Es bleibt somit bei der Einteilung der Gefahrenbereiche, aufgeteilt nach folgenden Gefahreneigenschaften:
1. physikalischen Gefahren,
   – physikalisch/chemische Eigenschaften,
2. Gefahr für die menschliche Gesundheit,
   – toxische Eigenschaften/Gesundheitsgefahren,
3. Gefahr für die Umwelt,
   – ökotoxische Eigenschaften/Umweltgefahren.

## 4.1 Gefahrenklassen, -kategorien, -piktogramme und Signalwörter

Die Einstufung und Kennzeichnung nach GHS/CLP-Verordnung berücksichtigt alle potenziellen Gefahren, die bei der gebräuchlichen Handhabung und Verwendung dieser Stoffe auftreten können. Die Gefahrenpiktogramme geben zunächst einmal wichtige Hinweise zu den Eigenschaften der Stoffe, ob sie zum Beispiel brennbar, ätzend, toxisch sind oder aber die Fähigkeit zur Autoxidation oder zum spontanen Zerfall besitzen. Die charakteristischen Gefahren ergeben sich also aus den Gefahrenpiktogrammen und den Gefahrenhinweisen.

**Gefahrenklasse:** Nach GHS/CLP-Verordnung werden die verschiedenen Arten von Gefahren nach Gefahrenklassen eingeteilt. Die Zahl der Gefahrenklassen (hazard classes) hat sich deutlich erhöht, wobei allgemein die gleichen Gefahreneigenschaften wie beim bisherigen EU-System erfasst werden, jedoch wesentlich differenzierter. Denn bei den Gefahrenklassen werden Expositionswege, Aggregatzustände oder auch andere Aspekte wie unter anderem akute oder auch chronische Wirkungen berücksichtigt. Die stärkere Differenzierung kommt aus dem Transportrecht

---

16 Arbeitsplatzgrenzwert: Grenzwert, für die zeitlich gewichtete durchschnittliche Konzentration eines Stoffes in der Luft am Arbeitsplatz in Bezug auf einen Referenzzeitraum. Er gibt an, bei welcher Konzentration eines Stoffes akute oder chronische schädlich Auswirkungen auf die Gesundheit im Allgemeinen nicht zu erwarten sind.

17 Die Stoff- und Zubereitungsrichtlinie galt generell nicht für Erzeugnisse. Dies ist bei der GHS/CLP-Verordnung anders, hier werden auch bestimmte Erzeugnisse mit Explosivstoff, die zur Erzeugung einer Explosivwirkung oder einer pyrotechnischen Wirkung in den Verkehr gebracht werden, erfasst.

und ist auch für die Zwischenlagerung in Betrieben und in der Industrie von Bedeutung (Gase unter Druck / Selbstzersetzliche Stoffe und Gemische) (siehe hierzu auch Tabelle 14).

**Gefahrenkategorien:** Die Gefahrenklassen werden in Abhängigkeit vom Gefährdungspotenzial, der Schwere der Gefahr noch einmal in bis zu 5 Gefahrenkategorien („hazard categories") unterteilt. Die innerhalb einer Klasse gefährlichsten Stoffe werden der Kategorie 1 zugeordnet. Die Gefahrenkategorien ermöglichen eine starke Differenzierung nach dem Ausmaß der Gefährlichkeit.

Die Einstufung eines Stoffes oder eines Gemisches ergibt sich also durch die Gefahrenklasse, der jeweiligen Differenzierung wie auch aus der Zuordnung zu der jeweils zutreffenden Gefahrenkategorie mit Auswahl der entsprechenden Gefahrenhinweise.

Ein Stoff oder auch ein Gemisch wird als gefährlich („hazardous") eingestuft, wenn er / es mindestens einer Gefahrenklasse zugeordnet werden kann.

> Die neue Systematik unterscheidet somit zwischen **Gefahrenklasse** und **Gefahrenkategorien.** Zur Einstufung gehörten früher bestimmte Gefährlichkeitsmerkmale; nun erfolgt die Zuordnung zu den Gefahrenklassen.
> Aus 15 bisherigen Gefährlichkeitsmerkmalen werden nun **28 Gefahrenklassen (hazard classes):**

*16 Gefahrenklassen mit physikalisch / chemischen Eigenschaften:*
1. Explosive Stoffe / Gemische und Erzeugnisse mit Explosivstoff
2. Entzündbare Gase
3. Entzündbare Aerosole
4. Oxidierende Gase
5. Gase unter Druck
6. Entzündbare Flüssigkeiten
7. Entzündbare Feststoffe
8. Selbstzersetzliche Stoffe / Gemische
9. Selbstentzündliche (pyrophore) Flüssigkeiten
10. Selbstentzündliche (pyrophore) Feststoffe
11. Selbsterhitzungsfähige Stoffe / Gemische
12. Stoffe / Gemische, die mit Wasser entzündbare Gase entwickeln
13. Oxidierende Flüssigkeiten
14. Oxidierende Feststoffe
15. Organische Peroxide
16. Auf Metall korrosiv wirkende Stoffe

*10 gesundheitsbezogene Gefahrenklassen:*
17. Akute Toxizität, oral, dermal, inhalativ
18. Ätz- / Reizwirkung auf die Haut
19. Schwere Augenschädigung / Augenreizung
20. Sensibilisierung (Atemwege, Haut)
21. Keimzellmutagenität
22. Kanzerogenität
23. Reproduktionstoxizität
24. Toxizität-spez. Zielorgan, einmalig Exposition
25. Toxizität-spez. Zielorgan, wiederholte Exposition
26. Aspirationsgefahr

*2 Umweltgefahren:*
27. Akut gewässergefährdend
28. Chronisch gewässergefährdend

Einstufung bedeutet, einem Stoff oder Gemisch Gefahrenklassen oder -kategorien sowie Gefahrenhinweise zuzuordnen gemäß Anhang I der GHS / CLP-Verordnung. Die Kriterien zur Einstufung weichen teilweise von der bisherigen Stoff- und Zubereitungsrichtlinie ab (siehe Abschnitt 4.4).

**Gefahrenpiktogramme** ersetzen die alten quadratischen orangefarbenen Gefahrensymbole. Die Gefahrenpiktogramme sind nunmehr rot umrandete Rauten mit schwar-

Abbildung 1: Die neuen Piktogramme. Die Angabe z.B. „GHS07" steht z.B. für Ausrufezeichen und der Zuordnung zum Piktogramm. Wie die neuen Kennzeichnungssymbole aussehen, kann auf der UNECE-Homepage eingesehen werden (http://www.unece.org/trans/danger/publi/ghs/pictograms.html)

zen Symbolen auf weißem Grund. Sie vermitteln eine bestimmte Information über die betreffende Gefahr. Sie werden den unterschiedlichen Gefahrenkategorien zugeordnet. Die Gesamtzahl der Gefahrenpiktogramme hat sich nicht wesentlich verändert. 9 Gefahrenpiktogramme ersetzen die alten, orangefarbenen Gefahrensymbole (siehe Tabelle 14).

Das Andreaskreuz (Xn und Xi) wird von der GHS/CLP-Verordnung nicht mehr verwendet. Nach dem GHS/CLP-System stehen an dieser Stelle in der Regel die Piktogramme „Gesundheitsgefahr", „Ätzwirkung" und „Ausrufezeichen".

Die Piktogramme „Ausrufezeichen", „Gasflasche" und „Gesundheitsgefahr" sind im Vergleich mit den alten Gefahrensymbolen neu.

**Signalwörter:** Neben den Gefahrenpiktogrammen werden in Abhängigkeit von der Gefährlichkeit zwei Signalwörter eingesetzt. Die zwei Signalwörter „Gefahr" und „Achtung" stehen für die früheren 15 Gefahrenbezeichnungen. Sie sollen den Verbraucher auf eine potenzielle Gefahr hinweisen.
Signalwörter sind neue GHS/CLP-spezifische Kennzeichnungselemente. Mit den Signalwörtern „Gefahr" oder auch „Achtung" wird auf schwerwiegende oder auch weniger schwerwiegende Gefährlichkeit hingewiesen.

**Gefahr** – Signalwort für die schwerwiegenden Gefahren
**Achtung** – Signalwort für die weniger schwerwiegenden Gefahren
Bei der Kennzeichnung mit „Gefahr" kann der Hinweis „Achtung" entfallen.

### 4.2 Gefahren- und Sicherheitshinweise

Die jetzigen Gefahrenhinweise und Sicherheitsratschläge (R- und S-Sätze) werden durch spezifischere Gefahrenhinweise und Vorsorgehinweise ersetzt. Gefahrenhinweise sind standardisierte Textbausteine, die die Art und gegebenenfalls Schweregrad der Gefährdung beschreiben.

**Gefahrenhinweise:** Die neuen Gefahrenhinweise/H-Hinweise (Hazard Statements) werden entsprechend den alten R-Sätze bestimmten Gefahrenklassen und Gefahrenkategorien zugeordnet. Art wie auch gegebenenfalls der Schweregrad der von einem Stoff/Gemisch ausgehenden Gefährdung werden beschrieben.

> „Ist ein Stoff oder Gemisch in mehreren Gefahrenklassen oder Differenzierungen einer Gefahrenklasse eingestuft, so erscheinen **alle aufgrund dieser Einstufung erforderlichen Gefahrenhinweise** auf dem Kennzeichnungsetikett, sofern keine eindeutige Doppelung vorliegt." (Artikel 27 GHS/CLP-Verordnung)

**Sicherheitshinweise:** Die neuen Sicherheitshinweise/P-Sätze (Precautionary Statements) ersetzen die alten S-Sätze (Sicherheitshinweise). Maßnahmen, um schädliche Wirkungen auf Grund der Exposition gegenüber einem gefährlichem Stoff oder Gemisch bei seiner Verwendung oder Beseitigung zu begrenzen oder zu vermeiden, werden in den P-Sätzen in standardisierter Form beschrieben. Die Sicherheitshinweise sind nach den in Anhang IV Teil 1 der GHS/CLP-Verordnung festgelegten Kriterien auszuwählen. Die Auswahl der Sicherheitshinweise liegt in der Verantwortung des Herstellers oder Inverkehrbringers. Es gibt keine obligatorischen Sicherheitshinweise, der Hersteller kann diese frei wählen. **Dies bedeutet, dass selbst bei einer Legaleinstufung von unterschiedlichen Herstellern für den gleichen Stoff oder das gleiche Gemisch unterschiedliche Kennzeichnungen zu erwarten sind.** Dies wird in der Praxis zwangsläufig zu Verunsicherungen führen.

> Gefahrenhinweis – Buchstabe H (Harzard Statement) dreistellige Zahl.
> Sicherheitshinweis – Buchstabe P (Precautionary Statement) dreistellige Zahl.

Die Buchstaben H und P signalisieren die Art des Hinweises (Gefahr/Sicherheit) Das GHS/CLP-System verwendet folgendes Kodierungssystem:

Die H- und P-Sätze sind mit einer dreistelligen Nummer versehen. Die erste Ziffer steht für die Gruppierung/Art der Gefahr oder auch des Sicherheitshinweises, die beiden anderen Ziffern beinhalten die laufende Nummer.

Gefahrenhinweis…
2xx physikalische Gefahr,
3xx toxische Gefahr/Gesundheitsgefahr,
4xx Umweltgefahr.

Sicherheitshinweis…
1xx Allgemeines
2xx Prävention
3xx Reaktion
4xx Lagerung
5xx Entsorgung

> Beispiele:
> H240 – „Erwärmung kann Explosion verursachen" – physikalische Gefahr
> H318 – „Verursacht schwere Augenschäden" – Gesundheitsgefahr
> H400 – „Sehr giftig für Wasserorganismen" – Umweltgefahr
>
> P102 Darf nicht in die Hände von Kindern gelangen.
> P232 Vor Feuchtigkeit schützen.
> P233 Behälter dicht verschlossen halten.
> P331 Kein Erbrechen herbeiführen.
> P405 Unter Verschluss aufbewahren.

Zusätzliche Kennzeichnungselemente beziehen sich auf ergänzende Gefahrenmerkmale, die nicht zum weltweiten GHS-System gehören, aber in der EU Bestandteil der Kennzeichnung sind[18]. Dazu gehören auch einige frühere R-Sätze, wie zum Beispiel der R-Satz 31 „Entwickelt bei der Berührung mit Säure giftige Gase". Diese zusätzlichen Ergänzungsmerkmale beschreiben Gefahren, die vom GHS/CLP Standard noch nicht abgedeckt sind.

Die GHS/CLP-Verordnung schreibt vor, dass alle im Zuge der Einstufung zugeordneten Gefahrenhinweise auf dem Kennzeichnungsetikett anzugeben sind. Entsprechend der früheren

**Kleinmengenregelung** können die Gefahrenhinweise und Sicherheitshinweise entfallen, wenn die Verpackung des Stoffes/des Gemisches 125 ml nicht überschreitet und bei bestimmten Einstufungen (siehe hierzu 8.4 Kennzeichnung der Abgabegefäße, Abschnitt Ausnahmen für Kleinpackungen).

### 4.3 Vorrangregelung

Die GHS/CLP-Verordnung definiert in Artikel 26 die Vorrangregeln für Gefahrenpiktogramme.

Bei der Kennzeichnung mit dem Gefahrenpiktogramm der linken Spalte in Tabelle 2 können die Gefahrenpiktogramme in der rechten Spalte entfallen.

### 4.4 Einstufung/Umstufungen nach GHS

Hersteller und Importeure haben bislang die Gefährdung der Stoffe/Gemische in Anlehnung an die Gefährlichkeitsmerkmale gemäß Stoff- bzw. Zubereitungsrichtlinie bewertet und gekennzeichnet. Die Bewertung nach den Kriterien der GHS/CLP-Verordnung erfolgt in ähnlicher Weise. Hier wird jedoch nicht nach Gefährlichkeitsmerkmalen, sondern nach Gefahrenklassen und Gefahrenkategorien differenziert.

Der Stoff oder das Gemisch ist mit der Zuordnung zu einer oder mehreren Gefahrenklassen gefährlich im Sinne der Rechtsbestimmungen. Die GHS/CLP-Verordnung enthält grundsätzlich ähnliche Kriterien wie die Stoff- und Zubereitungsrichtlinie, allerdings gibt es bei der Zuordnung auch Unterschiede, insbesondere im Bereich der physikalischen Gefahren, der akuten Humantoxizität und der Aspirationsgefahr.[19]

Unterschiedliche Kriterien und Verfahren zur Einstufung und Kennzeichnung nach altem und neuem Recht sowie neue Einstufungs-

Tabelle 2: Vorrangregelung für Gefahrenpiktogramme

und Kennzeichnungselemente werden dazu führen, dass den neu gekennzeichneten Produkten ein höheres oder auch niedrigeres Gefahrenpotenzial zugeordnet wird. Unterschiedliche Einstufungskriterien (Prüfdaten, Übertragungsgrundsätze, Expertenbeurteilung, konventionelle Methode) werden bei mehreren Stoffen/Gemischen zu Umstufungen führen.[20]

---

18  EU-Leftover, umgangssprachlich EUH-Satz
19  BekGS 408, siehe Anmerkung 24.
    Siehe UBA-Leitfaden „Das neue Einstufungs- und Kennzeichnungssystem für Chemikalien nach GHS – kurz erklärt". Dies beinhaltet eine praxisgerechte Einführung in die CLP-Verordnung und ausführliche Erläuterungen; www.bundesumweltamt.de; siehe auch Bundesanstalt für Arbeitsschutz und Arbeitsmedizin, www.baua.de.

Die Grenzen zur Einstufung, etwa der Flammpunkt oder der LD 50 Wert, weichen von denen des jetzigen EU Systems ab, so dass mehrere Stoffe abweichend vom bisherigen Status eingestuft werden. Die Einstufungsgrenzen ändern sich; für die Vergabe der neuen Symbole gelten auch neue Kriterien.

> **Beispiel**
> Stoffe mit LD50/LC50 200-300 mg/kg (oral) und 400 – 1000 mg/kg (dermal) werden nach GHS/CLP-Verordnung mit dem Totenkopf (Kategorie 3) gekennzeichnet; nach EU-Recht wurden diese Stoffe als „gesundheitsschädlich" eingestuft..

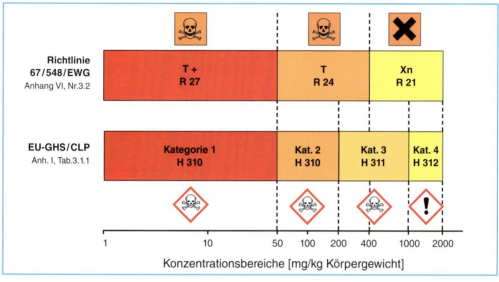

Abbildung 2a: Einstufung akute dermale Toxizität; EU-Richtlinie 67/548/EWG Konzentrationsbereich mg/kg Körpergewicht

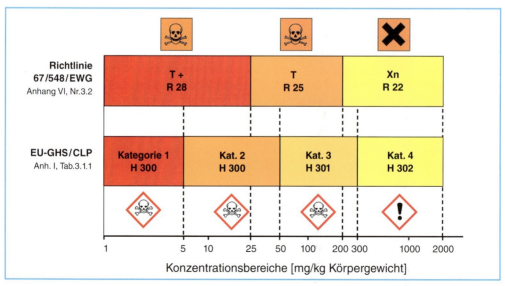

Abbildung 2b: Einstufung akute orale Toxizität, EU-Richtlinie 67/548/EWG Konzentrationsbereich mg/kg Körpergewicht

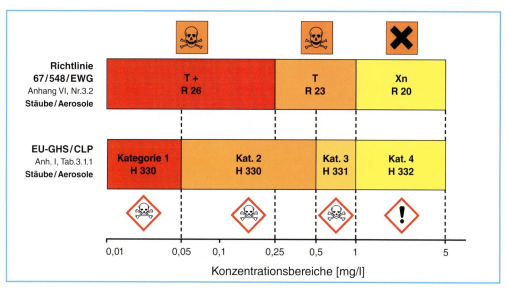

Abbildung 2c: Einstufung akute inhalative Toxizität (Dämpfe), EU-Richtlinie 67/548/EWG Konzentrationsbereich mg/kg Körpergewicht

Änderungen gibt es beispielsweise bei der Einstufung für die akute Toxizität. Die Gefahrenkategorien der EU richten sich mehr nach LD 50 und LC 50 Werten, die GHS/CLP Vorgaben nach **„Akuttoxizitätsschätzungen"** (**ATS**). Die neuen Kategorien sind deshalb nicht immer deckungsgleich mit den bisherigen Einstufungen.

Dies wird zahlreiche **Umstufungen von Stoffen** zur Folge haben, insbesondere von gesundheitsschädlich zu giftig (Abbildung 2a - 2c).

Die Tabellen der BAUA verdeutlichen die unterschiedlichen Einstufungsgrenzen und zeigen, dass Stoffen/Gemische nach GHS/CLP umgestuft werden.

Weitere Änderungen ergeben sich in der Gefahrenklasse „Schwere Augenschädigung", Kategorie 1, die nunmehr mit „GHS05" – Ätzwirkung zu kennzeichnen ist. Nach altem Recht gehörte der Gefahrenhinweis R 41 „Gefahr ernster Augenschäden" zu dem Gefahrensymbol Xi – reizend.

Bei den Gesundheitsgefahren wird insbesondere zwischen **direkten** Folgen (Vergiftung) und **längerfristigen** Folgen (z. B. Entstehung von Krebs) unterschieden. Der Totenkopf (GHS06) warnt nur noch vor akut wirkenden Giften, bei den längerfristigen Gefahren ist das Symbol Gesundheitsgefahr (GHS 08) anzubringen.

Eine Hilfe für die Anpassung der Einstufung an das neue Recht liefert die Umwandlungstabelle im Anhang VII der GHS/CLP-Ver-

---

20 Neu sind die Übertragungsgrundsätze (Bridging Principles), das heißt die Beurteilung durch Experten, wobei noch zu präzisieren ist, wann dies so erfolgen darf.

Für Hersteller und Importeure von Stoffen besteht für die Einstufung und Kennzeichnung eine Notifizierungspflicht mit dem Ziel ein Einstufungs- und Kennzeichnungsinventar aufzubauen.

21 Die Einstufung nach der Tabelle ist nur möglich, sofern die erforderlichen Daten für eine Einstufung über die Kriterien nach Anhang I der GHS/CLP-Verordnung nicht zur Verfügung stehen. Die Tabelle kann zudem falsche Einstufungen liefern (akute Toxizität, ätzenden, reizenden oder reproduktionstoxischen Wirkungen), wenn bei Gemischen die Einstufung über die Bestandteile nach Zubereitungsrichtlinie berechnet wurde.

ordnung. Mithilfe dieser Umwandlungstabelle können eingestufte Stoffe und Gemische in entsprechende Einstufungen nach GHS/CLP-Verordnung umgestuft werden[21]. Siehe hierzu Tabelle 16.

**Legaleinstufung:** Bei krebserzeugenden, erbgutverändernden/keimzellmutagenen, fortpflanzungsgefährdenden und atemwegssensibilisierenden Stoffen wird es zukünftig eine EU weit harmonisierte Einstufung geben. Diese werden in Listen erfasst.[22]

Die GHS/CLP-Verordnung legt für eine Reihe von Stoffen eine harmonisierte Einstufung fest. Die Legaleinstufung gemäß Anhang I der Stoffrichtlinie 67/548/EWG wurde in Anhang VI Teil 3 der GHS/CLP-Verordnung übernommen und ist somit weiter verbindlich. Damit bleibt der Grundsatz der Stoffrichtlinie erhalten, so dass sich der Lieferant eines harmonisiert eingestuften Stoffes an die Vorgaben der Legaleinstufung halten muss. Gleichwohl sind Abweichungen von vorgeschriebenen Einstufungen möglich, wenn bestimmte Kriterien erfüllt sind und dies vom Hersteller nachgewiesen werden kann.

Ist ein Stoff nicht harmonisiert eingestuft, wie es bei vielen Arzneistoffen der Fall ist, so muss er vom Hersteller oder Inverkehrbringer eigenverantwortlich eingestuft werden. Auch nach den alten Rechtsbestimmungen gab es neben dem Listenprinzip das sogenannte Definitionsprinzip.

### 4.5 Übergangsvorschriften

Die neue Verordnung ist ab ihrem Inkrafttreten am 20. Januar 2009 anzuwenden.

Die Einstufung und Kennzeichnung von Stoffen und Zubereitungen wurde bisher auf EU Ebene über die Stoffrichtlinie (67/548/EWG) und die Zubereitungsrichtlinie (1999/45/EG) geregelt. Die beiden Richtlinien

| Etikett | Alte Kennzeichnung/Verpackung EG Stoff-/Zubereitungs-Richtlinie 67/548/EWG bzw. 1999/45/EG | Neue Kennzeichnung/Verpackung EG Verordnung 1272/2008 |
|---|---|---|
| Stoff | erlaubt bis 01.12.2010 + 2 Jahre für Lagerbestände, Abverkauf bereits in Verkehr gebrachter Stoffe | erlaubt ab 20.01.2009 zwingend ab dem 01.12.2010 |
| Gemisch | erlaubt bis 01.06.2015 + 2 Jahre für Lagerbestände, Abverkauf bereits in Verkehr gebrachter Gemische | erlaubt ab 20.01.2009 zwingend ab dem 01.06.2015 |
| Sicherheitsdatenblatt | Alte Einstufung | Neue Einstufung |
| Stoff | zwingend bis 01.06.2015 | erlaubt ab 20.01.2009, zwingend ab 01.12.2010 |
| Gemisch | zwingend bis 01.06.2015 | erlaubt ab 20.01.2009, zwingend ab 01.06.2015 |

Tabelle 3: Übergangsfristen Kennzeichnung und Verpackung

bleiben während der Übergangsfrist bis zum 1. Juni 2015 in Kraft und werden dann erst aufgehoben. Der Markt hat somit genügend Zeit zur Anpassung.

Die Einstufung, Kennzeichnung und Verpackung muss für
- Stoffe spätestens ab 1. Dezember 2010 und für
- Gemische spätestens ab 1. Juni 2015 nach neuem Recht folgen.

---

22 In begründeten Einzelfällen wird es ggf. noch Legaleinstufungen geben. Darüber hinaus werden Wirkstoffe von Biozid Produkten oder Pflanzenschutzmittel legal eingestuft werden. Es gibt weltweit keine verbindlichen Legaleinstufungen für gefährliche Stoffe; die verschiedenen Staaten haben hier unterschiedliche Regelungen. Im Transportbereich gibt es jedoch eine weltweit gültige Liste mit verbindlichen Klassifizierungen mehrerer Stoffe.

Die GHS/CLP-Verordnung ist somit ab dem 1.12.2010 für Stoffe und ab dem 1.6.2015 für Gemische verbindlich anzuwenden (Tabelle 3).[23]

Vor Ablauf der Übergangsfristen können Stoffe und Gemische bereits nach GHS/CLP-Verordnung eingestuft, gekennzeichnet und verpackt werden. Auf dem Etikett darf nur die alte **oder** die neue Kennzeichnung angegeben werden; eine doppelte Kennzeichnung ist nicht zulässig.

Für Lagerbestände (Stoffe und Gemische, die bereits vor Ablauf der Übergangsfrist nach den Bestimmungen der Stoff- und Zubereitungsrichtlinie gekennzeichnet und verpackt wurden) kann eine zweijährige Übergangsfrist genutzt werden. (Stoffe bis zum 1.12.2012 – Gemische/Zubereitungen bis zum 1.6.2017)

**Sicherheitsdatenblatt:** Wird ein Stoff oder ein Gemisch nach der GHS/CLP-Verordnung eingestuft und gekennzeichnet, ist während der Übergangszeit neben der Einstufung nach GHS/CLP-Verordnung im Sicherheitsdatenblatt *zusätzlich* die Einstufung nach altem Recht anzugeben. Für Stoffe und Gemische wird es demnach eine mehrjährige Übergangsphase geben, in der beide Einstufungen und Kennzeichnungen im Sicherheitsdatenblatt angegeben werden müssen.

**Arbeitsschutz:** Dem Sicherheitsdatenblatt sind beide Kennzeichnungen zu entnehmen. Dadurch soll sichergestellt werden, dass während der Übergangsfristen die Gefährdungsbeurteilung auf der Basis des alten Rechts durchgeführt werden kann.

Die neue Verordnung gilt zwar nicht für Arzneimittel, wohl aber für Ausgangsstoffe, Rohstoffe zur Arzneimittelherstellung und Chemikalien und somit für den Umgang mit chemischen Stoffen in der Apotheke. Werden Ausgangsstoffe mit neuer Kennzeichnung bezogen, so sind Mitarbeiter zu unterweisen. Die Unterweisung wird in der Regel anhand der Betriebsanweisung durchgeführt. Die Betriebsanweisung müssen die neuen GHS/CLP-Informationen enthalten.

**BekGS 408:** Diese Bekanntmachung enthält Hinweise für die Umstellungsprozesse [24].

Aufgrund der Rechtsvorschriften sind die Dokumentationen zu ändern. Das Gefahrstoffverzeichnis und die neuen Betriebsanweisungen müssen den Beschäftigten in Schulungen und Unterweisungen erläutert werden. Dabei sollte insbesondere auf folgende Änderungen hingewiesen werden:
– neue Gefahrenpiktogramme,
– Signalworte: Achtung und Gefahr,
– R- und S-Sätze werden durch neue Hazard Statements (H-Sätze) sowie Precautionary Statements (P-Sätze) abgelöst,
– geänderte Einstufungskategorien und Einstufungsgrenzen werden zu Umstufungen führen; z. B. gesundheitsschädlich eingestufte Stoffe gehören dann zu den giftigen Stoffen. Dies hat andere Sicherheitsmaßnahmen zur Folge.
– Lagerungsvorschriften für bestimmte Chemikalien

---

23 Bereits vor dem 1. Dezember 2010 bzw. 1. Juni 2015 kann die Einstufung, Kennzeichnung und Verpackung für Stoffe und Zubereitung nach den Vorschriften der GHS/CLP-Verordnung erfolgen, die Bestimmungen der Stoff-RL und Zubereitungs-RL finden in diesem Fall keine Anwendung.

24 Der Ausschuss für Gefahrstoffe (AGS) konkretisiert den Stand der Technik. Arbeitsmedizin und Arbeitshygiene sowie sonstige gesicherte wissenschaftliche Erkenntnisse für Tätigkeiten mit Gefahrstoffen, einschließlich deren Einstufung und Kennzeichnung. Die Anwendung der GefstoffV und TRGS mit dem Inkrafttreten der GHS/CLP-Verordnung wird in einer Bekanntmachung weitergehend erläutert (Bekanntmachung BMAS IIIb35122 vom 15.12.2008; weitergehende Erläuterungen hierzu in der Bekanntmachung 45 AGS vom 11.9.2009.)

Die betriebliche Gefährdungsbeurteilung ist dem neuen Recht anzupassen [25] (siehe Kapitel IV).

In der Apotheke sind somit während der Übergangszeit die Ausgangsstoffe / Reagenzien neu zu kennzeichnen, das Gefahrstoffverzeichnis, die Betriebsanweisung und die Gefährdungsbeurteilungen zu überarbeiten. Aktuelle Sicherheitsdatenblätter müssen von den Firmen zur Verfügung gestellt werden.

Die Gefahrstoffverordnung wie auch die Technischen Regeln gelten mit Inkrafttreten der GHS / CLP-Verordnung weiter, so dass das Schutzniveau zunächst unverändert bestehen bleibt.[26]

**Gefährdungsbeurteilungen** (Arbeitsschutzgesetz § 5) gehören zu den wesentlichen Grundlagen aller Maßnahmen im Arbeitsschutz. Mit ihnen werden die Gefährdungen am Arbeitsplatz identifiziert, die davon möglicherweise betroffenen Personen bestimmt, die Bedingungen am Arbeitsplatz beurteilt sowie Schutzmaßnahmen definiert und überprüft.

Zu den möglichen Gefährdungen am Arbeitsplatz zählen auch die Gefahrstoffe, denn Gefahrstoffe könnten am Arbeitsplatz eingeatmet werden, sie könnten mit der Haut, den Augen oder den Schleimhäuten in Berührung kommen oder auch verschluckt werden. Zudem stellen auch mögliche Gerüche durch die Verwendung von Chemikalien eine Belastung dar.

Wie eine Gefährdungsbeurteilung im Zusammenhang mit Gefahrstoffen aussehen soll, regelt insbesondere die Gefahrstoffverordnung (§ 7) sowie TRGS 400 (Gefährdungsbeurteilung für Tätigkeiten mit Gefahrstoffen), TRGS 401 (Gefährdung durch Hautkontakt – Ermittlung, Beurteilung, Maßnahmen) und TRGS 402 (Ermitteln und Beurteilen der Gefährdungen bei Tätigkeiten mit Gefahrstoffen: Inhalative Exposition). (siehe Fußnote 10 Kapitel II)

## 5 Zweck und Aufbau der Gefahrstoffverordnung

Die Neufassung der GefstoffV regelt wie bisher das Inverkehrbringen von chemischen Stoffen, Zubereitungen und Erzeugnissen und enthält Vorgaben zum Schutz vor chemischen Gefährdungen bei der Arbeit sowie Beschränkungen des Herstellens und Verwendens bestimmter Stoffe. Der Geltungsbereich erstreckt sich auf alle Beschäftigten, Schüler, Studenten und sonstige Personen, die an wissenschaftlichen Einrichtungen Tätigkeiten mit Gefahrstoffen durchführen. Die Gefahrstoffverordnung besteht nunmehr aus sieben Abschnitten und drei Anhängen.[27]

Im ersten Abschnitt wird der Anwendungsbereich festgelegt und die Begriffe definiert.

---

25 Neue Erkenntnisse zu gefährlichen Stoffeigenschaften machen nach TRGS 400 eine neue Gefährdungsbeurteilung für den Umgang mit Gefahrstoffen erforderlich.

26 (Bekanntmachung des BMAS vom 15.12.2008 - BMAS IIIb35122 vom 15.12.2008; GMBl Nr.1 S.13; 22.1.2009)

27 **Gefahrstoffverordnung**
1. Abschnitt – Zielsetzung, Anwendungsbereich und Begriffsbestimmungen
2. Abschnitt – Gefahrstoffinformation
3. Abschnitt – Gefährdungsverurteiln und Grundpflichten
4. Abschnitt – Schutzmaßnahmen
5. Abschnitt – Verbote und Beschränkungen
6. Abschnitt – Vollzugsregelungen und Schlussvorschriften
7. Abschnitt – Ordnungswidrigkeiten und Straftaten
Anhang I – In Bezug genommene Richtlinien der Europäischen Gemeinschaft
Anhang II – Herstellungs- und Verwendungsbeschränkungen für spezielle Stoffe, Zubereitungen und Erzeugnisse
Anhang III – Besondere Vorschriften für bestimmte Gefahrstoffe und Tätigkeiten

Im zweiten Abschnitt steht die Gefahrstoffinformation im Vordergrund (§ 4 bis § 6); er behandelt die Einstufung, Kennzeichnung und das Inverkehrbringen gefährlicher Stoffe und Zubereitungen bzw. Gemische.[28] Diese Information über die gefährlichen Eigenschaften und notwendigen Schutzmaßnahmen dient der Informationsermittlung und Gefahrstoffbeurteilung am Arbeitsplatz.

Die Kennzeichnung nach **Gefahrstoffrecht** berücksichtigt alle potenziellen Gefahren, die bei der gebräuchlichen Handhabung und Verwendung dieser Stoffe auftreten können. Die Kerninformation zu den Gefahren eines Stoffes oder Gemisches ergeben sich aus dem Gefahrenpiktogrammen, dem Signalwort und den Gefahrenhinweisen.

Eine wichtige Informationsquelle ist das Sicherheitsdatenblatt. Das **Sicherheitsdatenblatt** dient dazu, die beim Umgang mit gefährlichen Stoffen notwendigen physikalisch-chemischen, sicherheitstechnischen, toxikologischen und ökologischen Daten und Umgangsempfehlungen zu vermitteln, um die für den Gesundheitsschutz, die Sicherheit am Arbeitsplatz und den Schutz der Umwelt erforderlichen Maßnahmen zu treffen. Die Form des Sicherheitsdatenblattes ist vorgeschrieben.[29]

Das Sicherheitsdatenblatt muss nach den Rechtsvorschriften von einer fachkundigen Person erstellt werden. Es muß richtig, vollständig und regelmäßig aktualisiert werden.

An berufliche Verwender gefährlicher Produkte ist ein **Sicherheitsdatenblatt** abzugeben. Berufsmäßige Verwender haben somit einen Rechtsanspruch auf die Übergabe des Sicherheitsdatenblattes.[30] In der Praxis müssen Apotheker einerseits beim Bezug von Gefahrstoffen auf die Mitlieferung eines Sicherheitsdatenblattes bestehen,[31] andererseits dieses bei der Abgabe von Gefahrstoffen an Ärzte oder z. B. Chemielehrer mitgeben.

Der dritte und vierte Abschnitt beschreibt die Gefährdungsbeurteilung, die Grundpflichten sowie die Maßnahmen zum Schutz der Beschäftigten gegen tatsächliche oder mögliche Gefährdungen bei Tätigkeiten. Es wird die Verwendung einschließlich Lagerung der Gefahrstoffe geregelt. Diese Abschnitte ha-

---

28 In § 5 Einstufung, Verpackung und Kennzeichnung wird weitgehend auf die zugehörigen EG-Richtlinien, die im Anhang I der neuen Gefahrstoffverordnung genannt sind, verwiesen; erfasst werden hier auch die Biozide, biologisch und chemisch wirksame Produkte, die keine Pflanzenschutzmittel sind. Weitergehende Informationen zu den gefährlichen Stoffen und Zubereitungen/Gemische finden wir im Sicherheitsdatenblatt, § 6 GefStoffV.

29 Die Anforderungen an Sicherheitsdatenblätter sind jetzt in Artikel 31 und Anhang II der REACH-Verordnung geregelt. Durch die REACH Verordnung wurden die Abschnitte 3 und 2 getauscht. Abschnitt 2 enthält jetzt die Einstufung. Das Sicherheitsdatenblatt für gefährliche Stoffe und Zubereitungen muss folgende Angaben enthalten:
1. Stoff/Zubereitungs- und Firmenbezeichnung
2. Mögliche Gefahren
3. Zusammensetzung / Angaben zu Bestandteilen
4. Erste-Hilfe-Maßnahmen
5. Maßnahmen zur Brandbekämpfung
6. Maßnahmen bei unbeabsichtigter Freisetzung
7. Handhabung und Lagerung
8. Expositionsbegrenzung und persönliche Schutzausrüstungen
9. Physikalische und chemische Eigenschaften
10. Stabilität und Reaktivität
11. Toxikologische Daten
12. Umweltbezogene Daten
13. Hinweise zur Entsorgung
14. Angaben zum Transport
15. Rechtsvorschriften
16. Sonstige Angaben

Diese Angaben werden in der TRGS 220 – Sicherheitsdatenblatt – konkretisiert. (September 2007, GMBl. Nr. 47/48, S. 943 – 963, geändert und ergänzt GMB I Nr. 28 S. 606 vom 2.7.2009)

30 Sicherheitsdatenblätter sind den gewerblichen und berufsmäßigen Abnehmern kostenlos in aktueller Fassung zu übermitteln, dies gilt nicht bei der Abgabe an private Endverbraucher.

31 Einige Hersteller stellen die Sicherheitsdatenblätter ihrer Produkte im Internet zur Verfügung, andere haben den Apotheken eine aktuelle CD-Rom zugestellt. (Merck: http://chemdat.merck.de; CD-Rom der Firmen Caelo, Hedinger und Dr. Hetterich.); siehe auch Anm. 70

ben einen umfassenden Anwendungsbereich, die Apotheken sind hier nicht ausgenommen. Die Vorschriften gelten bei Tätigkeiten in der Apotheke, z. B. Herstellung oder Prüfung.

Auch werden ergänzende Schutzmaßnahmen gegen Brand- und Explosionsgefahren festgelegt.

Für die Apotheke ergeben sich Pflichten bei Tätigkeiten[32] mit Gefahrstoffen und biologischen Arbeitsstoffen (Biostoffverordnung). Der Apotheker ist verpflichtet, die Gefährdungen zu ermitteln, die Risiken zu bewerten, die Gefährdungsbeurteilung zu dokumentieren und die Mitarbeiter entsprechend zu unterweisen. Dies bedeutet, der Apothekenleiter hat eine systematische und umfassende Gefährdungsbeurteilung für Tätigkeiten mit Gefahrstoffen durchzuführen und die notwendigen Maßnahmen entsprechend dem Schutzstufenkonzept festzulegen. Ziel ist es, Belastungen des Arbeitnehmers grundsätzlich zu vermeiden bzw. zu minimieren. Der Apotheker soll Problembereiche beim Umgang mit Gefahrstoffen im Betrieb erkennen und die richtigen Schutzmaßnahmen bei den unterschiedlichen Tätigkeiten auswählen. Die Schutzmaßnahmen müssen regelmäßig auf ihre Wirksamkeit überprüft werden (siehe hierzu Kapitel II, 7).

Nach den Bestimmungen des fünften Abschnittes gelten für bestimmte Stoffe, Gemische und Erzeugnisse Herstellungs- und Verwendungsbeschränkungen oder Verbote[33].

Der Arbeitgeber hat zum Schutz des menschlichen Lebens, der menschlichen Gesundheit und der Umwelt die erforderlichen Maßnahmen zu treffen. Ihm obliegt eine besondere Verantwortung verbunden mit einer Zahl von Verpflichtungen, die er zu erfüllen hat.

Grundsätzlich gilt, dass die Sicherheitsbestimmungen der Apotheke denen der Industrie vergleichbar sein müssen. Deshalb sind auch in der Apotheke Gefäße, die gefährliche Stoffe und Zubereitungen enthalten, zum Schutz vor Unfall- und Gesundheitsgefahren zu kennzeichnen. Dies wird in den Technischen Regeln für Gefahrstoffe konkretisiert, wonach Arzneimittelrohstoffe chemische Stoffe im üblichen Sinne und daher nach den Bestimmungen des Gefahrstoffrechts zu kennzeichnen sind.[34]

---

32 Der Begriff »Tätigkeit« ersetzt den Begriff »Umgang«. Eine »Tätigkeit« ist jede Arbeit, bei der Stoffe, Zubereitungen oder Erzeugnisse im Rahmen eines Prozesses einschließlich Produktion, Handhabung, Lagerung, Beförderung, Entsorgung und Behandlung verwendet werden oder verwendet werden sollen oder bei der Stoffe oder Zubereitungen entstehen oder auftreten. Mit dem Begriff »Tätigkeiten« wird nicht nur jegliche Herstellung und Verwendung von Gefahrstoffen erfasst, sondern auch Wartungsarbeiten, Bedien- und Überwachungsarbeiten, Lagerung und Entsorgung.

Verwenden ist das Gebrauchen, Verbrauchen, Lagern, Aufbewahren, Be- und Verarbeiten, Abfüllen, Umfüllen, Mischen, Entfernen, Vernichten und innerbetriebliches Befördern. § 3 ChemG. Lagern ist das Aufbewahren zur späteren Verwendung sowie zur Abgabe an andere. § 3 GefStoffV.

33 Diese Herstellungs- und Verwendungsverbote gelten insbesondere für Gefahrstoffe, die krebserzeugende und erbgutverändernde Eigenschaften haben, die sehr giftig und giftig sind sowie die Umwelt schädigen können. Siehe hierzu auch Anhang IV der Gefahrstoffverordnung.

34 TRGS 200 – Einstufung und Kennzeichnung von Stoffen, Zubereitungen und Erzeugnissen (Ausgabe Februar 2007. GMBl Nr. 18 vom 2. 4. 2007 S. 371).

35 § 1 – Verbote
  § 2 – Erlaubnis- und Anzeigepflicht
  § 3 – Informations- und Aufzeichnungspflichten bei der Abgabe an Dritte
  § 4 – Selbstbedienungsverbot
  § 5 – Sachkunde
  § 5 a – Betankungseinrichtungen
  § 6 – Normen
  § 7 – Ordnungswidrigkeiten
  § 8 – Straftaten
  § 9 – Übergangsvorschrift
  Anhang zu § 1
  Die geänderte Chemikalien-Verbotsverordnung wird auch Bestimmungen zum Versandhandel enthalten. Siehe auch Tabelle 9.

Die in der Gefahrstoffverordnung festgelegten Arbeitsschutzbestimmungen sind einzuhalten. Denn alle Tätigkeiten mit Gefahrstoffen werden erfasst, auch wenn für die jeweiligen Stoffe und Gemische Ausnahmen beim Inverkehrbringen, wie z. B. bei den Fertigarzneimitteln, bestehen.

## 6 Zweck und Aufbau der Chemikalien-Verbotsverordnung

Die Chemikalien-Verbotsverordnung[35] regelt das Inverkehrbringen[36] gefährlicher Stoffe und Zubereitungen. Die Rechtsbestimmungen basieren noch auf den alten Kennzeichnungen nach Stoff- und Zubereitungsrichtlinie. Die Chemikalien-Verbotsverordnung wird voraussichtlich im Jahr 2010 noch überarbeitet und geändert, um die Rechtsvorschriften der GHS/CLP-Verordnung zu berücksichtigen. Die Abgabevorschriften werden in einigen Punkten aktualisiert.

**Verkehrsverbote**
Die Verkehrsverbote sind in § 1 Chemikalienverbotsverordnung geregelt; hier werden die wichtigsten Verbote und Beschränkungen zusammengefasst.

Danach ist das Inverkehrbringen der im Anhang I[37] näher bezeichneten Stoffe und Gemische sowie von Stoffen, Gemischen und Erzeugnissen, die diese freisetzen können oder enthalten, in dem in Spalte 2 des Anhangs genannten Umfang verboten. Ausnahmen sind in Spalte 3 des Anhangs aufgeführt. Dies bedeutet, dass das Inverkehrbringen der in Anhang I aufgelisteten Gefahrstoffe verboten oder mit Einschränkungen bzw. im Rahmen von Grenzwerten erlaubt ist.[38]

In der geänderten Fassung werden vermutlich zahlreiche Verbote im Anhang I nicht mehr aufgeführt, da diese Stoffe/Gemische gemäß Anhang XVII der REACH-Verordnung verboten sind. Der Anhang I wird dann vermutlich nur noch besondere Verbote u. a. von Stoffen wie Formaldehyd, Dioxinen, Furanen, Asbest und Pentachlorphenol enthalten.

---

36 Inverkehrbringen ist die Abgabe an Dritte oder die Bereitstellung für Dritte; das Verbringen in den Geltungsbereich dieses Gesetzes gilt als Inverkehrbringen (§ 3 Nr. 9 ChemG).

37 Anhang (zu § 1)
  Abschnitt 1 – DDT
  Abschnitt 2 – Asbest
  Abschnitt 3 – Formaldehyd
  Abschnitt 4 – Dioxine und Furane
  Abschnitt 5 – Gefährliche flüssige Stoffe und Zubereitungen
  Abschnitt 6 – Benzol
  Abschnitt 7 – Aromatische Amine
  Abschnitt 8 – Bleikarbonate und -sulfate
  Abschnitt 9 – Quecksilberverbindungen
  Abschnitt 10 – Arsenverbindungen
  Abschnitt 11 – Zinnorganische Verbindungen
  Abschnitt 12 – Di-µ-oxo-di-n-butyl-stanniohydroxyboran
  Abschnitt 13 – Polychlorierte Biphenyle und Polychlorierte Terphenyle sowie Monomethyltetrachlordiphenylmethan, Monomethyldichlordiphenylmethan und Monomethyldibromidphenylmethan
  Abschnitt 14 – Vinylchlorid
  Abschnitt 15 – Pentachlorphenol
  Abschnitt 16 – Aliphatische Chlorkohlenwasserstoffe
  Abschnitt 17 – Teeröle
  Abschnitt 18 – Cadmium
  Abschnitt 19 – aufgehoben
  Abschnitt 20 – Krebserzeugende, erbgutverändernde und fortpflanzungsgefährdende Stoffe
  Abschnitt 21 – Entzündliche, leichtentzündliche und hochentzündliche Stoffe
  Abschnitt 22 – Hexachlorethan
  Abschnitt 23 – Biopersistente Fasern
  Abschnitt 24 – Kurzkettige Chlorparaffine
  Abschnitt 25 – Flammschutzmittel
  Abschnitt 26 – Azofarbstoffe
  Abschnitt 27 – Alkylphenole
  Abschnitt 28 – Chromathaltiger Zement
  Abschnitt 29 – Polyzyklische aromatische Kohlenwasserstoffe (PAK)
  Abschnitt 30 – Toluol
  Abschnitt 31 – 1, 2, 4–Trichlorbenzol
  Abschnitt 32 – Perfluoroctansulfonate (PFOS)

38 Die Verbote bzw. die Stoffe wurden am 22.6.2009 durch EG Verordnung Nr. 552/2009 im Anhang XVII der REACH-Verordnung (Registrierung, Bewertung, Zulassung und Beschränkung chemischer Stoffe) Nr. 1907/2006 aufgenommen (ABl. EU L 164/7).

Die Verbote gelten nicht für Stoffe und Zubereitungen, die zu Forschungs-, wissenschaftlichen Lehr- und Ausbildungszwecken sowie zu Analysezwecken in den dafür erforderlichen Mengen abgegeben werden.

**Handel mit sehr giftigen / giftigen Gefahrstoffen (§ 2 ChemVerbotsV)**
Wer gewerbsmäßig oder selbstständig sehr giftige oder giftige Stoffe oder Zubereitungen in den Verkehr bringen will, bedarf der Erlaubnis der zuständigen Behörde.

Voraussetzungen für die Erteilung der Erlaubnis sind:
1. Sachkunde nach § 5 ChemVerbotsV
2. Zuverlässigkeit
3. Mindestalter 18 Jahre

Die Erlaubnis kann auch auf einzelne gefährliche Stoffe und / oder Gemische sowie auf Gruppen gefährlicher Stoffe und Gemische beschränkt werden. Sie kann unter Auflagen erteilt werden. Auflagen können auch nachträglich angeordnet werden.

In Unternehmen mit mehreren Filialen muss in jeder Betriebsstätte eine Person mit vorgenannten Voraussetzungen vorhanden sein. Jeder Wechsel dieser Person ist der zuständigen Behörde anzuzeigen. Apotheken benötigen keine besondere Erlaubnis zum Handel mit Gefahrstoffen.

**Sachkunde (§ 5 ChemVerbotsV)**
Die Sachkundeprüfung[39] nach § 5 ChemVerbotsV besteht aus der Grundprüfung und mindestens einer Zusatzprüfung. Es kann eine umfassende Sachkundeprüfung, eine eingeschränkte Sachkundeprüfung z. B. für Biozide, Pflanzenschutzmittel, Schädlingsbekämpfungsmittel sowie eine sonst eingeschränkte Sachkundeprüfung z. B. für einzelne Gefahrstoffe / Gefahrstoffgruppen abgelegt werden.

Die Sachkundeprüfung erstreckt sich
– auf die allgemeinen Kenntnisse über die wesentlichen Eigenschaften der gefährlichen Stoffe und Gemische,
– über die mit ihrer Verwendung verbundenen Gefahren,
– über die ordnungsgemäße Entsorgung und
– auf die Kenntnis der einschlägigen Vorschriften.

Die erforderliche Sachkunde besitzen folgende Personengruppen aufgrund ihrer Ausbildung:
1. approbierte Apotheker
2. Pharmazieingenieure
3. Apothekerassistenten
4. Pharmazeutisch-technische Assistenten
5. Apothekenassistenten
6. Drogist mit entsprechender Giftprüfung
7. Geprüfte Schädlingsbekämpfer
8. Hochschulabsolventen mit entsprechenden Prüfungen
9. Personen, die aufgrund der Übergangsvorschriften als sachkundig gelten.

Giftprüfungen, die nach früheren Vorschriften abgelegt worden sind, gelten im gleichen Umfang weiter, sofern sie der Sachkundeprüfung nach ChemVerbotsV entsprechen. Dies gilt auch für Prüfungen, die in der ehemaligen DDR abgelegt worden sind. Personen aus den Mitgliedstaaten der EU haben den Nachweis der Sachkunde erbracht, wenn der zuständigen Behörde die entsprechenden Nachweise vorgelegt worden sind.

**Abgabe (§ 3 ChemVerbotsV)**
Die Abgabe von gefährlichen Stoffen / Zubereitungen unterliegt strengen gesetzlichen Vorschriften.

---

39 Zur Durchführung der Sachkundeprüfung nach der Chemikalienverbotsverordnung hat das Bundesministerium für Umwelt, Naturschutz und Reaktorsicherheit eine Bekanntmachung von Hinweisen und Empfehlungen zum Sachkundenachweis gemäß § 5 der Chemikalien-Verbotsverordnung veröffentlicht. Bekanntmachung vom 15. September 2009.

Es besteht Selbstbedienungsverbot und Informationspflicht bei der Abgabe an Dritte. Die Abgabe erfolgt durch eine sachkundige Person. Erfasst werden Stoffe/Gemische, die mit folgenden Gefahrensymbolen[40]/Gefahrensätzen zu kennzeichnen sind:

T giftig
T$^+$ sehr giftig
O brandfördernd
F$^+$ hochentzündlich

Stoffe/Zubereitungen mit der Kennzeichnung
R 40 (Verdacht auf krebserzeugende Wirkung) oder
R 62 (Kann möglicherweise die Fortpflanzungsfähigkeit beeinträchtigen) oder
R 63 (Kann das Kind im Mutterleib möglicherweise schädigen)
R 68 (Irreversibler Schaden möglich).

Die geänderte ChemVerbotsV wird vermutlich bei den Abgabebestimmungen bestimmte Gefahrenhinweise (H-Sätze) berücksichtigen. T/T$^+$ Kennzeichnung entspricht einer Kennzeichnung mit den Gefahrenhinweisen H300, H310, H330, H301 und H372. Eine Kennzeichnung mit O, F$^+$, R40, R62, R63, R68 nach altem Recht entspricht einer Kennzeichnung nach GHS/CLP-Verordnung mit den Gefahrenhinweisen H241, H242, H270, H271, H220, H222, H224, H251, H351, H341, H361.

Die Abgabe ist erlaubt, wenn
1. dem Abgebenden Name und Anschrift des Erwerbers bekannt sind oder der Erwerber sich entsprechend ausgewiesen hat (bei Gefahrstoffen mit der Kennzeichnung T und T$^+$),
2. dem Abgebenden bekannt ist oder er sich vom Erwerber hat bestätigen lassen, dass dieser
   a) als Handelsgewerbetreibender für sehr giftige und giftige Stoffe und Zubereitungen eine Handelserlaubnis besitzt oder das Inverkehrbringen angezeigt hat und Gefahrstoffe mit der Kennzeichnung O (brandfördernd) oder F$^+$ (hochentzündlich) oder Stoffe/Zubereitungen mit den R-Sätzen R 40, R 62, R 63 und R 68 an den privaten Endverbraucher nur durch eine im Betrieb beschäftigte Person mit Sachkunde abgeben lässt, oder
   b) als Endabnehmer diese Stoffe und Zubereitungen in erlaubter Weise verwenden will und keine Anhaltspunkte für eine unerlaubte Weiterveräußerung oder Verwendung bestehen,
3. an Personen, die mindestens 18 Jahre alt sind (**Keine Abgabe an Jugendliche!**),
4. der Abgebende den Erwerber über die mit dem Verwenden des Stoffes oder der Zubereitung verbundenen **Gefahren**, die notwendigen **Vorsichtsmaßnahmen** beim bestimmungsgemäßen Gebrauch und für den Fall des unvorhergesehenen Verschüttens oder Freisetzens sowie über die **ordnungsgemäße Entsorgung** unterrichtet hat,
5. der Erwerber, sofern er ein Begasungsmittel erwerben will, die vorgeschriebene Erlaubnis oder den Befähigungsschein vorlegt.

Besondere Abgabenvorschriften gelten für Grundstoffe zur Herstellung von Sprengstoffen/Explosivstoffen:

---

40 § 3 ChemVerbotsV – Informationspflicht
Ausnahmen:
1. *Hochentzündliche* Druckgase
2. *Brandfördernde* Klebstoffe, Härter, Mehrkomponentenkleber, Mehrkomponenten-Reparaturspachtel, Druckgase.
3. Experimentierkästen für chemische oder ähnliche Versuche.
4. Mineralien für Sammlerzwecke.
5. Heizöl, Dieselkraftstoffe.
6. Hochentzündliche Sonderkraftstoffe für motorbetriebene Arbeitsgeräte.
7. Photochemikalien, gesundheitsschädlich mit R 40/ R 68, kindergesicherter Verschluss.

Diese Ausnahmen werden vermutlich auch in der geänderten ChemVerbotsV berücksichtigt werden, die Ausnahme ist dann an bestimmte H-Sätze gebunden.

- Ammoniumnitrat
- Kaliumchlorat
- Kaliumnitrat
- Kaliumperchlorat
- Kaliumpermanganat
- Natriumchlorat
- Natriumnitrat
- Natriumperchlorat
- Wasserstoffperoxidlösung >12%

Bei der Abgabe dieser Stoffe ist im besonderen Maße die Plausibilität und Legalität des Verwendungszweckes zu prüfen. Die Identität des Erwerbers ist festzustellen; der Erwerber muss mindestens 18 Jahre alt sein. Wird eine Person zur Abholung des Stoffes beauftragt, so ist eine Auftragsbestätigung vorzulegen und die Identität der Person festzustellen. Die Abgabe ist unter Angabe des Verwendungszweckes im Gefahrstoffbuch zu dokumentieren (5 Jahre Aufbewahrungsfrist). Der Erhalt ist durch Unterschrift zu bestätigen. Die Abgabe darf nur an Personen erfolgen; es gilt ein Versandhandelsverbot. Der Apotheker ist zur Information über Gefahren, Schutzmaßnahmen und Entsorgung verpflichtet.

**Abgabe an gewerbliche Verbraucher**

Dem Abnehmer muss bei der ersten Lieferung ein Sicherheitsdatenblatt übermittelt werden. Das Sicherheitsdatenblatt ist an den Abnehmer kostenlos sowie in deutscher Sprache und mit Datum versehen abzugeben. Eine Überarbeitung des Sicherheitsdatenblattes aufgrund wichtiger neuer Informationen im Zusammenhang mit der Sicherheit, dem Gesundheitsschutz oder der Umwelt hat zur Folge, dass die neue Fassung – versehen mit der Angabe »überarbeitet am ...« – allen Abnehmern, die den Gefahrstoff in den vergangenen 12 Monaten erhalten haben, kostenlos zu übermitteln ist, d.h., dass die Sammlung ständig zu aktualisieren ist (siehe hierzu auch S. 29).

Die alte und neue Einstufung nach GHS/CLP-Verordnung muss im Sicherheitsdatenblatt bis zum 1.6.2015 angegeben werden. Werden Gemische z.B. freiwillig vor dem Stichtag nach GHS/CLP gekennzeichnet, so sind dennoch beide Einstufungen im SDBl. anzugeben.

**Selbstbedienungsverbot
(§ 4 ChemVerbotsV)**

Gefahrstoffe, für die eine Informationspflicht besteht, dürfen nur von sachkundigen Personen abgegeben und nicht in Selbstbedienung in den Verkehr gebracht werden.[41] (Gefahrensymbol/Gefahrensätze: $T^+$, T, O, $F^+$, R 40 / R 62 / R 63 / R 68)

**Gefahrstoffbuch/Dokumentation**

Über die Abgabe von sehr giftigen und giftigen Gefahrstoffen und Stoffen, die zur Sprengstoffherstellung geeignet sind, sind Aufzeichnungen zu führen.

Das Gefahrstoffbuch muss folgende Angaben enthalten:
1. Art und Menge der Stoffe/Zubereitungen
2. Datum der Abgabe
3. Verwendungszweck
4. Name und Anschrift des Erwerbers
5. Name des Abgebenden
6. Unterschrift des Erwerbers

Der Empfang dieser Gefahrstoffe kann vom Erwerber auch auf einem gesonderten Empfangsschein durch Unterschrift bestätigt werden.

Wird eine andere Person zur Abholung beauftragt, so ist deren Identität bei gleichzeitiger Vorlage der Auftragsbestätigung zu dokumentieren.

Das Abgabebuch ist zusammen mit den Empfangsscheinen mindestens 5 Jahre nach der letzten Eintragung aufzubewahren.

Die Abgabe z. B. sehr giftiger und giftiger Stoffe/Gemische an den Chemielehrer einer

---

[41] § 4 ChemVerbotsV – Selbstbedienungsverbot Ausnahmen: siehe Fußnote 40

*Allgemeine Vorschriften des Gefahrstoffrechts* 35

## Grundstoffe zur Herstellung von Sprengstoffen/Explosivstoffen.

Bei der Abgabe der in Tabelle 4 genannten Stoffe sind folgende Vorgaben zu beachten:

1. Verwendungszeck, Plausibilität und Legalität prüfen.
2. Identität des Erwerbers bzw. des Abholers feststellen.
3. Abholer: Auftragsbestätigung muss vorliegen.
4. Erwerber/ Abholer: Mindestalter 18 Jahre
5. Erwerber/Abholer über Gefahren, Vorsichtsmaßnahmen wie auch über sachgerechte Entsorgung informieren.
6. Dokumentation im Abgabebuch mit Art und Menge des Stoffes, Datum der Abgabe, Verwendungszweck, Name und Anschrift des Erwerbers, Name des Abgebenden.
7. Empfang ist im Abgabebuch oder auf gesonderten Empfangsschein unter Angabe des Verwendungszwecks vom Erwerber/Abholer zu dokumentieren. Dokumentation fünf Jahre aufbewahren
8. Verbot des Versandes an private Endverbraucher

| Stoffe | GHS/CLP-Verordnung 1272/2008 Gefahrenpiktogramm | | | EG Richtlinie 67/548/EWG Kennbuchstabe |
|---|---|---|---|---|
| Ammoniumnitrat | | Achtung | H272 | O |
| Kaliumchlorat (a, b) | | Gefahr | H271/H332/ H302/H411 | O, Xn, N |
| Kaliumnitrat | | Achtung | H272 | O |
| Kaliumperchlorat (a, b) | | Gefahr | H271/H302 | O, Xn |
| Kaliumpermanganat | | Gefahr | H272/H302/ H410 | O, Xn, N |
| Natriumchlorat (a, b) | | Gefahr | H271/H302/H411 | O, Xn, N |
| Natriumnitrat | | Gefahr | H272/H302/ H319 | O, Xn |
| Natriumperchlorat | | Gefahr | H271/H302 | O, Xn |
| Wasserstoffperoxidlösung > 12% (a) | | Gefahr | H302/H318 | Xn |

Tabelle 4: Abgabevorschriften nach ChemVerbotsV.
a) Nach Informationen des Bundesministeriums des Innern (BMI) gehören diese Stoffe zu den besonders schadensträchtigen Ausgangschemikalien. b) Ein legaler Verwendungszweck ist nicht bekannt.

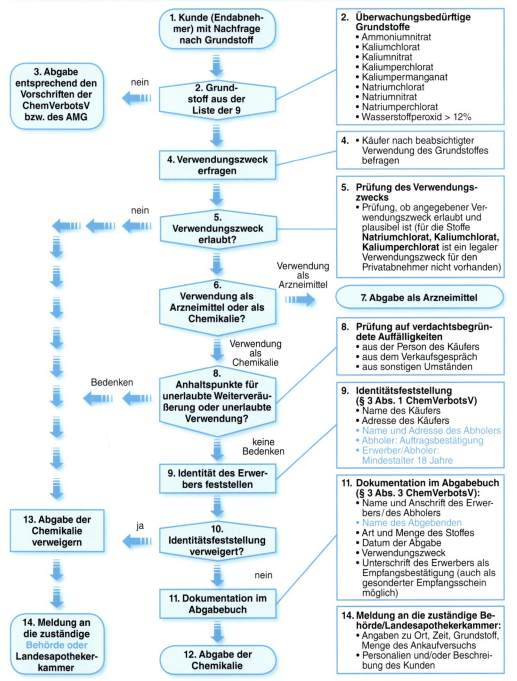

Abbildung 3: Fließschema. Abdruck mit freundlicher Genehmigung der Bundesapothekerkammer © Bundesapothekerkammer

*Allgemeine Vorschriften des Gefahrstoffrechts*

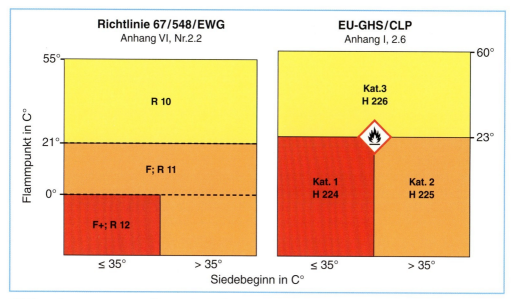

Abbildung 4: Einstufung von entzündbaren Flüssigkeiten

Schule ist in das Gefahrstoffbuch einzutragen. In diesem Fall ist zusätzlich anzugeben, ob die Abgabe zu Forschungs-, Analyse-, Ausbildungs- oder Lehrzwecken erfolgt.

Die Aufzeichnungspflicht gilt nicht für die Abgabe an Wiederverkäufer, berufsmäßige Verwender, öffentliche Forschungs-, Untersuchungs- und Lehranstalten, sofern die Angaben in anderer Weise für mindestens fünf Jahre nachgewiesen werden können. Bei öffentlichen Anstalten muss – wie oben angegeben – der Zweck vermerkt werden.

## 7 Brennbare Flüssigkeiten

Die Lagerung, Abfüllung und Beförderung brennbarer Flüssigkeiten ist im Interesse der öffentlichen Sicherheit in der Betriebssicherheitsverordnung und den technischen Regeln für brennbare Flüssigkeiten geregelt. Mit Inkrafttreten der Betriebssicherheitsverordnung wurde die Verordnung über brennbare Flüssigkeiten (VbF) außer Kraft gesetzt. Diese Vorschriften betreffen insbesondere Betriebe der Treibstoffindustrie, müssen jedoch grundsätzlich auch von Kleinbetrieben, z.B. Apotheken, die mit wesentlich geringeren Mengen an brennbaren Flüssigkeiten umgehen, beachtet werden.

Die Technischen Regeln für brennbare Flüssigkeiten müssen in das Technische Regelwerk für Betriebssicherheit überführt werden.[42] Bis zu diesem Zeitpunkt repräsentieren

---

42 Die Technischen Regeln für Betriebssicherheit (TRBS) konkretisieren die brand- und explosionsschutzspezifischen Forderungen der Gefahrstoffverordnung. Diese Technischen Regeln werden vom Ausschuss für Betriebssicherheit (ABS) und vom Ausschuss für Gefahrstoffe (AGS) erarbeitet und im Bundesarbeitsblatt bekannt gegeben.
In den technischen Regeln für brennbare Flüssigkeiten »Läger« werden zulässige Lagermengen für Vorratsräume und Sicherheitsschränke angegeben, TRbF 20, Läger vom 1.2.2001 (BAvBl, 4/2001 S. 60) Zuletzt geändert am 15.5.2002 (BavBl, 6/2002 S. 63); siehe auch „Ortsbewegliche Behälter, TRbF 60, BarBl. 6/2002 S. 80

die »Technischen Regeln für brennbare Flüssigkeiten« TRbF den Stand der Technik; siehe z. B. Läger (TRbF 20).

## 7.1 Kennzeichnung

Brennbare Flüssigkeiten sind nach der Stoff- und Zubereitungsrichtlinie in Abhängigkeit vom Flammpunkt mit hochentzündlich, leichtentzündlich oder entzündlich zu kennzeichnen. Die Einstufungskriterien für entzündbare Flüssigkeiten[43] nach der Stoffrichtlinie und der GHS/CLP-Verordnung differieren, so dass es im Einzelfall zu Umstufungen kommen wird. Die entzündbaren Flüssigkeiten werden nach neuem Recht mit dem Gefahrenpiktogramm GHS 02 – Flamme- und in Abhängigkeit vom Flammpunkt (siehe Glossar) mit H 224 (Flüssigkeit und Dampf extrementzündbar), H 225 (Flüssigkeit und Dampf leicht entzündbar) oder H 226 (Flüssigkeit und Dampf entzündbar) gekennzeichnet.

## 7.2 Lagerung

Die Betriebssicherheitsverordnung kennt für die Lagerung der brennbaren Flüssigkeiten keine Anzeigepflicht mehr. Nur für die Lagerung von leicht-, hoch- und entzündlichen Flüssigkeiten von mehr als 10 000 Liter wird eine Erlaubnis der zuständigen Behörde gefordert. Dies bedeutet, dass in Lagerräumen bis zu 10 000 Liter brennbarer Flüssigkeiten erlaubnisfrei gelagert werden dürfen. In den technischen Regeln für brennbare Flüssigkeiten »Läger« werden zulässige Lagermengen für Vorratsräume und Sicherheitsschränke angegeben.

Unzulässig ist die Lagerung brennbarer Flüssigkeiten in
– Durchgängen,
– Treppenräumen,
– allgemein zugänglichen Fluren,
– Arbeitsräumen.

Unzulässig ist die Lagerung brennbarer Flüssigkeiten auch an Orten, sofern die dort festgelegten Lagermengen überschritten werden. Die zulässige Lagermenge für Verkaufs- und Vorratsgefäße des Einzelhandels wird in den überarbeiteten technischen Regeln konkretisiert werden (zurzeit TRbF 20, Läger).

Hier finden sich auch konkrete Angaben zu den Vorratsräumen von Apotheken. Brennbare Flüssigkeiten können in einem Sicherheitsschrank für feuergefährliche, flüssige und feste Stoffe nach DIN EN 14470-1 gelagert werden. Größere Mengen an brennbaren Flüssigkeiten sind in einem Lagerraum für brennbare Flüssigkeiten zu lagern. Hier sind weiterreichende Anforderungen (feuerbeständige Abtrennung, Explosionsschutz, geerdete Vorratsbehälter u. a.) einzuhalten.

Brennbare Flüssigkeiten sind grundsätzlich an einem kühlen und gut belüfteten Ort aufzubewahren.

In Räumen, in denen brennbare Flüssigkeiten gelagert werden, dürfen Materialien mit hoher Brandlast nicht in großer Menge aufbewahrt werden.

Nach den Vorschriften der Berufsgenossenschaft dürfen brennbare Flüssigkeiten am Arbeitsplatz nur in der für den Fortgang der täglichen Arbeiten erforderlichen Menge bereitgehalten werden; maximal Standgefäße mit einem Fassungsvermögen von 1 Liter. Die Anzahl solcher Gefäße ist aus Sicherheitsgründen auf das unbedingt nötige Maß zu beschränken.

**Umfüllen:** Das Um- und Abfüllen im Vorratsraum für brennbare Flüssigkeiten ist grundsätzlich unzulässig. Brennbare Flüssig-

---

43 siehe: Anhang VI, Nr. 2.2 EU Richtlinie 67/548/EWG und GHS/CLP-Verordnung 1272/2008, Anhang I, 2.6

keiten sind im Abzug bzw. im gut belüfteten Laboratorium umzufüllen.

**Brandschutz:** Handfeuerlöscher sind in Abhängigkeit von der Brandgefährdung an gut sichtbarer und im Brandfall leicht zugänglicher Stelle anzubringen. Bei einer Apotheke bis 200 m² mit mittlerer Brandgefährdung sind drei Pulverlöscher (6 kg) P 6 Hi oder PD 6 nach DIN-EN 3 mit je 10 Löschmitteleinheiten oder vier Schaumlöscher S 6 AKP mit sechs Löschmitteleinheiten erforderlich. Diese sind orientiert an den Brandgefährdungsbereichen in der Nähe der Tür des Laboratoriums, vor dem Vorrats- oder Lagerraum für brennbare Flüssigkeiten, vor dem Arzneimittellagerraum und in der Offizin anzuordnen. Für Krankenhausapotheken sind entsprechend ihrer Grundfläche und unter Berücksichtigung der größeren Mengen an brennbaren Flüssigkeiten entsprechend mehr Handfeuerlöscher erforderlich.

### 7.3 Schutzmaßnahmen gegen Brand- und Explosionsgefahren

Nach § 12 Gefahrstoffverordnung sind zusätzliche Schutzmaßnahmen gegen physikalisch-chemische Einwirkungen, insbesondere gegen Brand- und Explosionsgefahren vom Apotheker festzulegen.

Brand - und Explosionsgefahren können von gekennzeichneten (explosionsgefährlich, brandfördernd, hochentzündlich, leichtentzündlich) Gefahrstoffen ausgehen, wie auch von instabilen Stoffen und Stoffgemischen (Peroxide). Ein Brand oder auch eine Explosion können durch das Zusammentreffen von Sauerstoff, brennbaren bzw. explosionsfähigen Stoffen sowie einer Zündquelle entstehen. Als Oxidationsmittel reagieren brandfördernde Gefahrstoffe oder Luftsauerstoff. Zündquellen sind Flammen, Funken, Verarbeitungstemperaturen, elektrische Anlagen oder auch statische Elektrizität. Explosionsgefährdungen können durch ein Abfrageschema TRB S 2152 erkannt und vermieden werden.

Teil 1   Gefährliche explosionsfähige Atmosphäre – Beurteilung der Explosionsgefährdung
Teil 2   Vermeidung oder Einschränkung gefährlicher explosionsfähiger Atmosphäre
Teil 3   Gefährliche explosionsfähige Atmosphäre – Vermeidung der Entzündung gefährlicher explosionsfähiger Atmosphäre
Teil 4   Maßnahmen des konstruktiven Explosionsschutzes, welche die Auswirkung einer Explosion auf ein unbedenkliches Maß beschränken.
siehe: www. baua.de, TRBS 2152, Teil 4 (GMBl. 2008, Nr. 26, S. 530)

Der Apothekenleiter muss für die Arbeitsbereiche, in denen eine gefährliche explosionsfähige Atmosphäre entstehen könnte, eine Gefährdungsbeurteilung durchführen und Schutzmaßnahmen festlegen.

Auf Grundlage der Gefährdungsbeurteilung werden somit z. B. Maßnahmen zur Vermeidung von Brand- und Explosionsgefahren festgelegt:
1. Bildung gefährlicher explosionsfähiger Gemische verhindern; gefährliche Mengen und Konzentrationen vermeiden.
2. Zündung gefährlicher, explosionsfähiger Gemische vermeiden (Verringerung der Mengen, Konzentrationen außerhalb der Konzentrationsgrenzen).
3. Auswirkungen von gefährlichen explosionsfähigen Gemischen auf ein unbedenkliches Maß verringern. Gefährliche explosionsfähige Gemische gefahrlos beseitigen.

Die Einhaltung der Maßnahmen ist zu dokumentieren (siehe Anhang III, siehe auch § 6 Betriebssicherheitsverordnung, Explosionsschutzdokument). Siehe hierzu auch die Handlungshilfen der Bundesapothekerkammer zur Umsetzung der Gefahrstoffverordnung in Apotheken.

## 8. Gefahrstoffe in der Apotheke

### 8.1 Lagerung der Gefahrstoffe

Gefahrstoffe sind so aufzubewahren, dass sie die menschliche Gesundheit und die Umwelt nicht gefährden und dass ein Fehlgebrauch oder ein Missbrauch mit großer Wahrscheinlichkeit ausgeschlossen ist. Gefahrstoffe sind übersichtlich geordnet aufzubewahren; sie dürfen nicht in unmittelbarer Nähe von Arzneimitteln, Lebensmitteln oder Futtermitteln gelagert werden. Lagern ist das Aufbewahren zur späteren Verwendung sowie zur Abgabe an andere.[44] Bei der Lagerung, der Aufbewahrung zur Abgabe oder zur sofortigen Verwendung müssen die mit der Verwendung verbundenen Gefahren erkennbar sein. Dies bedeutet, die Kennzeichnung ist so anzubringen, dass die Angaben gelesen werden können, wenn die Verpackung in der vorgesehenen Weise abgestellt wird.[45] Die gesetzlichen Vorgaben zur Aufbewahrung und Lagerung von Gefahrstoffen gehören zu den Grundpflichten des Apothekers.

Stoffe, Zubereitungen oder Reagenzien, die nach dem alten Recht mit dem Gefahrensymbol sehr giftig oder giftig zu kennzeichnen sind, müssen nach den Bestimmungen der Gefahrstoffverordnung unter Verschluss oder so aufbewahrt werden, dass nur fachkundige Personen Zugang haben.[46] Nach GHS/CLP-Verordnung sind Stoffe/Gemische mit der Kennzeichnung GHS 06 (Totenkopf auf gekreuzten Knochen), GHS 08 (Gesundheitsgefahr) unter Verschluss aufzubewahren. Erfasst werden teilweise auch Stoffe mit der Kennzeichnung GHS 07 (Ausrufezeichen)[47] sowie Stoffe mit Kennzeichnung GHS 05 (Ärzwir-

kung). Fachkundig sind u. a. Apotheker, pharmazeutisch-technische Assistenten, nicht jedoch Auszubildende und die Putzfrau.

Hier besteht die Möglichkeit, den Reagenzienschrank mit einem Steckschloss zu verschließen und weitere Gefahrstoffe mit entsprechender Kennzeichnung in einem abschließbaren Schrank aufzubewahren.

### 8.2 Kennzeichnung der Vorratsgefäße / Reagenzien

Die Kennzeichnung vermittelt wesentliche Informationen über die Eigenschaften der Stoffe und Zubereitungen und über die Maßnahmen zur Vermeidung von Gefahren. Die Kennzeichnung weist Personen, die mit Stoffen und Zubereitungen umgehen, auf die mit ihnen verbundenen Gefahren hin. Die korrekte Einstufung und Kennzeichnung soll einen sicheren und angemessenen Umgang

---

44 Es schließt die Bereitstellung zur Beförderung ein, wenn die Beförderung nicht binnen 24 Stunden nach der Bereitstellung oder am darauf folgenden Werktag erfolgt. Ist dieser Werktag ein Samstag, so endet die Frist mit Ablauf des nächsten Werktages. § 3 GefStoffV.

45 Bei der Lagerhaltung bestimmter gefährlicher Stoffe sind neben den allgemeinen Vorschriften der Gefahrstoffverordnung weitere Vorschriften zu beachten. Siehe hierzu z. B. TRGS 514 – Lagern sehr giftiger und giftiger Stoffe in Verpackungen und ortsbeweglichen Behältern, BArBl. 9/98; TRGS 515 – Lagern brandfördernder Stoffe in Verpackungen und ortsbeweglichen Behältern, BArBl. 9/98 zuletzt geändert 10/2002. Bei der Lagerung brennbarer Flüssigkeiten müssen zudem bestimmte Mengengrenzen beachtet werden. Siehe Kapitel 7.

46 § 10 Abs. 3 GefStoffV.

47 Den Sicherheitshinweis „Unter Verschluss aufbewahren" (P405) wird folgenden Gefahrenkategorien zugeordnet: Akute Toxizität 1, 2, 3; Hautätzung 1A, 1B, 1C; Muta., Carc., Repr. 1A, 1B, 2; Stot einmalig 1, 2, 3; Aspirationsgefahr 1. Unter Verschluss zu lagern sind auch Stoffe/ Gemische der Gefahrenklasse: Spezifische Zielorgan-Toxizität/einmalige Exposition; Gefahrenkategorie 3, narkotische Wirkungen, Kennzeichnung GHS 07 (Ausrufezeichen). Mit der Änderung der ChemVerbotsV können für den Handel noch Ausnahmen festgelegt werden.

mit Gefahrstoffen gewährleisten. Demnach sollen die auf den Standgefäßen und Reagenzien angegebenen Gefahrenpiktogramme, die Signalwörter, die Gefahrenhinweise und Sicherheitshinweise zu einer korrekten und sicheren Handhabung beitragen.

Die innerbetriebliche Kennzeichnung soll sich vorzugsweise an den EG Richtlinien orientieren, grundsätzlich sind flexible branchenspezifische Lösungen möglich. Denn es reicht aus, für Gefahrstoffe im Betrieb eine Kennzeichnung zu wählen, die wesentliche Informationen zu ihrer Einstufung, den mit ihrer Handhabung verbundenen Gefahren und den zu beachtenden Sicherheitsmaßnahmen enthält. Dies wird in der TRGS 200 konkretisiert.[48] Für Standgefäße in Apotheken und Chemikaliengefäße im Labor, in denen die für den Handgebrauch erforderlichen Mengen bereitgehalten werden, ist die Kennzeichnung mit dem Namen des Stoffes oder des Gemisches und dem Gefahrenpiktogramm mit Signalwort ausreichend, sofern den Mitarbeitern die Gefahren und Schutzmaßnahmen aus vorhandenen Unterlagen wie Betriebsanweisungen oder Sicherheitsdatenblättern bekannt sind und zur Information am Arbeitsplatz zur Verfügung stehen.

Letztlich bleibt es aber die Aufgabe desjenigen, der die Gefährdungsbeurteilung durchführt, diese Vorgaben, die auch unbestimmte Rechtsbegriffe enthalten, zum Erreichen geeigneter Schutzziele für die eigene Apotheke umzusetzen. Der Apotheker sollte weiterhin beim Bezug der Ausgangsstoffe auf umfassend gekennzeichnete Stoffe und Gemische achten.

Kleinere Gefäße, z. B. 2 g Triamcinolon, können dann evtl. auch in einem größeren Standgefäß aufbewahrt werden. Aus Gründen des Arbeitsschutzes sollten Stoffe möglichst nicht umgefüllt werden.

Es empfiehlt sich zu prüfen, ob Standgefäße, die Stoffe mit besonderem Risikopotenzial enthalten (Totenkopf oder Gesundheitsgefahr, krebserzeugend, erbgutverändernd, reproduktionstoxisch), zusätzlich mit den Gefahrenhinweisen zu kennzeichnen, da die Mitarbeiter die Risiken bei der Handhabung so umgehend erkennen können.

Standgefäße mit einem Fassungsvermögen von mehr als 1 Liter (Handgebrauch bis zu 1 Liter) sind auf jeden Fall umfassend mit Gefahrenhinweisen und Sicherheitshinweisen zu kennzeichnen. Eine umfassende Kennzeichnung kann auch aus Gründen des Arbeitsschutzes angezeigt sein.

Diese Verpflichtung ist beim Bezug der Ausgangsstoffe zu berücksichtigen, d. h., nicht ordnungsgemäß gekennzeichnete Ware sollte in den Apotheken nicht angenommen werden. Die bekannten Hersteller/Vertreiber von Ausgangsstoffen von Apotheken kennzeichnen bereits umfassend. Sind Stoffe nach altem Recht gekennzeichnet (Übergangsfrist für Lagerbestände 1.12.2012), ist die Kennzeichnung nach neuem Recht dem Sicherheitsdatenblatt zu entnehmen; dies kann kostenlos beim Hersteller/Inverkehrbringer angefordert werden.

Arzneimittel sind bei der Lagerung nach den Bestimmungen des Arzneibuches und der Apothekenbetriebsordnung zu kennzeichnen, zusätzlich sind die Kennzeichnungsvorschriften der Gefahrstoffverordnung zu beachten. Generell gilt, dass die Standgefäße auch nach Gefahrstoffrecht zu kennzeichnen sind; Ausnahmen gelten für Fertigarzneimittel.

---

48 Die innerbetriebliche Kennzeichnung für Apotheken wird in Punkt 7.4 der TRGS 200 konkretisiert. (TRGS 200: Einstufung und Kennzeichnung von Stoffen, Zubereitungen und Erzeugnissen, Ausgabe Februar 2007. GMBl. Nr. 18 vom 2.4.2007, S. 371, berichtigt: GMBl 2010 Nr. 5 – 6 S. 111 (4.2.2010) www.baua.de)

Demnach sind in der Rezeptur und im Lagerraum Stand- und Vorratsgefäße nach Gefahrstoffrecht (GHS/CLP Verordnung) zu kennzeichnen, wenn sie folgende Stoffe/Zubereitungen enthalten:
- Rohstoffe, Arzneirohstoffe
- reine Chemikalien
- Arzneimittel, die auch als Chemikalien verwendet werden

Für Standgefäße in Laboratorien und Apotheken gelten nach der TRGS 200[49] Ausnahmen bei der innebetrieblichen Kennzeichnung. Die H- und P-Sätze können entfallen, wenn die Sicherheitsdatenblätter zur weiteren Information den Mitarbeitern zur Verfügung stehen. Die gilt auch nach den neuen Kennzeichnungsvorgaben.[50]

Sollte nach dem Sicherheitsdatenblatt mehrere Piktogramme empfohlen sein, so kann aus Gründen der Übersichtlichkeit die Anzahl der Piktogramme auf drei reduziert werden, wenn sichergestellt ist, dass alle Mitarbeiter über die Gefahren der Stoffe informiert sind. Grundsätzlich ist auch die Rangfolgeregelung für Gefahrenpiktogramme zu beachten (siehe Kapitel 4.3 und Tabelle 2)

Auf den Stand-/Vorratsgefäßen in der Apotheke sind folgende Angaben in einer den Ausmaßen des Behältnisses entsprechenden Größe[51] anzubringen:
- Bezeichnung des Inhaltes
- Gefahrenpiktogramme
- Signalwort: Gefahr oder Achtung

**Laboratorium**
Eine vereinfachte Kennzeichnung ist analog dem Standgefässen auch bei Reagenzien in Laboratorien möglich. Reagenzien in Apotheken, Laboratorien sind wie folgt zu kennzeichnen:
- Name des Stoffes/Gemisches
- Gefahrenpiktogramme
- Signalwort: Gefahr oder Achtung

Die Tabellen in Kapitel V sind Hilfestellungen, um Ausgangsstoffe und Reagenzien nach neuem Recht zu kennzeichnen. Die Inhalte basieren auf der Umwandlungstabelle VII der GHS/CLP-Verordnung.

Ausgangsstoffe mit CMR Eigenschaften also die Stereoidhormone (Glucocorticoide, Androgene, Anabolika, Gestagene und Estrogene; siehe TRGS 905) sind mit GHS08 „Gesundheitsgefahr" zu kennzeichnen.[53]

GHS08

### 8.3 Übergangsfrist

In der GefStoffV (Umgang mit Stoffen/Arbeitsschutz) bleibt der Bezug auf die bisherigen Einstufungsvorschriften bis zum Ablauf der Übergangsfristen am 1.6.2015 erhalten. Dies bedeutet, dass auch die Verwendung der bisherigen Kennzeichnung in den Betrieben unter Berücksichtigung der Übergangsfristen (s. S. 26) grundsätzlich zulässig ist. Unabhängig davon kann die neue Kennzeichnung bereits jetzt schon angewendet werden. Dies verpflichtet jedoch zugleich den Apotheker innerbetrieblich über die neuen Kennzeichnungsvorgaben anhand dieser Broschüre zu informieren.

Der Änderungsaufwand ist in den Apotheken unterschiedlich hoch. Laborflaschen, Reagenzien wie auch Standgefäße sind neu zu kennzeichnen. Werden diese Vorgaben in einer Apotheke schrittweise umgesetzt, so werden für eine gewisse Zeit beide Kennzeichnungs-

---

49 Siehe Anm. 48. Eine vereinfachte Kennzeichnung ist auch im Rahmen von branchenspezifischen Lösungen möglich.

50 Siehe Punkt 4.4 Bekanntmachung vom 11.9.2009 / AGS, siehe Anm. 24.

51 Die Angaben müssen groß genug, haltbar und deutlich lesbar sein. Gefahrenpiktogramme (rot umrandete Raute s. Abbildung 1).

systeme nebeneinander vorkommen. Die parallele Verwendung der unterschiedlichen Kennzeichnungssysteme sollte nicht länger als erforderlich aufrecht erhalten werden. Eine gleichzeitige Kennzeichnung der Standgefäße/Reagenzien mit alten und neuen Kennzeichnungselementen sollte nach den Rechtsvorgaben grundsätzlich vermieden werden (siehe hierzu auch Bekanntmachung, Anm. 24).

### 8.4 Kennzeichnung der Abgabegefäße

Die Bestimmungen des Gefahrstoffrechts richten sich nicht nur an den Hersteller, sondern auch an den Einzelhändler, z. B. den Apotheker, wenn dieser Gefahrstoffe oder Gemische lagert oder erneut in den Verkehr bringt. Der Apotheker ist somit verpflichtet, eine ordnungsgemäße Kennzeichnung und Verpackung sowie die z. T. vorgeschriebene Kindersicherung sicherzustellen, wenn er Stoffe selber zusammenmischt, herstellt oder sie durch Umfüllen in neue Behältnisse portioniert.[52]

Chemikalien, Gefahrstoffe sowie Arzneistoffe, soweit sie zu technischen Zwecken abgegeben werden, sind nach Gefahrstoffrecht zu kennzeichnen.

**Kennzeichnung der Abgabegefäße nach GHS/CLP-Verordnung**
Durch die Übergangsvorschriften zur Einführung von GHS/CLP bleibt die bisherige Kennzeichnung parallel zur neuen Kennzeichnung noch einige Zeit gültig (siehe Übergangsfristen; siehe Kapitel 4.5).

| Volumen | Format |
|---|---|
| Bis zu 0,25 L | angemessenes Format |
| > 0,25 – 3,0 L | 52 mm x 74mm |
| > 3,0 – 50,0 L | 74 mm x 105 mm |
| > 50 – 500L | 105mm x 148mm |
| > 500 L | 148 mm x 210 mm |

Tabelle 5: Mindestabmessungen der Etiketten

Die neuen Gefahrenpiktogramme verweisen auf Gefahrenklassen und sollen zukünftig den Verbraucher auf die mit dem Stoff/Gemisch verbundenen Gefahren hinweisen. Die Kennzeichnung (Gefahrenpiktogramm, Gefahrenhinweise, Sicherheits- und Verwendungshinweise) soll erste wesentliche Informationen über die möglichen Risiken des Stoffes vermitteln.[54]

Die Kennzeichnung muss groß genug, deutlich lesbar, haltbar und in deutscher Sprache abgefasst sein.[55] Das Kennzeichnungsetikett muss in angemessenen Verhältnis zur Verpackung stehen; die Mindestabmessungen der Etiketten sind vorgeschrieben (Tabelle 5).

---

52 Gefährliche Stoffe, Gemische, Erzeugnisse dürfen nur erneut in den Verkehr gebracht werden, wenn die Verpackung und Kennzeichnung ordnungsgemäß ist.

53 Mehrere Arzneisoffe sind noch nicht nach neuem Recht eingestuft. Es sollte stets das aktuelle Sicherheitsblatt angefordert werden.

54 Gemische, die in keine Gefahrenklasse eingestuft sind, können kennzeichnungspflichtig sein. Maßgeblich sind die Regeln in Anhang II Teil 2 der GHS/CLP-Verordnung, die aus der Zubereitungsrichtlinie übernommen wurden.

55 GHS/CLP-Verordung Artikel 17, Allgemeine Vorschriften Abs. 2: „Das Kennzeichnungsetikett wird in der/den Amtssprache(n) des Mtigliedstaats/der Mitgliedstaaten beschriftet, in dem der Stoff oder das Gemisch in Verkehr gebracht wird, es sei denn, der betreffende Mitgliedstaat oder die betreffenden Mitgliedstaaten bestimmen etwas anderes. Lieferanten können mehr Sprachen auf ihren Kennzeichnungsetiketten verwenden, als von den Mitgliedstaaten verlangt wird, sofern dieselben Angaben in sämtlichen verwendeten Sprachen erscheinen."
Anhang I der Verordnung: 1. Teil 1.2 Kennzeichnung: 1.21. Abmessungen und Aufmachung der Kennzeichnungselemente, 1.2.1.1. Die Gefahrenpiktogramme gemäß Anhang V müssen ein schwarzes Symbol auf weißem Hintergrund in einem roten Rahmen tragen, der so breit ist, dass er deutlich sichtbar ist. 1.2.1.2. Die Gefahrenpiktogramme müssen die Gestalt eines auf der Spitze stehenden Quadrats aufweisen. Jedes Gefahrenpiktogramm muss mindestens ein Fünfzehntel der Fläche des harmonisierten Kennzeichnungsetiketts einnehmen und die Mindestfläche muss 1 cm$^2$ betragen.

Jedes Gefahrenpiktogramm muss mindestens 1 cm² groß sein und mindestens 1/15 der Fläche des Kennzeichnungsschildes ausmachen.

Die Kennzeichnung ist auf einer oder mehreren Flächen der Verpackung so anzubringen, dass die Angaben gelesen werden können, wenn die Verpackung in der vorgesehenen Weise abgestellt wird.

Etiketten von Abgabebehältnisse müssen folgende Angaben enthalten (Artikel 17 CLP):
– Name des Stoffes/Gemisch (Handelsname/Bezeichnung des Stoffes),
– Produktidentifikatoren,
– Gefahrenpiktorgramme,
– ggf. Signalwort,
– Gefahrenhinweise (H-Sätze),
– geeignete Sicherheitshinweise (P-Sätze),
– Nennmenge des Stoffes oder Gemisch,
– Name, Anschrift und Telefonnummer der Lieferanten.

Bei den Produktidentifikatoren handelt es sich um eine eindeutige Identifizierung des Stoffes/Gemisches, der neuen Identifizierungsnummer. Solange der Gefahrstoff noch nicht in GHS harmonisiert ist und in Anhang VI der GHS Verordnung aufgenommen ist, soll die EG-Nummer oder CAS-Nummer angegeben werden.[55a]

Es gibt zwei Signalwörter, abhängig von der Gefährdung, **Gefahr** und **Achtung**. Auf der Kennzeichnung darf nur ein Signalwort angegeben werden. Bei der Angabe von „Gefahr" kann das Signalwort „Achtung" entfallen.

Das Kennzeichnungsetikett enthält die relevanten Gefahrenhinweise. Die Gefahrenhinweise (H-Sätze, hazard Statements) ergeben sich aus der Einstufung. Alle auf Grund der Einstufung erforderlichen Gefahrenhinweise sind anzugeben, wobei die höherwertigen Einstufungen berücksichtigt werden können.

Gefahrenhinweise können nur entfallen, wenn eine eindeutige Doppelung vorliegt. Kombinationen von H-Sätze gibt es nicht.[56]

Das Kennzeichnungsetikett enthält die relevanten Sicherheitshinweise. Die Auswahl der zutreffenden Sicherheitshinweise (P-Sätze, precautionary Statements) liegt in der Verantwortung des Herstellers/Importeurs. Werden beispielsweise einem Stoff auf Grund der Einstufung drei Gefahrenhinweise (H-Sätze) zugeordnet, so könnten sich daraus circa 15 bis 25 Sicherheitshinweise (P-Sätze) ableiten. Nach Artikel 28 (3) GHS/CLP-Verordnung sollen in der Regel **nicht mehr als sechs Sicherheitshinweise** angegeben werden, es sei denn, die Art und Schwere der Gefahren ma-

---

55a Die Liste der von der EG eingestuften Stoffe / 30. und 31. Anpassung der Richtlinie 67/548/EWG wurden in den Anhang VI der GHS/CLP-Verordnung aufgenommen, beim Stoff ist dort die EG-Nummer wie auch die CAS-Nummer angegeben.

56 GHS/CLP-Verordnung (EG-VO 1272/2008), Teil III Gefahrenkommunikation durch Kennzeichnung, Kapitel 1 Inhalt des Kennzeichnungsetiketts, Artikel 21 Gefahrenhinweise: (4) Die Gefahrenhinweise lauten wie in Anhang III angegeben. GHS-Verordnung (EG-VO 1272/2008) Teil I Artikel 27. Ist ein Stoff oder ein Gemisch in mehrere Gefahrenklassen oder Differenzierungen einer Gefahrenklasse eingestuft, so erscheinen alle auf Grund dieser Einstufung erforderlichen Gefahrenhinweise auf dem Kennzeichnungsetikett, sofern keine eindeutige Dopplung vorliegt oder sie nicht eindeutig überflüssig sind. Siehe auch Kapitel 4.2.

57 GHS/CLP-Verordnung Titel III Kapitel 1 Artikel 22 Sicherheitshinweise. (1) Das Kennzeichnungsetikett enthält die relevanten Sicherheitshinweise. (2) Die Sicherheitshinweise werden aus den Sicherheitshinweisen in den Tabellen in Anhang 1 Teile 2 bis 5 ausgewählt, in denen die für die einzelnen Gefahrenklassen erforderlichen Kennzeichnungselemente aufgeführt sind. (3) Die Sicherheitshinweise werden gemäß den in Anhang IV Teil 1 festgelegten Kriterien ausgewählt, wobei die Gefahrenhinweise und die beabsichtigte(n) oder ermittelte(n) Verwendung(en) des Stoffes oder Gemisches berücksichtigt werden. (4) Die Sicherheitshinweise lauten wie in Anhang IV Teil 2 angegeben.
Der Hersteller kann die Sicherheitshinweise frei wählen; es gibt keine obligatorischen Sicherheitshinweise. Nach RL 1999/45/EG Anhang V A 1.1 waren Sicherheitsratschläge für Gefahrstoffe, die an jedermann abgegeben wurden, vorgeschrieben (S1, S2, S45 oder S46)

chen eine größere Auswahl erforderlich.⁵⁷ Wird der Stoff an die breite Öffentlichkeit/private Endverbraucher abgegeben, so ist auf dem Kennzeichnungsetikett mindestens ein Sicherheitshinweis zur Entsorgung anzugeben (Ausnahme Artikel 22 GHS/CLP-Verordnung).

> Dieser Ermessungsspielraum bei der Auswahl der Sicherheitshinweise wird dazu führen, dass ein Stoff/Gemisch von verschiedenen Herstellern bezüglich Gefahrenpiktogramm, Signalwort und Gefahrenhinweis übereinstimmt, nicht jedoch bei den ausgewählten Sicherheitshinweisen, da hier Abweichungen vom Gesetz her möglich sind.

**Verpackung:** Die Verpackung muss dicht und sicher sein; das heißt, die Behältnisse müssen so beschaffen sein, dass eine Beanspruchung durch Stoß, Druck oder Feuchtigkeit zu keiner maßgeblichen Veränderung führt und sie dürfen nicht vom Gefahrstoff angegriffen werden.

Abgabebehältnisse, die für jedermann/die breite Öffentlichkeit erhältlich sind, dürfen keine graphischen Dekorationen noch Bezeichnungen aufweisen, die für Lebensmittel, Futtermittel oder Kosmetika verwendet werden.⁵⁸ Gefahren verharmlosende Angaben sind verboten.

Die Anforderungen an die Verpackung von Stoffen/Gemischen, die an jedermann/die breite Öffentlichkeit abgegeben werden, sind analog der Stoff- und Zubereitungsrichtlinie mit kindergesicherten Verschluss und tastbaren Gefahrenhinweisen zu versehen.

**Kindergesicherte Verschlüsse:** Die Verpackungen zahlreicher Gefahrstoffe, die für jedermann erhältlich sind, also an die breite Öffentlichkeit abgegeben werden, sind somit unabhängig von ihrem Fassungsvermögen mit kindergesicherten Verschlüssen auszustatten.⁵⁹

**Tastbare Gefahrenhinweise:** Wenn Stoffe oder Gemische an die breite Öffentlichkeit abgegeben werden, also für jedermann erhältlich und bestimmten Gefahrenkategorien

---

58 Verwechslungsgefahr. GHS/CLP-V. Artikel 35 Verpackung (2): Verpackungen eines gefährlichen Stoffes oder Gemisches, der/das an die breite Öffentlichkeit abgegeben wird, haben weder eine Form oder ein Design, die/das die aktive Neugier von Kindern wecken oder anziehen oder die Verbraucher irreführen könnte, noch weisen sie eine ähnliche Aufmachung oder ein ähnliches Design auf, wie sie/es für Lebensmittel, Futtermittel, Arzneimittel oder Kosmetika verwendet wird, wodurch die Verbraucher irregeführt werden könnten. – Siehe auch RL 1999/45/EG, Artikel 9 1.2 .

59 Kindergesicherte Verschlüsse. GHS/CLP-Verordnung Anhang II 3. Besondere Vorschriften für die Verpackung. „3.1 Bestimmungen für kindergesicherte Verschlüsse. 3.1.1. Mit kindergesicherten Verschlüssen auszustattende Verpackungen. 3.1.1.1. Verpackungen, die einen Stoff oder ein Gemisch enthalten, der/das an die breite Öffentlichkeit abgegeben wird und als akut toxisch der Kategorien 1 bis 3, spezifisch zielorgantoxisch (einmalige Exposition) der Kategorie 1, spezifisch zielorgantoxisch (wiederholte Exposition) der Kategorie 1 oder hautätzend der Kategorie 1 eingestuft wird, sind unabhängig von ihrem Fassungsvermögen mit kindergesicherten Verschlüssen auszustatten. 3.1.1.2. Verpackungen, die einen Stoff oder ein Gemisch enthalten, der/das an die breite Öffentlichkeit abgegeben wird, eine Aspirationsgefahr darstellt und nach Anhang I Abschnitte 3.10.2 und 3.10.3 eingestuft sowie nach Anhang I Abschnitt 3.10.4.1 gekennzeichnet wird, mit Ausnahme von Stoffen und Gemischen, die in Form von Aerosolpackungen oder in Behältern mit versiegelter Sprühvorrichtung in Verkehr gebracht werden, sind unabhängig von ihrem Fassungsvermögen mit kindergesicherten Verschlüssen auszustatten."
EG-RL 1999/45/EG, Anhang IV, Teil A, Druck-Dehnverschlüsse nach DIN 18 für Tropfflaschen (10 bis 100 ml) und nach DIN 28 für aponorm®- und Euroflaschen (50 bis 1000 ml). Kindergesicherte Verschlüsse sind auch erforderlich bei – Behältern, die bestimmte aliphatische oder aromatische Kohlenwasserstoffe ab 10% oder darüber enthalten. –Behälter von Zubereitungen, die 3 % oder mehr Methanol oder 1% oder mehr Dichlormethan enthalten. –Behälter, die Schädlingsbekämpfungsmittel mit der Kennzeichnung sehr giftig, giftig oder ätzend bis zu 3 Litern enthalten.

(siehe Tabelle 7) zugeordnet sind, sind die Verpackungen unabhängig von ihrem Fassungsvermögen mit einem tastbaren Gefahrenhinweis auszustatten. [60]

Wenn von Stoffen oder Gemischen bestimmte Gefahren ausgehen und diese an die breite Öffentlichkeit geliefert werden oder die Verpackung Methanol oder Dichlormethan in bestimmten Konzentrationen enthält (siehe Anm. 59), müssen ihre Verpackungen mit **kindergesicherten Verschlüssen und/oder tastbaren Gefahrenhinweisen** versehen sein. Ein Überblick über die verschiedenen Gefahren, für die kindergesicherte Verschlüsse oder tastbare Warnzeichen/Gefahrenhinweise vorgeschrieben sind, ist in Tabelle 7 zu finden.

Empfehlungen für den Apothekenalltag sind in Tabelle 6 zusammengestellt.

**Ausnahmen für Kleinpackungen**
Die Gefahrenhinweise und Sicherheitshinweise können bei der Kennzeichnung von Verpackungen bei bestimmten Gefahrenkategorien mit einem Inhalt von nicht mehr als 125 ml entfallen, sofern folgenden Bedingungen gegeben sind:

1. die Verpackung enthält nicht mehr als 125 ml und
2. der Stoff oder das Gemisch ist in eine oder mehrere der unten angegebenen Gefahrenkategorien eingestuft.[61]

Die Ausnahmen für Kleinpackungen sind komplex und umfassend, so dass immer

60 GHS/CLP-V. Anhang II 3.2 Tastbarer Gefahrenhinweise, „3.2.1. Mit einem tastbaren Gefahrenhinweis auszustattende Verpackungen: Wenn Stoffe oder Gemische an die breite Öffentlichkeit abgegeben werden und als akut toxisch, als hautätzend, keimzellmutagen der Kategorie 2, karzinogen der Kategorie 2 oder reproduktionstoxisch der Kategorie 2, sensibilisierend für die Atemwege, toxisch für spezifische Zielorgane der Kategorie 1 oder 2 oder als aspirationsgefährlich, als entzündbare Gase, Flüssigkeiten und Feststoffe der Kategorien 1 und 2 eingestuft sind, sind die Verpackungen unabhängig von ihrem Fassungsvermögen mit einem tastbaren Gefahrenhinweis auszustatten. 3.2.2. Bestimmungen für tastbare Gefahrenhinweise 3.2.2.1. Diese Bestimmung gilt nicht für Aerosole, die lediglich als „extrem entzündbare Aerosole" oder als „entzündbare Aerolole" eingestuft und gekennzeichnet sind." – Der tastbare Gefahrenhinweis war auch nach Zubereitungsrichtlinie (EG-RL 1999/45/EG, Anhang IV Teil B vorgeschrieben. Nach altem Recht wurde die Tastmarke als ertastbares/fühlbares Warnzeichen bezeichnet. Die fühlbaren Warnzeichen müssen der EN-Norm 272 über tastbare Gefahrenhinweise entsprechen. Das Blindenwarnzeichen ist ein erhabenes gleichschenkliges Dreieck, das ertastet werden kann. Das fühlbare Warnzeichen gilt unabhängig von der Füllmenge. Nach der Richtlinie 1999/45/EG vom 31.5.1999 müssen ab dem 30. Juli 2002 (Zubereitungen nach Richtlinie 91/414/EWG oder 98/8/EWG ab 30. Juli 2004) hochentzündliche und leichtentzündliche Aerosole nicht mehr mit einem ertastbaren Warnzeichen versehen werden.

Siehe auch Titel IV Verpackungen, Artikel 35

61 Siehe Artikel 17 GHS/CLP-Verordnung, Anhang I 1.5.2:
1. oxidierende Gase der Kategorie 1;
2. Gas unter Druck;
3. entzündbare Flüssigkeiten der Kategorien 2 oder 3;
4. entzündbare Feststoffe der Kategorien 1 oder 2;
5. selbstzersetzliche Stoffe oder Gemische der Typen C bis F;
6. selbsterhitzungsfähige Stoffe oder Gemische der Kategorie 2;
7. Stoffe und Gemische, die in Berührung mit Wasser entzündbare Gase der Kategorien 1, 2 oder 3 entwickeln;
8. oxidierende Flüssigkeiten der Kategorien 2 oder 3;

– Fortsetzung Fussnote nächste Seite –

| Kennzeichnung | Empfehlung für den Apothekenalltag |
|---|---|
| ☠ 🧪 ☣ | Kindergesicherter Verschluss |
| ☠ 🧪 ☣ 🔥 ❗ | und tastbare Gefahrenhinweise/ertastbare Warnzeichen |

Tabelle 6: Empfehlungen für den Apothekenalltag

Tabelle 7: Gefahren, für die kindergesicherte Verschlüsse oder tastbare Gefahrenhinweise vorgeschrieben sind.
Quelle: ECHA, www.echa.de. Die Liste der ECHA wurde um die Gefahrenpiktogramme ergänzt.

| Gefahrenkriterium | | kindergesicherter Verschlüsse | tastbare Warnhinweise |
|---|---|---|---|
| Akute Toxizität (Kategorien 1 bis 3) | ☠ | ✔ | ✔ |
| Akute Toxizität (Kategorie 4) | ❗ | | ✔ |
| STOT (spezifische Zielorgan-Toxizität), einmalge Exposition (Kategorie 1) | ⚠ | ✔ | ✔ |
| STOT, einmalige Exposition (Kategorie 2) | ⚠ | | ✔ |
| STOT, wiederholte Exposition (Kategorie 1) | ⚠ | ✔ | ✔ |
| STOT, wiederholte Exposition (Kategorie 2) | ⚠ | | ✔ |
| Ätzwirkung auf die Haut (Kategorien 1A, 1B und 1C) | 🧪 | ✔ | ✔ |
| Sensibilisierung der Atemwege (Kategorie 1) | ⚠ | | ✔ |
| Aspirationsgefahr (Kategorie 1)* Nicht für Aerosolpackungen und Behälter mit versiegelter Sprühvorrichtung | ⚠ | ✔ | |
| Aspirationsgefahr (Kategorie 1) | ⚠ | ✔ | ✔ |
| Keimzellmutagenität (Kategorie 2) | ⚠ | | ✔ |
| Karzinogenität (Kategorie 2) | ⚠ | | ✔ |
| Reproduktionstoxizität (Kategorie 2) | ⚠ | | ✔ |
| Entzündbare Gase (Kategorien 1 und 2) | 🔥 | | ✔ |
| Entzündbare Flüssigkeiten (Kategorien 1 und 2) | 🔥 | | ✔ |
| Entzündbare Feststoffe (Kategorien 1 und 2) | 🔥 | | ✔ |

* Diese Bestimmung gilt nicht für Aerosolpackungen, die lediglich als „extrem entzündbare Aerosole" oder „entzündbare Aerosole" eingestuft und verpackt sind.

mehrere Bedingungen zu prüfen sind. Deshalb ist für den allgemeinen Apothekenbetrieb zu empfehlen, Abgabegefäße **immer** umfassend zu kennzeichnen. Relevant für den Apothekenbetrieb ist die Kleinmengenregelung nur bei Isopropanol. Auf Abgabegefäßen mit Isopropanol können die H- und P- Sätze entfallen, wenn das Gefäß weniger als 125 ml enthält. Das Gefahrenpiktogramm GHS02 (Flamme), das Signalwort „Gefahr" und ein tastbarer Gefahrenhinweis ist anzugeben.[62]

Besondere Vorschriften gelten auch u. a. für krebserzeugende, erbgutverändernde und fortpflanzungsgefährdende Stoffe und Zubereitungen, die in drei Kategorien eingestuft werden.[63] Stoffe/Gemische mit CMR-Eigenschaften der Kategorie 1A und 1B dürfen nach Chemikalien-Verbotsverordnung **nicht an private Endverbraucher** abgegeben werden. Die Verpackung ist dann zusätzlich mit der Aufschrift „Nur für den berufsmäßigen Verwender" zu kennzeichnen.[64]

Stoffe/Gemische mit CMR-Eigenschaften werden immer mit dem Gefahrenpiktogramm GHS08 gekennzeichnet.

Stoffe/Gemische, deren Eigenschaften noch nicht hinreichend bekannt sind, sind mit dem Satz »Achtung – noch nicht vollständig geprüfter Stoff« zu kennzeichnen.

Zusätzliche Kennzeichnungsvorschriften gelten für bestimmte Stoffe und Zubereitungen (z.B. cadmiumhaltige Zubereitungen, Arsen- und Quecksilberverbindungen).[65]

Weitere Einzelheiten zur Kennzeichnung gefährlicher Stoffe sind in der TRGS 200[66] aufgeführt, die besonders von Herstellern zu beachten ist.

Fortsetzung Fussnote 61:
9. oxidierende Feststoffe der Kategorien 2 oder 3;
10. organische Peroxide der Typen C bis F;
11. akute Toxizität der Kategorie 4, sofern die Stoffe oder Gemische nicht an die breite Öffentlichkeit abgegeben werden;
12. hautreizend der Kategorie 2;
13. augenreizend der Kategorie 2;
14. spezifische Zielorgan –Toxizität – einmalige Exposition – der Kategorie 2 und 3, sofern die Stoffe oder Gemische nicht an die breite Öffentlichkeit abgegeben werden;
15. spezifische Zielorgan –Toxizität – wiederholte Exposition – der Kategorie 2, sofern die Stoffe oder Gemische nicht an die breite Öffentlichkeit abgegeben werden;
16. gewässergefährdend – akut – der Kategorie 1;
17. gewässergefährdend – chronisch – der Kategorien 1 oder 2.

62 GHS-Anhang I 1.5.2 Ausnahmen 1.5.2.1. Kennzeichnung von Verpackungen bei einem Inhalt von nicht mehr als 125 ml. 1.5.2.1.1. Die Gefahrenhinweise und die Sicherheitshinweise in Bezug auf die nachstehend aufgeführten Gefahrenkategorien müssen die nach Artikel 17 vorgeschriebenen Kennzeichnungselemente nicht aufweisen, sofern die oben genannten Bedingungen gegeben sind. Weitere Ausnahmen gelten auch bei Kleinpackungen von Aerosolen als entzündbare Stoffe (Richtlinie 75/324/EWG). Im Einzelfall können auch Sicherheitshinweise entfallen (GHS Anhang I, Ausnahmen 1.5.2.1.2. Die Sicherheitshinweise in Bezug auf die nachstehend aufgeführten Gefahrenkategorien müssen die nach Artikel 17 vorgeschriebenen Kennzeichnungselemente nicht aufweisen, sofern
a) die Verpackung nicht mehr als 125 ml enthält und
b) der Stoff oder das Gemisch in eine oder mehrere der folgenden Gefahrenkategorien eingestuft ist:
1) entzündbare Gase der Kategorie 2;
2) Reproduktionstoxizität – Wirkungen auf/über Laktation;
3) gewässergefährdend – chronisch – der Kategorie 3 oder 4.
1.5.2.1.3. Die Gefahrenpiktogramme, die Gefahrenhinweise und die Sicherheitshinweise in Bezug auf die nachstehend aufgeführten Gefahrenkategorien müssen die nach Artikel 17 vorgeschriebenen Kennzeichnungselemente nicht aufweisen, sofern
a) die Verpackung nicht mehr als 125 ml enthält und
b) der Stoff oder das Gemisch in eine oder mehrere der folgenden Gefahrenkategorien eingestuft ist:
1) korrosiv gegenüber Metallen.
Zusätzliche Kennzeichnungen bestehen u. a. für: Aerosole, Isocyanate, Epoxidhaltige Verbindungen, Sensibilisierende Stoffe und leicht entzündbare Stoffe. Ergänzende Gefahrenmerkmale und Kennzeichnungselemente enthalten die Gefahrenhinweisen der EU (Siehe S. 137).

*Allgemeine Vorschriften des Gefahrstoffrechts*

## 8.5 Abgabe der Gefahrstoffe

Bei der Abgabe von Gefahrstoffen sind die Verkehrsverbote und -beschränkungen zu beachten (siehe hierzu S. 31).

**Erlaubte Zweckbestimmung:** Die Abgabe von Chemikalien liegt im Ermessen wie auch in der Verantwortung des Abgebenden (kein Kontrahierungszwang). Die Abgabe ist nur zulässig, wenn unverdächtige, legale und vernünftige Verwendungszwecke angegeben werden. Die Zweckbestimmung muss für den Abgebenden nachvollziehbar sein. Es muss ausgeschlossen sein, dass der Erwerber sich selbst oder andere mit der Chemikalie gefährdet. Die Abgabe ist zu verweigern, wenn der Verdacht besteht, der Erwerber könnte die Chemikalie zur Herstellung von Sprengstoff / Feuerwerkskörper verwenden[67]. Die Abgabe ist ebenfalls zu verweigern, wenn der Verdacht aufkommt, die nachgefragte Chemikalie sollte zur Herstellung von Suchtstoffen und psychotropen Stoffen eingesetzt werden. Das Grundstoffüberwachungsgesetz (GüG) regelt die Überwachung bestimmter Stoffe, die häufig zu unerlaubten Herstellung von Suchtstoffen oder psychotropen Stoffen verwendet werden.[68] In diesen Fällen ist zudem die Grundstoffüberwachungsstelle zu informieren.

---

63 Krebserzeugende Stoffe – Carc. Cat.; erbgutverändernde Stoffe – Muta. Cat.; fortpflanzungsgefährdende (reproduktionstoxische) Stoffe – Repr. Cat.

Z. B. Carc. Cat. 1A (früher 1): Stoffe, die beim Menschen bekanntermaßen krebserzeugend wirken (Kausalzusammenhang).
Carc. Cat. 1B (früher 2): Stoffe, die als krebserzeugend für den Menschen angesehen werden (begründete Annahme nach Langzeit-Tierversuchen).
Carc. Cat. 2 (früher 3): Stoffe, die wegen möglicher krebserzeugender Wirkung beim Menschen Anlass zur Besorgnis geben, es liegen jedoch noch nicht genügend Informationen vor.

---

### Grundstoffüberwachungsgesetz – Überwachte Stoffe

In der EG-Verordnung 273/2004 aufgelistete Stoffe:

**Kategorie 1:**
1-Phenyl-2-propanon (Phenylaceton)
N-Acetylanthranilsäure (Acetamidobenzoesäure)
Cis- und trans-Isosafrol
3,4-Methylendioxyphenyl-propan-2-on (Piperonylmethylketon)
Piperonal (Heliotropin)
Safrol
Ephedrin
Pseudoephedrin
Norephedrin
Ergometrin (Ergobasin)
Ergotamin
Lysergsäure

**Kategorie 2:**
Essigsäureanhydrid (Acetanhydrid)
Phenylessigsäure
Anthranilsäure (2-Aminobenzoesäure)
Piperidin
Kaliumpermanganat

**Kategorie 3:**
Salzsäure
Schwefelsäure
Toluol
Diethylether
Aceton
Methylethylketon (2-Butanon)

---

**Kategorie 1:** Stoffe der Kategorie dürfen *nur an Personen mit Erlaubnis* abgegeben werden. Original der Erlaubnis vorlegen lassen.
Kundenerklärung über genauen Verwendungszwecke einholen. Kopie der Erklärung mit Stempel und Datum versehen und dem Kunden mitgeben.

**Kategorie 2:** Kundenerklärung (Endverbleibserklärung) über genauen Verwendungszweck einholen. Kopie der Kundenerklärung mit Stempel und Datum versehen und dem Kunden mitgeben. (Schwellenmengen beachten)

**Kategorie 3:** Nicht dokumentationspflichtig. Der Verwendungszweck ist zu prüfen

Einige Gefahrstoffe dürfen nur von sachkundigen Personen abgegeben und nicht in Selbstbedienung feilgeboten werden. Dies ist in der Apotheke gewährleistet, da das pharmazeutische Personal sachkundig ist. Bei diesen Gefahrstoffen besteht zudem eine Informationspflicht. Gleiches gilt für Grundstoffe, die zur Herstellung von Sprengstoffen verwendet werden können. Erfolgt die Abgabe von Gefahrstoffen an berufsmäßige Verwender, so ist ein Sicherheitsdatenblatt abzugeben. Dies bedeutet, die Abgabe von Gefahrstoffen an Ärzte oder Lehrer (berufsmäßige Verwendung) erfolgt in Verbindung mit einem aktuellen Sicherheitsdatenblatt, kostenlos, in deutscher Sprache und mit Datum versehen. Der Apotheker kann jedoch auch von seinen Lieferanten kostenlose Informationen in Form von Sicherheitsdatenblättern verlangen, um seine Kunden umfassend beraten zu können.[69] Eine Sammlung aktueller Sicherheitsdatenblätter ist nach den Rechtsvorschriften gefordert.[70] Die Abgabe sehr giftiger, giftiger Gefahrstoffe wie auch die Abgabe von Stoffen zur Herstellung von Sprengstoffen / Explosivstoffen ist im Gefahrstoffbuch zu dokumentieren (siehe hierzu S. 33f).

Das Verwalten und Dokumentieren beim Umgang mit Gefahrstoffen kann auch mit Hilfe spezieller Software erfolgen, z. B. mit dem Programm Kopp: Infosys Gefahrstoffe.

## Bei der Abgabe von Gefahrstoffen muss zusammenfassend Folgendes beachtet werden:

### I. Abgabe an Privatpersonen
1. erlaubte Zweckbestimmung,
2. Abgabeverbote nach Chemikalien-Verbotsverordnung beachten, z. B. krebserzeugende Stoffe,
3. Abgabeverbote nach Grundstoffüberwachungsgesetz beachten, ggf. Endverbleibserklärung (EVE) ausfüllen, ggf. Abgabe verweigern; keine Eignung zur Drogensynthese
4. Abgabeverbote für Stoffe, die zur Sprengstoffherstellung verwendet werden können (s. Seite 35f)
5. Empfänger muss 18 Jahre alt sein bei: T$^+$, T, O, F$^+$, Stoffe/Zubereitungen mit R 40/R 62/R 63 oder R 68, Ausnahmen beachten!,

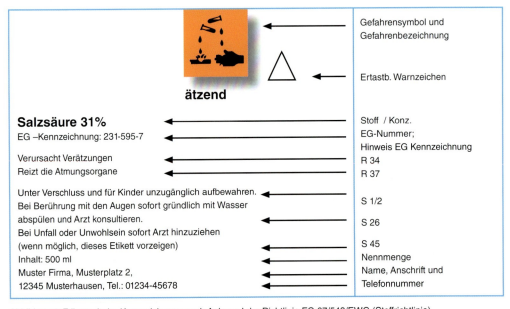

Abbildung 5: Etikett mit der Kennzeichnung nach Anhang I der Richtlinie EG 67/548/EWG (Stoffrichtlinie)

*Allgemeine Vorschriften des Gefahrstoffrechts*

6. Informationspflicht (Anwendung, Gefahren, Vorsichtsmaßnahmen, Entsorgung) bei: T⁺, T, O, F⁺, Stoffe / Zubereitungen mit R 40 / R 62 / R 63 oder R 68, Ausnahmen beachten!,
7. T und T⁺ Gefahrstoffe, Stoffe zur Sprengstoffherstellung: Feststellung der Personalien des Erwerbers, des Abholenden mit Auftragsbestätigung; Vesandhandelsverbot,
8. T und T⁺ Gefahrstoffe, Stoffe zur Sprengstoffherstellung: Aufzeichnung im Gefahrstoffbuch (Name, Anschrift, Datum, Verwendungszweck, Unterschrift des Erwerbers und des Abgebenden).

**II. Abgabe an gewerbliche / berufliche Verwender**
1. wie unter Punkt I. verfahren
2. Sicherheitsdatenblatt aushändigen,
3. Erleichterungen:
   – keine kindergesicherten Verschlüsse
   – keine tastbare Warnzeichen
4. Dokumentation über Lieferscheine möglich

**Kennzeichnungsbeispiele:**
Beispiel: Salzsäure 31%
Bei der Abgabe ist zu beachten, dass Salzsäure in hoher Konzentration und / oder in größeren Mengen dem Grundstoffüberwa-

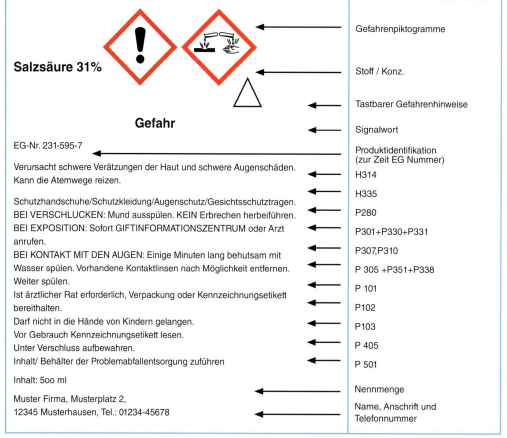

Abbildung 6: Kennzeichnung nach GHS/ CLP Verordnung 1272/ 2008. Die P-Sätze werden vom Inverkehrbringer sachgerecht ausgesucht; maximal 6 P-Sätze (siehe S. 22; 44)

chungsgesetz (Kategorie 3) unterliegt (EU Richtlinie 273/2004).
- Etikett: siehe Abbildung 5 und 6
- Verpackung: tastbare Warnhinweise, kindergesicherter Verschluss. allgemein verständliche Gebrauchsanweisung

**Abgabebestimmungen**
Die Abgabebestimmungen sind in der Chemikalien-Verbotsverordnung ChemVerbotsV geregelt.

Die bei der Abgabe zu beachtenden Vorschriften beziehen sich auf die alte Kennzeichnung. Die ChemVerbotsV soll bezogen auf GHS/CLP in Kürze geändert werden. Die Struktur wird vermutlich überarbeitet werden, die Grundelemente wie Erlaubnis, Sachkunde, Informationspflicht, Selbstbedienungsverbot und Dokumentation bleiben vermutlich erhalten. (Siehe auch Kapitel 6: Zweck und Aufbau der Chemikalien-Verbotsverordnung.) Bestimmte Gefahrenhinweise (H-Sätze) werden voraussichtlich die besonderen Abgaberegelungen bestimmen.

---

64 § 1 Abschnitt 20 ChemVerbotsV.
65 GHS/CLP-V. Anhang II 2. Teil 2: Besondere Vorschriften für ergänzende Kennzeichnungselemente für bestimmte Gemische
2.2 **Cyanacrylathaltige Gemische.** Das Kennzeichnungsetikett auf der unmittelbaren Verpackung von Klebstoffen auf der Grundlage von Cyanacrylat muss folgenden Hinweis tragen: EUH202 – „Cyanacrylat. Gefahr. Klebt innerhalb von Sekunden Haut und Augenlieder zusammen. Darf nicht in die Hände von Kindern gelangen." Entsprechende Sicherheitshinweise müssen der Verpackung beigegeben werden.
2.4. **Isocyanathaltige Gemische.** Das Kennzeichnungsetikett auf der Verpackung von Gemischen, die Isocyanate enthalten (Monomere, Oligomere, Vorplymere usw. oder Gemische davon), muss folgenden Hinweis tragen: EUH204 – „Enthält Isocyanate. Kann allergische Reaktionen hervorrufen."
2.11. **Aerosole.** Für Aerosole gelten auch die Kennzeichnungsvorschriften in den Abschnitten 2.2 und 2.3 des Anhangs der Richtlinie 75/324/EWG. Siehe hierzu auch Zubereitungsrichtlinie 1999/45/EG Anhang VB.

In der Übergangszeit ergibt sich aus dem Sicherheitsdatenblatt die alte Kennzeichnung. Dies bedeutet, die Vorgaben der ChemVerbotsV bei der Abgabe von Gefahrstoffen gelten über die im Sicherheitsdatenblatt aufgeführte alte Kennzeichnung.

Die Abgabevorschriften wurden bezogen auf die neue Kennzeichnung nach GHS/CLP-Verordnung zusammengestellt. Diese Abgabevorgaben gelten nicht zwingend bei allen Produkten, einzelne Stoffe/Gemische können auf Grund ihrer Einstufung herausfallen.

---

66 siehe Anm. 48.
67 **Siehe Tabelle 4. Weitere kritische Stoffe:**
Zur Herstellung von Feuerwerk bzw. Feuerwerkskörpern sind zum Beispiel auch folgende Stoffe geeignet:

| | |
|---|---|
| Bariumnitrat | O, Xn/brandfördernd, gesundheitsschädlich/GHS 03/GHS 07 – Gefahr |
| Kaliumdichromat | T$^+$, N, O/sehr giftig, umweltgefährlich, brandfördernd, GHS 08/GHS 09 – Gefahr |
| Magnesiumpulver | F/leichtentzündlich, GHS 02 – Gefahr |
| Pikrinsäure | T, O/giftig, brandfördernd, GHS 01/GHS 06 – Gefahr |
| Schwefel | GHS 07 – Achtung |

68 Diese Grundstoffe sind gemessen an ihrem Missbrauchspotenzial in drei Kategorien erfasst, Der Umgang mit diesen Stoffen ist je nach Kategoriezugehörigkeit mit unterschiedlichen Pflichten verbunden. Kaliumpermanganat gehört z.B. zu Kategorie 2; die Abgabe ist an eine Endverbleibserklärung gebunden. Siehe: Gesetz zur Neuregelung des Grundstoff-Überwachungsrechts vom 11. März 2008 (BGBl I, Nr. 9, S. 306) EG Verordnung Nr. 273/2004 (ABl. EU Nr. L47, S. 1); EG Verordnung Nr. 111/2005 vom 22.12.2004 (ABl. EU 2005 Nr. L 22, S. 1, 2006; Nr. L 61, S. 23)
69 Das Sicherheitsdatenblatt muss nicht geliefert werden, wenn gefährliche Stoffe oder Zubereitungen, die für jedermann, breite Öffentlichkeit erhältlich sind, mit ausreichenden Informationen versehen sind, die es dem Benutzer ermöglichen, die erforderlichen Maßnahmen für den Gesundheitsschutz und die Sicherheit zu ergreifen. Siehe auch S. 29.
70 ApoChem/Phagro-Sammlung in aktueller Form; Arbeitsgemeinschaft Vertrieb pharmazeutischer Gefahrstoffe in Apotheken – ApoChem – in Zusammenarbeit mit dem Bundesverband des pharmazeutischen Großhandels – Phagro –. Sicherheitsdatenblätter apothekenrelevanter Gefahrstoffe, Stand 2006.

*Allgemeine Vorschriften des Gefahrstoffrechts* 53

Vorschriften bezüglich der Verpackung sind in der GHS/CLP-Verordnung geregelt. Ausnahmen ergeben sich im Einzelfall auf Grund der Gefahrenkategorie. Ausnahmen sind darüber hinaus bezogen auf bestimmte Produkte in der Chemikalien Verbotsverordnung geregelt.

Diese Auflistung erhebt keine Anspruch auf Vollständigkeit; sie dient der Orientierung bei der Abgabe von neu gekennzeichneten Produkten nach GHS/CLP-Verordnung. Die folgenden Tabellen dienen als Arbeitshilfen und sind nicht rechtlich verbindlich.

| Einstufung Gefahrensymbol / Kennbuchstabe Gefahrenbezeichnung | | Verpackung Abgabebestimmungen |
|---|---|---|
| [Symbol E – Gesundheitsschädlich] | Gefahrensymbol E  Explosionsgefährlich | Zweckbestimmung beachten!  Sicherheitsratschläge S2 und S46 / private Erwerber  **Abgabe:** nur unter bestimmten Voraussetzungen nach Sprengstoffgesetz erlaubt. |
| [Symbol O – Brandfördernd] | Gefahrensymbol O  Brandfördernd | Verpackung / Kennzeichnung:  Sicherheitsratschläge S 2 und S 46 / private Erwerber  **Abgabe: sachkundige Person**  – Informationspflicht  – Dokumentation empfohlen  – Selbstbedienungsverbot  – Erwerber: mindestens 18 Jahre |
| [Symbol F+ – Hochentzündlich] | Gefahrensymbol F+  Hochentzündlich | Verpackung / Kennzeichnung:  Sicherheitsratschläge S 2 und S 46 / private Erwerber  Blindentastmarke / private Erwerber  **Abgabe: sachkundige Person**  – Informationspflicht  – Dokumentation empfohlen  – Selbstbedienungsverbot  – Erwerber: mindestens 18 Jahre |
| [Symbol F – Leichtentzündlich] | Gefahrensymbol F  Leichtentzündlich | Verpackung / Kennzeichnung:  Sicherheitsratschläge S 2 und S 46 / private Erwerber  Blindentastmarke / private Erwerber  **Abgabe:** keine Vorgaben |
| Entzündlich | | Verpackung / Kennzeichnung: Keine Vorgaben  **Abgabe:** keine Vorgaben |
| [Symbol T+ – Sehr giftig] | Gefahrensymbol T+  Sehr Giftig | Zweckbestimmung beachten!  Verpackung / Kennzeichnung:  Sicherheitsratschläge S 1/2 und S 45 / private Erwerber  Blindentastmarke / private Erwerber  Allgemein verständliche Gebrauchsanweisung / private Erwerber  Kindergesicherter Verschluss / private Erwerber  **Abgabe: sachkundige Person**  – Informationspflicht  – Dokumentation, Feststellung der Personalien  – Selbstbedienungsverbot  – Erwerber: mindestens 18 Jahre |

– Fortsetzung Tabelle nächste Seite –

| Einstufung<br>Gefahrensymbol / Kennbuchstabe<br>Gefahrenbezeichnung | Verpackung<br>Abgabebestimmungen |
|---|---|
| **Gefahrensymbol T**<br>Giftig<br>(Giftig) | Zweckbestimmung beachten!<br><br>Verpackung / Kennzeichnung:<br>Sicherheitsratschläge S 1/2 und S 45 / private Erwerber<br>Blindentastmarke / private Erwerber<br>Allgemein verständliche Gebrauchsanweisung / private Erwerber<br>Kindergesicherter Verschluss / private Erwerber<br><br>**Abgabe: sachkundige Person**<br>– Informationspflicht<br>– Dokumentation, Feststellung der Personalien<br>– Selbstbedienungsverbot<br>– Erwerber: mindestens 18 Jahre<br>– Versandhandelsverbot |
| **Gefahrensymbol Xn**<br>Gesundheitsschädlich<br>(Gesundheitsschädlich) | Verpackung / Kennzeichnung:<br>Sicherheitsratschläge S 2 und S 46 / private Erwerber<br>Blindentastmarke / private Erwerber<br>Xn + R65 – Kindergesicherter Verschluss / private Erwerber<br><br>**Abgabe:** keine Vorgaben |
| **Gefahrensymbol C**<br>Ätzend<br>(Ätzend) | Verpackung / Kennzeichnung:<br>Sicherheitsratschläge S 1/2 und S 45 / private Erwerber<br>Blindentastmarke / private Erwerber<br>Allgemein verständliche Gebrauchsanweisung / private Erwerber<br>Kindergesicherter Verschluss / private Erwerber<br><br>**Abgabe:** keine Vorgaben |
| **Gefahrensymbol Xi**<br>Reizend<br>(Reizend) | Verpackung / Kennzeichnung:<br>Sicherheitsratschläge S 2 und S 46 / private Erwerber<br><br>**Abgabe:** keine Vorgaben |
| Stoffe / Zubereitungen mit<br><br>R40, R62, R63 oder R 68 | Verpackung / Kennzeichnung:<br>Sicherheitsratschläge S 2 und S 46 / private Erwerber<br><br>**Abgabe: sachkundige Person**<br>– Informationspflicht<br>– Dokumentation empfohlen<br>– Selbstbedienungsverbot<br>– Erwerber: mindestens 18 Jahre |
| Überwachte Grundstoffe<br>– Ammoniumnitrat<br>– Kaliumchlorat<br>– Kaliumnitrat<br>– Kaliumperchlorat<br>– Kaliumpermanganat<br>– Natriumchlorat<br>– Natriumnitrat<br>– Natriumperchlorat<br>– Wasserstoffperoxidlösung > 12% | Zweckbestimmung beachten!<br><br>Verpackung / Kennzeichnung:<br>Sicherheitsratschläge S 2 und S 46 / private Erwerber<br>Kindersicherung: empfohlen<br><br>**Abgabe: sachkundige Person**<br>– Informationspflicht<br>– Dokumentation, Feststellung der Personalien<br>– Abholer / Auftragsbestätigung, Feststellung der Personalien<br>– Selbstbedienungsverbot<br>– Erwerber: mindestens 18 Jahre<br>– Versandhandelsverbot |

Tabelle 8: Einstufung, Verpackung und Abgabebestimmungen nach Gefahrensymbol

*Allgemeine Vorschriften des Gefahrstoffrechts* 55

| Einstufung Gefahrenpiktogramm Codierung / Signalwort | Verpackung Abgabebestimmungen |
|---|---|
| Gefahr/Achtung<br>GHS01<br>Explodierende Bombe<br><br>Bsp. Explosive Stoffe | Zweckbestimmung beachten!<br>Verpackung / Kennzeichnung: keine Vorgaben<br><br>**Abgabe** nur unter bestimmten Voraussetzungen nach Sprengstoffgesetz erlaubt. |
| Gefahr/Achtung<br>GHS02<br>Flamme<br><br>H 220, H 222, H 224, H 241, H 242, H 251<br><br>Bsp. Entzündbare Flüssigkeiten | Verpackung / Kennzeichnung:<br>Tastbare Gefahrenhinweise / private Erwerber (breite Öffentlichkeit) teilweise<br><br>**Abgabe** (rechtliche Vorgaben nur bei Stoffen / Gemische, die nach altem Recht mit F+ /hochentzündlich gekennzeichnet waren: **sachkundige Person**<br>– Informationspflicht<br>– Dokumentation empfohlen<br>– Selbstbedienungsverbot<br>– Erwerber: mindestens 18 Jahre<br><br>**Abgabe** (nach altem Recht mit F / Leichtentzündlich gekennzeichnet): keine Vorgaben |
| Gefahr/Achtung<br>GHS03<br>Flamme über einem Kreis<br><br>H 270, H 271,<br><br>Bsp. Oxidierende Feststoffe | Verpackung / Kennzeichnung: keine Vorgaben<br><br>**Abgabe** (siehe auch überwachte Stoffe): **sachkundige Person**<br>– Informationspflicht<br>– Dokumentation empfohlen<br>– Selbstbedienungsverbot<br>– Erwerber: mindestens 18 Jahre |
| Achtung<br>GHS04<br>Gasflasche<br>Gase unter Druck<br><br>Bsp. Verflüssigte Gase Verdichtete Gase | Verpackung / Kennzeichnung: keine Vorgaben<br><br>**Abgabe:** keine Vorgaben |
| Gefahr<br>GHS 06<br>Totenkopf mit gekreuztem Knochen<br><br>H 300, H 301, H 310, H 330<br><br>Bsp. Akute Toxizität, Kat. 1 – 3 | Zweckbestimmung beachten!<br>Verpackung / Kennzeichnung:<br>Tastbare Gefahrenhinweise / private Erwerber (breite Öffentlichkeit)<br>Kindergesicherter Verschluss / private Erwerber (breite Öffentlichkeit)<br>Allgemein verständliche Gebrauchsanweisung / private Erwerber (breite Öffentlichkeit)<br><br>**Abgabe: sachkundige Person**<br>– Informationspflicht<br>– Dokumentation, Feststellung der Personalien<br>– Selbstbedienungsverbot<br>– Erwerber: mindestens 18 Jahre<br>– Versandhandelsverbot |

– Fortsetzung Tabelle nächste Seite –

| Einstufung<br>Gefahrenpiktogramm<br>Codierung / Signalwort | Verpackung<br>Abgabebestimmungen |
|---|---|
| Gefahr / Achtung<br>GHS 08<br>Gesundheitsgefahr<br><br>CMR Stoffe der Kategorie 2<br>(altes Recht: Kategorie 3, Stoffe/ Zubereitungen mit R40, R62,R63 oder R 68)<br><br>H 341, H 351, H 361, H 372<br><br>Bsp. Karzinogenität, Kat. 2, Aspirationsgefahr | Zweckbestimmung beachten!<br>Abgabeverbote für CMR Stoffe / Gemische der Kategorie 1A /1B (früher Kategorie 1 und 2)<br><br>Verpackung / Kennzeichnung:<br>Tastbare Gefahrenhinweise / private Erwerber (breite Öffentlichkeit)<br>Kindergesicherter Verschluss teilweise/ private Erwerber (breite Öffentlichkeit)<br>Allgemein verständliche Gebrauchsanweisung / private Erwerber (breite Öffentlichkeit empfohlen)<br><br>**Abgabe bei CMR Stoffe der Kategorie 2** (altes Recht: Kennzeichnung mit R 40,62,63 und R68)**: sachkundige Person**<br>– Informationspflicht<br>– Dokumentation empfohlen<br>– Selbstbedienungsverbot<br>– Erwerber: mindestens 18 Jahre<br>– Versandhandelsverbot |
| Gefahr / Achtung<br>GHS 05<br>Ätzwirkung<br><br>Bsp. Hautätzend, Kat. 1<br>Korrosiv gegenüber Metallen, Kat. 1 | Verpackung / Kennzeichnung:<br>Tastbare Gefahrenhinweise / private Erwerber (breite Öffentlichkeit)<br>Kindergesicherter Verschluss / private Erwerber (breite Öffentlichkeit)<br>Allgemein verständliche Gebrauchsanweisung / private Erwerber (breite Öffentlichkeit)<br><br>**Abgabe:** keine Vorgaben |
| Achtung<br>GHS 07<br>Ausrufezeichen<br><br>Bsp. Akute Toxizität, Kat. 4<br>Hautreizend, Kat. 2 | Verpackung / Kennzeichnung:<br>Tastbare Gefahrenhinweise teilweise<br>(kindergesicherter Verschluss bei H 302 „Gesundheitsschädlich bei Verschlucken" empfohlen, alte Recht: Xn + R 65 „Gesundheitsschädlich: kann beim Verschlucken Lungenschäden verursachen")<br><br>**Abgabe:** keine Vorgaben |
| GHS 09<br>Umwelt<br>Gewässergefährdend | Verpackung / Kennzeichnung: keine Vorgaben<br><br>Abgabe: keine Vorgaben |
| Überwachte Grundstoffe<br>– Ammoniumnitrat<br>– Kaliumchlorat<br>– Kaliumnitrat<br>– Kaliumperchlorat<br>– Kaliumpermanganat<br>– Natriumchlorat<br>– Natriumnitrat<br>– Natriumperchlorat<br>– Wasserstoffperoxidlösung > 12% | Zweckbestimmung beachten!<br>Verpackung / Kennzeichnung:<br>Kindersicherung: empfohlen<br><br>**Abgabe: sachkundige Person**<br>– Informationspflicht<br>– Dokumentation, Feststellung der Personalien<br>– Abholer / Auftragsbestätigung, Feststellung der Personalien<br>– Selbstbedienungsverbot<br>– Erwerber: mindestens 18 Jahre |

Tabelle 9: Beispiele für Einstufung, Verpackung und Abgabebestimmungen nach Gefahrenpiktogramm. Entscheidend für die Abgabevorschriften sind die Gefahrenhinweise (H-Sätze), nicht das Piktogramm.

# II Arbeitsschutz

Die konzeptionelle Umgestaltung der arbeitsschutzrechtlichen Vorschriften ergibt sich durch die Übernahme und Ausgestaltung der Gefährdungsbeurteilung aus den EG-Arbeitsschutzrichtlinien.[1]

Durch die Konzeption der Gefährdungsbeurteilung werden betriebliche Arbeitsschutzmaßnahmen individuell in die Verantwortung des Arbeitgebers gelegt. Dem fachkundigen Apothekenleiter obliegt die Verantwortung der stoff- wie auch tätigkeitsbezogenen Gefährdungsbeurteilung; er hat die hierzu nötigen Informationen zu ermitteln und Maßnahmen zum Schutz der Sicherheit und Gesundheit der Beschäftigten festzulegen. Grundsätzlich gelten diese Vorgaben auch beim Schutz der Schüler (Schulen, PTA Schulen) und Studenten (siehe § 3 GefStoffV).

Arbeitssicherheit gewährleisten und organisieren beinhaltet auch das sicherheitsbewusste Verhalten aller Beteiligten, da nur so die verbleibenden Gefahren auf ein Minimum reduziert werden können.

Der vorbeugende Gefahrenschutz und der betriebliche Arbeitsschutz – der die Arbeitnehmer vor den Gefahren, die bei oder durch die Arbeit entstehen, schützt – gewährleistet ein hohes Maß an Sicherheit. Betrieblicher Arbeitsschutz in der Apotheke bedeutet, dass in Geboten und Verboten, speziell auf den Apothekenbetrieb ausgerichtet, Verhaltensvorschriften festgelegt werden. Generell gilt, mit dem Umfang der Produktion nimmt auch der Umfang an Maßnahmen zum Arbeitsschutz zu. Bei Erhöhung des Gefährdungspotenzials, z.B. bei der Verwendung mehrerer Gefahrstoffe in einem Herstellungsgang, müssen weitergehende Maßnahmen ergriffen werden.

Arbeitsschutzrechtliche Vorschriften sind auch in der Apotheke zu beachten. Die Rahmenvorgaben anstelle von Detailvorschriften verlangen vom Apotheker eine stärkere Auseinandersetzung mit diesen komplexen Rechtsvorschriften. Grundsätzlich sind branchenspezifische Lösungen möglich, gleichwohl verlangt gerade die Konzeption des Gefahrstoffrechtes, dass, bezogen auf den jeweiligen Betrieb, stoff- und tätigkeitsbezogene Gefährdungsbeurteilungen durchgeführt werden. Die vorliegende Broschüre ist eine Handlungshilfe für die praktische Durchführung im Kleinbetrieb. Auf weitergehende Regelungen wie z. B. über die Unterrichtung und Anhörung der Arbeitnehmer oder des Personalrates in Großbetrieben sowie über Vorsorgeuntersuchungen durch ermächtigte Ärzte kann nicht eingegangen werden.

---

1 Die Arbeitsschutzgesetzgebung ist weitgehend durch das europäische Recht vorgegeben. Nach Artikel 137 EG Vertrag erlässt der Rat Richtlinien zur Verbesserung der Arbeitsumwelt mit dem Ziel, die Sicherheit und Gesundheit der Arbeitnehmer zu schützen. In dieser Richtlinie werden Mindeststandards festgelegt. Die EG-Rahmenrichtlinie 89/391/EWG vom 12. Januar 1989 – Durchführung von Maßnahmen zur Verbesserung der Sicherheit und des Gesundheitsschutzes der Arbeitnehmer bei der Arbeit bildet die Grundlage für die Einzelrichtlinien zum betrieblichen Arbeitsschutz. In dieser Richtlinie ist das Konzept der Gefährdungsbeurteilung bereits festgelegt. Bedeutend ist auch unter anderem die EG-Richtlinie 80/1107/EWG (Abl. Nr. L 327 vom 3. Dezember 1980, S. 8), Schutz der Arbeitnehmer vor der Gefährdung durch chemische, physikalische und biologische Arbeitsstoffe bei der Arbeit. Diese Richtlinie konkretisiert die Anforderungen zum Schutz der Beschäftigten beim Umgang mit biologischen Arbeitsstoffen.

# 1 Arbeitsschutz nach GHS/CLP-Verordnung

In der Gefahrstoffverordnung wird übergangsweise noch der Bezug zur Einstufung nach Stoff- und Zubereitungsrichtlinie beibehalten, denn das nationale Gefahrstoffrecht soll erst zum 01.6.2015 komplett auf die GHS/CLP-Verordnung umgestellt werden. In der Übergangszeit beziehen sich die arbeitsschutzrechtlichen Verpflichtungen zunächst noch auf die Einstufung nach Stoff- beziehungsweise Zubereitungsrichtlinie. Dadurch bedingt bleibt das bisherige Schutzniveau unverändert erhalten. Dies gilt auch für die bestehenden Technischen Regeln, die unverändert gültig sind. Da die Technischen Regeln schrittweise an die GHS/CLP-Verordnung angepasst werden, ist während der Übergangsphase darauf zu achten, auf welches Einstufungs- und Kennzeichnungssystem (nach altem oder neuem Recht) Bezug genommen wird.[2]

Im Sicherheitsdatenblatt ist bis zum 1.6.2015 nach GHS/CLP-Verordnung (EG) Nr. 1907/2006 (REACH-Verordnung) sowohl die Einstufung nach altem Recht wie auch dann nach neuem Recht anzugeben. Dem Apotheker steht somit während der Übergangszeit die alte wie auch die neue Einstufung zur Verfügung, an der er sich für die Ableitung von Maßnahmen und die Anwendung des Technischen Regelwerks orientieren kann.

Das verwendete System zur Einstufung und Kennzeichnung spielt für die zu ergreifenden Schutzmaßnahmen daher eine untergeordnete Rolle.

Gleichwohl führt die neue Kennzeichnung auch zu Veränderungen im Arbeitsschutz, die jedoch erst nach und nach im Betrieb umzusetzen sind.

Mit der Anpassung der innerbetrieblichen Kennzeichnung sind auch die Mitarbeiter zu unterweisen. **Sobald Stoffe/Gemische mit neuer Kennzeichnung bezogen und verwendet werden, besteht die Verpflichtung, die Mitarbeiter anhand der Betriebsanweisungen zu unterweisen.** Vorliegende Broschüre enthält Gruppenbetriebsanweisungen in Anlehnung an die Gefahrenpiktogramme wie auch Gefährdungsbeurteilungen entsprechend der in der Gefahrstoffverordnung vorgegebenen Schutzmaßnahmen.

---

Mit der Einführung der neuen Kennzeichnung ist parallel zu den Arbeitsschutzmaßnahmen nach altem Recht Folgendes zu veranlassen:

- Umstellung der innerbetrieblichen Kennzeichnung, (Lagerbestände/Ausgangsstoffe spätestens bis zum 1.12.2012),
- Unterweisung der Mitarbeiter zu den neuen Gefahrenpiktogrammen,
- betriebliches Gefahrstoffverzeichnis mit neuer Kennzeichnung aktualisieren,
- Gefährdungsbeurteilung/Festlegung von Schutzmaßnahmen aktualisieren.

---

# 2 Gefährdungsbeurteilung

**Verantwortung des Apothekenleiters**
Zum Arbeitsschutz gehört die stoff- und tätigkeitsbezogene Gefährdungsbeurteilung[3]. Der Apothekenleiter ist für die Sicherheit und den Gesundheitsschutz seiner Mitarbeiter wie auch für die Gefährdungsbeurteilung verantwortlich. Eine fehlende Gefährdungsbeurteilung kann bei Unfällen zu erheblichen Folgen führen.

---

2 Siehe hierzu Bekanntmachung des BMAS IIIb-35122 vom 15. Dezember 2008 (http://www.baua.de/nn_5846/de/Themen-von-A-Z/Gefahrstoffe/TRGS/Bekanntmachung-BMAS)

*Arbeitsschutz*

Die Gefährdungsbeurteilung ist von einer fachkundigen Person zu erstellen. Der Apotheker ist auf Grund seiner Berufsausbildung fachkundig bezogen auf die Stoffe. Fachkundig für die Erstellung von Gefährdungsbeurteilungen ist er nur, wenn er sich die erforderlichen Kenntnisse durch gezielte Weiterbildungsmaßnahmen/Fortbildungen angeeignet hat[4].

Entscheidend ist, dass der Apothekenleiter verantwortlich die notwendigen organisatorischen Dinge regelt und auch alle Mitarbeiter in das betriebliche System mit einbezieht. Der Apothekenleiter kann auch den Betriebsarzt wie auch die Fachkraft für Arbeitssicherheit[5] mit einbinden, die den Apotheker bei der betrieblichen Umsetzung der Gefährdungsbeurteilung beraten und unterstützen. Die betriebliche Gefährdungsbeurteilung ist das zentrale Handlungsinstrument im Arbeitsschutz und nach dem im Folgenden beschriebenen Schema durchzuführen.

Der Apotheker hat die mit den Tätigkeiten verbundenen Gefahren zu ermitteln, zu beurteilen und entsprechende Maßnahmen zum Schutz der Gesundheit anzuordnen (Abbildung 7).

Der Apothekenleiter hat den Schutz der Mitarbeiter in Apotheken möglichst durch Vermeidung des Umgangs mit Gefahrstoffen und durch Minimierung der Exposition sowie durch geeignete Schutzmaßnahmen sicherzustellen. Ihm obliegt eine Unterrichtungs- und Belehrungspflicht der Angestellten.

Aus der Bedeutung von Aufklärung und Schutz von Arbeitnehmern resultiert die immer häufiger gestellte Forderung nach ausführlicher Dokumentation. Unterweisungen und Kontrollvermerke erfordern zudem eine kritische Auseinandersetzung mit dem Betriebsablauf. Dokumentationshilfen hierzu sind in den Anhängen aufgeführt.

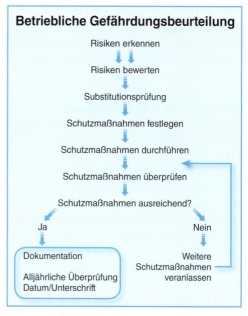

Abbildung 7: Betriebliche Gefährdungsbeurteilung

**Inhalte einer Gefährdungsbeurteilung**

In der Gefährdungsbeurteilung werden Schutzmaßnahmen bei bestimmten Tätigkeiten beziehungsweise für einzelne Arbeitsbereiche festgelegt. Es sind folgende Punkte zu berücksichtigen:

---

3 Siehe hierzu: Gefährdungsbeurteilung in Apotheken, BGW TP-5GB
HALSEN: Herzstück Gefährdungsbeurteilung; BWG Mitteilung 2/2005
GRUBER, STAPEL: Die neue Gefahrstoffverordnung, Tipps für Apotheker. BWG Mitteilung 3/2006
HALSEN, STAPEL: Gefahrstoffverordnung, Handlungshilfen zur praxisbezogenen Umsetzung. In Pharm. Ztg. 152, 1616 – 1622 (2007)

4 Fachkundig bedeutet, die Befähigung zur Ausübung einer bestimmten Aufgabe zu besitzen. Die Anforderungen an die Fachkunde sind abhängig von der jeweiligen Art der Aufgabe: Zu den Anforderungen können eine entsprechende Berufsausbildung, Berufserfahrung, zeitnahe berufliche Tätigkeit und die Teilnahme an gezielten Weiterbildungsmaßnahmen zählen (§ 3 Gefahrstoffverordnung).

5 Die betriebs- und sicherheitstechnische Betreuung durch einen Betriebsarzt und eine Fachkraft für Arbeitssicherheit ist seit 1998 für Apotheken verpflichtend; siehe BGV A 2. Sie können als fachkundige Personen den Apotheker bei der Gefährdungsbeurteilung betreuen.

- die gefährlichen Eigenschaften der Stoffe oder Zubereitungen (Gemische),
- die Informationen im Sicherheitsdatenblatt zum Gesundheitsschutz und zur Sicherheit,
- Gefahrstoffmenge,
- Möglichkeiten einer Substitution,
- Ausmaß, Art und Dauer der Exposition unter Berücksichtigung aller Expositionswege,
- physikalisch-chemische Wirkungen,
- Arbeitsbedingungen und Arbeitsverfahren,
- Arbeitsplatzgrenzwerte und biologische Grenzwerte,
- Festlegung von Schutzmaßnahmen, jeweils in der Rangfolge technisch, organisatorisch und persönlich,
- Information der Beschäftigten,
- Wirksamkeit der getroffenen oder zu treffenden Schutzmaßnahmen,
- Dokumentation,
- Maßnahmen die sich ggf. aus durchgeführten arbeitsmedizinischen Vorsorgeuntersuchungen ergeben.

Die Bundesapothekerkammer hat Empfehlungen zum Arbeitsschutz in Apotheken erstellt, u. a. Handlungshilfen zur Gefährdungsbeurteilung (siehe www.abda.de, Qualitätssicherung, Arbeitsschutz). Diese orientieren sich an der Herstellung bestimmter Darreichungsformen; bezogen auf die Standardherstellungsverfahren werden entsprechend der potenziell auftretenden Gefährdung die erforderlichen Schutzmaßnahmen festgelegt. Für Tätigkeiten mit krebserzeugenden Gefahrstoffen wurden wegen der umfangreicheren Schutzmaßnahmen eigene Standards erarbeitet (CMR Stoffe der Kategorie 1A und 1B, Kennzeichnung mit H 340, H350, H360).

Standards und Formulare stehen für die Rezepturherstellung (24 Standards), die Prüfung der Ausgangssubstanzen und den Umgang mit explosionsgefährlichen Stoffen (Explosionsschutzdokument) im Internet zur Verfügung.

Weiterhin wird ein farbliches Kennzeichnungskonzept empfohlen. Die Gefahrenhinweise auf den Standgefäßen (zusätzlich zu Gefahrenpiktogramm und Signalwort) sollen farbig mit Textmarker oder mit farbigem Aufkleber versehen werden. Die Mitarbeiter können anhand der farbigen Kennzeichnung so schnell die erforderliche Arbeitsschutzmaßnahme erkennen. Die zusätzliche farbliche Kennzeichnung ist auf jeden Fall für Apotheken mit umfangreicher Herstellung, in PTA Schulen wie auch an Universitäten zu empfehlen. Software zur Umsetzung/Erstellung von Gefährdungsbeurteilungen ist im Handel erhältlich (z. B. Ahl: Arbeitsschutz in Apotheken. Gefährdungsbeurteilung unter Berücksichtigung von GHS).

| Farbe | Potenzielle Gefahr | Persönliche Schutzausrüstung |
|---|---|---|
| Tätigkeiten mit Stoffen, die nicht zu den CMR Stoffen der Kategorie 1A und 1B gehören | | |
| Gelb | Gefahr durch Hautkontakt | Schutzhandschuhe |
| Orange | Gefahr durch Einatmen | Atemschutz |
| hellblau | Gefahr für die Augen | Schutzbrille |
| Tätigkeiten mit CMR Stoffen der Kategorie 1A und 1B | | |
| Rot | Gefahr durch Kontakt | Schutzhandschuhe Atemschutz Schutzbrille |

Tabelle 10: Farbliches Kennzeichnungskonzept der Bundesapothekerkammer

## Gesundheitsmanagement

Arbeits- und Gesundheitsschutz sowie betriebliches Gesundheitsmanagement bilden eine Einheit. Zum betrieblichen Management gehört es, Schwachstellen im Apothekenbetrieb zu identifizieren. So gilt es, Arbeitsbedingungen der Beschäftigten, die physischen und psychischen Belastungen, die Arbeitsor-

# Arbeitsschutz

ganisation wie auch Arbeitsabläufe zu prüfen und mit Unterstützung der Gefährdungsbeurteilung (BGW Schrift) zu optimieren[6].

Entscheidend für die Akzeptanz ist die Einbeziehung der Mitarbeiter, die die Regeln der Arbeitssicherheit beachten, das heißt von allen Beschäftigten ein „gelebter Arbeitsschutz". Gesundheitsmanagement ist ein umfassendes Konzept, es beinhaltet neben Stressmanagement, gesundheitserhaltende Arbeitsplatzgestaltung wie auch gesundheitsfördernde Arbeitsbedingungen.

## 3 Informationsermittlung

Der Apotheker muss seine Mitarbeiter bei Tätigkeiten mit Gefahrenstoffen vor Gesundheitsgefahren schützen. Zu diesem Zweck müssen die bei der Verwendung möglichen Gefahren ermittelt werden. Somit ist im Rahmen der Informationsermittlung festzustellen, ob Tätigkeiten mit Gefahrstoffen durchgeführt werden oder ob bei den Tätigkeiten Gefahrstoffe entstehen oder freigesetzt werden. Gefahrstoffe im Betrieb sind einerseits an der Kennzeichnung zu erkennen, andererseits können bei Tätigkeiten in der Rezeptur oder auch im Labor Stäube, Dämpfe und Gase freigesetzt werden, die zu Gefährdungen führen können. Die Verwendungsverbote für bestimmte gefährliche Stoffe sind zu beachten. Gefahrenkennzeichnung, Gefahrstoffverzeichnis wie auch das Sicherheitsdatenblatt sind wichtige Informationsquellen.

Im Kleinbetrieb Apotheke werden in der Regel Tätigkeiten mit entsprechend gekennzeichneten Gefahrstoffen durchgeführt. Die Kennzeichnung vermittelt die wesentliche Information zu den Eigenschaften der Stoffe; sie dient der ersten Warnung und soll augenfällig signalisieren (s. S. 21). Sie muss nicht zwingend immer alle Gefahren wiedergeben, insbesondere wenn von der Möglichkeit einer vereinfachten Kennzeichnung Gebrauch gemacht

Abbildung 8: Ermitteln des Gefährdungspotenzials

wird (s. S. 41f). Nach altem Recht waren die Ausgangsstoffe und Reagenzien mit Gefahrensymbol und Gefahrenbezeichnung gekennzeichnet. Nach neuem Recht erfolgt die Kennzeichnung mit Gefahrenpiktogramm und Signalwort entsprechend der Risiken.

Weitere sicherheitsrelevante Hinweise zum Umgang enthalten die jeweiligen Sicherheitsdatenblätter, die **am Arbeitsplatz** zur Verfügung stehen müssen. Ein allgemeiner Hinweis auf das Internet ist hier *nicht* ausreichend[7].

Ein Hautkontakt wird durch das ordnungsgemäße Handling vermieden. Bei Gefahrstoffen mit giftigen, sehr giftigen oder CMR (carcinogen, mutagen, reproduktionstoxisch) Eigenschaften werden zudem geeignete Handschuhe, bei sehr feinen Stäuben zusätzlich Mundschutz als persönliche Schutzausrüstung verwendet; Arbeitsverfahren in geschlossenen Systemen sind soweit möglich zu verwenden.

Zur Informationsermittlung gehören aber nicht nur die Stoffeigenschaften, sondern auch das jeweilige Verfahren am Arbeitsplatz (Menge, Dauer der Tätigkeit, Arbeits-

---

[6] siehe hierzu Gefährdungsbeurteilung in Apotheken, BGW, TP – 5 GB.

[7] Liegen keine aktuellen Sicherheitsdatenblätter vor, können sie bei den Herstellern angefordert werden.

mittel etc., siehe hierzu auch Substitutionsprüfung). Die Exposition kann grundsätzlich oral, dermal und inhalativ erfolgen.

Die Ermittlung des Gefährdungspotenzials orientiert sich somit an den verwendeten Gefahrstoffen wie auch an den Tätigkeiten (Abbildung 8).

Das Risiko bei den Tätigkeiten ist abhängig von der Intensität, Dauer und Häufigkeit. Es ist tätigkeitsbezogen und nach inhalativer, dermaler und physikalisch chemischer Gefährdung zu differenzieren. Die Exposition des Apothekenpersonals beim Prüfen von Arzneimitteln oder der Herstellung in der Rezeptur ist also einerseits abhängig vom gewählten Verfahren und andererseits von der Art und Menge der eingesetzten Stoffe.

Die Gefährdung bei der Herstellung von Rezepturen ist außerordentlich gering, da bestimmte Vorsichtsmaßnahmen grundsätzlich einzuhalten sind. So werden feste Stoffe, die in der Regel einen geringen Dampfdruck haben, mit einem Löffel oder Spatel aus den Gefäßen entnommen. Lösungen werden meistens auf der Waage mit Einfüllhilfen (Trichter) in das Gefäß eingewogen, dort vermischt oder auch Stoffe darin gelöst. Zusätzliche Ermittlungspflichten, Vorsorge- oder Schutzmaßnahmen bestehen beim Umgang mit CMR-Stoffen.

**Inhalative Gefährdung:** Feine, leicht staubende Feststoffe können eine inhalative Gefährdung darstellen. Werden jedoch die allgemein üblichen Schutzmaßnahmen eingehalten, so liegt sie größenordnungsmäßig im Mikrogrammbereich oder Milligrammbereich und ist zudem nur kurzfristig, da nach der Einarbeitung beispielsweise des Feststoffes in die Grundlage keine inhalative Gefährdung mehr besteht. Deshalb ist die inhalative Gefährdung im Apothekenbetrieb grundsätzlich als gering einzuschätzen.

Werden leichte und stark staubende giftige gesundheitsgefährdende Stoffe verarbeitet, so kann bereits beim Abwiegen eine inhalative Gefährdung bestehen. Das Abwiegen gefährlicher Stoffe in μg bis mg Bereich für die Dauer von ein bis zwei Minuten im Rahmen des Wägeprozesses auf einer Analysenwaage erfüllt ebenfalls die Kriterien „geringe Menge" und „geringe Dauer", so dass auch hier eine geringe Gefährdung zu vermuten ist.[8]

Auch die Art der Verarbeitung spielt eine entscheidende Rolle. Es ist ein Unterschied, ob die Salbe offen in der Fantaschale gerührt oder in einem weitgehend geschlossenen System, wie zum Beispiel mit Topitec® oder Unguator®, hergestellt wird.

**Dermale Gefährdung:** Die dermale Gefährdung ist bei der Verarbeitung von Stoffen grundsätzlich durch sachgerechtes Arbeiten zu vermeiden. Leicht staubende oder auch klebrige Stoffe können im Einzelfall zu einer dermalen Gefährdung führen. Eine dermale Gefährdung ist jedoch auch durch das häufige Verwenden von Desinfektionsmitteln und mehrfaches Hände waschen möglich. Bei Mitarbeitern, die täglich mehr als zwei Stunden feuchtigkeitsdichte Handschuhe tragen, etwa bei der Zytostatikaherstellung oder die Feuchtarbeiten im Reinigungsbereich durchführen, kann eine Gefährdung der Haut nicht ausgeschlossen werden.

**Physikalisch-chemische Gefährdungen** entstehen beim Umgang mit brennbaren Flüssigkeiten, dem Abfüllen und Umfüllen. Werden größere Mengen brennbarer Flüssigkeiten umgefüllt, so ist für eine gute Belüftung zu sorgen, da andernfalls Explosionsgefahr besteht. (Siehe Kapitel 7.2).

---

[8] Hierzu liegen jedoch bisher nur wenige wissenschaftliche Daten vor. Studien im Auftrag der Berufsgenossenschaft werden hierzu weitere Daten liefern.

**Arbeitsplatzgrenzwerte:** Beim Umgang mit Gefahrstoffen in der Apotheke sind allgemein die festgelegten Arbeitsplatzgrenzwerte zu beachten.[9] Für die in den Apotheken verarbeiteten Arzneistoffe liegen in der Regel noch keine Arbeitsplatzgrenzwerte vor. Lediglich für die apothekenüblichen Stoffe Ethanol und Isopropanol liegen Arbeitsplatzgrenzwerte vor, diese werden jedoch in der Apotheke in der Regel nicht überschritten (Ethanol 960 mg/m$^3$ und Isopropanol 500mg/m$^3$).[10]

Bei der innerbetrieblichen Gefährdungsermittlung ist die Arbeitsaufteilung durchaus auch von Bedeutung, z. B. welcher Mitarbeiter mit welchen Gefahrstoffen bei bestimmten Tätigkeiten beschäftigt war, denn entscheidend ist die Exposition (Konzentration, Häufigkeit, Art und Dauer). Werden z. B. größere Mengen oder sehr häufig Ausgangsstoffe verarbeitet, die ein hohes Risiko aufweisen, so kann es durchaus sinnvoll sein, im Rahmen eines Laborjournals und mittels Herstellungsdokumentation die Belastung der Mitarbeiter zu ermitteln (Formblatt zur Dokumentation, Anhang V). In halbjährlichen Kontrollen z. B. könnte der Apotheker überprüfen, ob ggf. ein anderer Mitarbeiter oder im rotierenden System die Mitarbeiter verstärkt im Herstellungsbereich eingesetzt werden, um die Belastung des Einzelnen möglichst gering zu halten.

Grundsätzlich sind in der tätigkeitsbezogenen Gefährdungsbeurteilung[11] die verschiedenen Arten der Gefährdungen sowie die Expositionswege getrennt zu erfassen. In den vorliegenden standardisierten Gefährdungsbeurteilungen wurde auf eine weitergehende Differenzierung im Interesse der Übersichtlichkeit verzichtet, da die Tätigkeiten ausschließlich von fach- und sachkundigen Personen im Labor und in der Rezeptur durchgeführt werden.

**Übergangsfrist:** Vor der Einführung der neuen Kennzeichnung im Labor oder in der Rezeptur in der Apotheke muss sich der Apotheker bei der Ableitung von Arbeitsschutzmaßnahmen wie u. a. die Gefährdungsbeur-

---

9   Der Arbeitsplatzgrenzwert gibt an, bei welcher Konzentration eines Stoffes akute oder chronische schädliche Auswirkungen auf die Gesundheit im Allgemeinen nicht zu erwarten sind (§ 3 Abs. 8 GefStoffV).
    Siehe auch TRGS 900, Arbeitsplatzgrenzwerte, Januar 2006, geändert und ergänzt: GMBl 2010 Nr. 34, S. 746 – 747 (21.6.2010), berichtigt: GMBl 2010 Nr. 43, S. 912 – 913 (4.8.2010).

10  Die Einhaltung der Arbeitsplatzgrenzwerte, soweit sie für die Gefahrstoffe schon vorgegeben sind, kann wie folgt kontrolliert werden:
    – Gefahrstoffmessungen am Arbeitsplatz (TRGS 402)
    – Anerkannte Arbeitsverfahren nach AGS (TRGS 420)
    – Andere gleichwertige Beurteilungsverfahren.
    Im normalen Apothekenbetrieb werden die Arbeitsplatzgrenzwerte nicht überschritten. Auch liegen für zahlreiche in der Apotheke verwendete Ausgangsstoffe noch keine Arbeitsplatzgrenzwerte vor. Bei Überschreitung der Arbeitsplatzgrenzwerte muss eine erneute Gefährdungsbeurteilung durchgeführt werden.
    Siehe TRGS 402 – Ermitteln und Beurteilen der Gefährdungen bei Tätigkeiten mit Gefahrstoffen: Inhalative Exposition, Februar 2010; TRGS 420 – Verfahrens- und Stoffspezifische Kritierien (VSK) für die Gefährdungsbeurteilung, Januar 2006; zuletzt geändert und ergänzt: GMBl 2010, Nr. 12, S. 253 – 254 (25.2.2010)
    Es ist eine Arbeitsbereichsanalyse durchzuführen (siehe hierzu TRGS 402) bei Gefahrstoffen, die mit Totenkopf zu kennzeichnen sind oder CMR-Eigenschaften besitzen. Eine Arbeitsbereichsanalyse ist durchzuführen, wenn das Auftreten gefährlicher Stoffe in der Luft am Arbeitsplatz nicht sicher ausgeschlossen werden kann und somit zu einer Gefährdung der Beschäftigten führen kann. Das Ziel einer Arbeitsbereichsanalyse besteht darin, gefährdete Arbeitsplätze zu erkennen, Entscheidungskriterien für persönliche und technische Schutzmaßnahmen zu treffen und die Wirksamkeit von Schutzmaßnahmen zu prüfen.

11  TRGS 400.
    Gefährdungsbeurteilung für Tätigkeiten mit Gefahrstoffen. Januar 2008; siehe auch TRGS 402, Ermitteln und Beurteilen der Gefährdungen bei Tätigkeiten mit Gefahrstoffen: Inhalative Exposition, Februar 2010; siehe auch TRGS 401, Gefährdung durch Hautkontakt-Ermittlung, Beurteilung, Maßnahmen, Juni 2008, berichtigt GMBl 2010, Nr. 5 – 6, S. 111 (4.2.2010). Siehe hierzu auch TRGS 500, Schutzmaßnahmen: Mindeststandards. Die Mindeststandards werden in der TRGS konkretisiert, Ausgabe Januar 2008, ergänzt Mai 2008.

teilung an der alten Einstufung orientieren. Bezieht die Apotheke chemische Ausgangsstoffe mit neuer Kennzeichnung, so ist darauf zu achten, dass vom Lieferanten ein überarbeitetes Sicherheitsdatenblatt mitgeliefert wird. Sollte dies nicht erfolgt sein, ist eine entsprechende Nachfrage erforderlich.

Die neue Einstufung nach GHS/CLP-Verordnung ist dem Sicherheitsdatenblatt zu entnehmen. Erkenntnisse über neue Gefahren können sich z. B. aus der Stoffbewertung nach der REACH-Verordnung ergeben. Sollte dies jedoch nicht der Fall sein, so kann die bislang vorhandene Gefährdungsbeurteilung in der Übergangsphase weiter genutzt werden.

Mit der Gefährdungsbeurteilung dokumentiert der Apothekenleiter eine begründete Entscheidung, welche Schutzmaßnahmen entsprechend dem Gefährdungspotenzial festzulegen sind. Der Verordnungsrahmen bietet Auslegungs- und Handlungsspielräume unter Berücksichtigung der besonderen Gegebenheiten in jeder Apotheke. Der Apothekenleiter hat die Risiken bei der Herstellung, Prüfung, bei Tätigkeiten allgemein mit Gefahrstoffen in seinem Betrieb zu ermitteln, zu bewerten und für diese Situationen betriebs- wie auch tätigkeitsbezogen das richtige Maßnahmenkonzept festzulegen.

Mit Hilfe der standardisierten Gefährdungsbeurteilungen kann der Apotheker allgemeine Schutzmaßnahmen festlegen. Entscheidend ist, dass diese betrieblich in Kraft gesetzt werden. Mit dem Formular „Gefährdungsbeurteilung Wirksamkeitsprüfng/Dokumentation" (Anhang) wird dies dokumentiert. Die standardisierten Gefährdungsbeurteilungen (Kapitel IV) sind somit Handlungshilfen für den Apotheker, die Inhalte sind jedoch entsprechend den jeweiligen betrieblichen Bedingungen, den verfügbaren Geräten und der zur Verfügung gestellten Schutzausrüstung anzupassen.[12]

Das in der Gefahrstoffverordnung verankerte Schutzstufenkonzept berücksichtigt nur die toxikologischen Eigenschaften, die physikalisch chemischen Gefährdungen wurden hingegen bewusst ausgeklammert. Denn bei den toxischen Eigenschaften gibt es eine eindeutige Dosis-Wirkungs-Beziehung, die bei den entzündlichen oder explosiven Stoffen nicht so einfach abgeleitet werden kann.

## 4 Schutzstufenkonzept

Die Schutzstufen bauen aufeinander auf. In jeder Schutzstufe[13] werden weitergehende Maßnahmen für ein sicheres Arbeiten mit Gefahrstoffen formuliert.

Die Basis bilden die allgemeinen Grundsätze zur Verhütung von Gefährdungen bei allen Tätigkeiten mit Gefahrstoffen. Diese Mindeststandards der Arbeitshygiene[14] sind immer einzuhalten, bei geringer Gefährdung sind sie ausreichend (früher Schutzstufe 1).

Darauf aufbauend sind weitere belastungsmindernde Grundmaßnahmen zum Schutz der Beschäftigten festzulegen (früher Schutzstufe 2).

Bei hohem Gefährdungspotenzial sind zusätzliche Schutzmaßnahmen erforderlich. Dies umfasst Ersatzlösungen, Technik, Organisation und Schutzausrüstung (früher Schutzstufe 3).

---

12 Auch die Handlungshilfen der Bundesapothekerkammer zur Umsetzung der Gefahrstoffverordnung sind zu beachten. Handlungshilfen zum neuen System GHS/CLP wurden erstellt. Siehe hierzu S. 60.

13 Die Sicherheitsmaßnahmen der einzelnen Schutzstufen wie auch die Konkretisierung einzelner unbestimmter Rechtsbegriffe wird in den überarbeiteten TRGS verankert werden.

14 Siehe hierzu TRGS 500, Schutzmaßnahmen: Mindeststandards. Die Mindeststandards werden in der TRGS konkretisiert, Januar 2008, ergänzt Mai 2008; § 8 GefStoffV.

Besondere Schutzmaßnahmen sind bei Tätigkeiten mit krebserzeugenden, erbgutverändernden und fruchtbarkeitsgefährdenden Gefahrstoffen einzuhalten (früher Schutzstufe 4).

Weitere Maßnahmen sind bei Brand- und Explosionsgefahren (siehe Kapitel III, Abschnitt Explosionsschutz; § 12 GefStoffV) sowie bei Betriebsstörungen, Unfällen und Notfällen (siehe Kapitel II, 9) vorgesehen.

**Grundpflichten des Apothekers (früher Schutzstufe 1)**
In dieser Schutzstufe (§ 8 GefStoffV Grundpflichten) werden die Grundsätze zur Verhütung von Gefährdungen festgelegt, die bei Tätigkeiten mit geringer Gefährdung gelten. Dies ergibt sich u.a. aus der Arbeitsplatzsituation und ist im Rahmen der Gefährdungsbeurteilung festzustellen (§ 7 Abs. 9 GefStoffV).

Es liegt eine geringe Gefährdung bei bestimmten Tätigkeiten und folgenden Gegebenheiten vor:

- Arbeitsbedingungen,
- geringe Stoffmenge,
- nach Höhe und Dauer niedrigere Exposition.

Gefährdungen sollen durch folgende Schutzmaßnahmen ausgeschlossen bzw. auf ein Minimum reduziert werden:
- ordnungsgemäße und deutliche Kennzeichnung der Gefahrstoffe,
- ordnungsgemäße Lagerung der Gefahrstoffe,
- Einhaltung der Arbeitsplatzgrenzwerte,
- Arbeitsplatzgestaltung und -organisation,
- geeignete Arbeitsgerätschaften einschließlich notwendiger Wartungen und geeigneter Arbeitsverfahren,
- Begrenzung der Anzahl der Beschäftigten,
- Begrenzung der Dauer und des Ausmaßes der Expositionen,
- allgemeine Hygienemaßnahmen, insbesondere regelmäßige Reinigung des Arbeitsplatzes,
- Begrenzung auf die notwendige Gefahrstoffmenge,

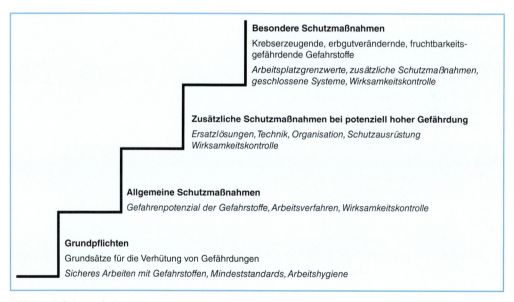

Abbildung 9: Schutzstufenkonzept

- geeignete Arbeitsmethoden und -verfahren, sichere Handhabung, Lagerung und Beförderung von Gefahrstoffen und Abfällen,
- Kontamination des Arbeitsplatzes und die Gefährdung der Beschäftigten so gering wie möglich halten,
- technische Schutzmaßnahmen, Funktion und Wirksamkeit regelmäßig – spätestens jedes dritte Jahr – überprüfen und das Ergebnis dokumentieren.

Diese Mindeststandards sind ausreichend bei Tätigkeiten mit geringen Gefahrstoffmengen und von kurzer Dauer (ca. 15 Minuten).

**Apotheke:** Diese allgemeinen Standards reichen zum Schutz der Beschäftigten aus und werden in der Regel in der Apotheke eingehalten. Die ordnungsgemäße Kennzeichnung der Ausgangsstoffe sowie die vorgeschriebenen Grundregeln einer ordnungsgemäßen Herstellung und Prüfung und die Grundregeln der Arbeitshygiene sind bereits nach den Rechtsvorschriften der Apotheke vorgeschrieben.

Im Rahmen dieser Grundpflichten ist nicht zwingend ein Gefahrstoffverzeichnis, Betriebsanweisung und eine Unterweisung der Beschäftigten vorgeschrieben, aus Gründen der Sicherheit und Arbeitsorganisation jedoch empfohlen. Die Mindeststandards der Arbeitshygiene sind nach pharmazeutischen Regeln einzuhalten. Die Apotheke erfüllt die Grundpflichten.

## Allgemeine Schutzmaßnahmen (früher Schutzstufe 2)

In dieser Schutzstufe (§ 9 GefStoffV) werden die Grundmaßnahmen zum Schutz der Beschäftigten für Tätigkeiten mit Gefahrstoffen, von denen ein mittleres Gefährdungspotenzial ausgeht, festgelegt. Es ist das Ziel, Gefährdungen zu beseitigen bzw. auf ein Mindestmaß zu reduzieren. Auch hier werden Rangfolgen von Schutzmaßnahmen vorgeschrieben; ab dieser Schutzstufe gilt als bevorzugte Sicherheitsmaßnahme die Verpflichtung, die Substitution des Stoffes zu prüfen. Muss auf die Substitution verzichtet werden, so ist dies in der Gefährdungsbeurteilung zu dokumentieren.
1. Substitution
2. Arbeitsplatzgrenzwerte (siehe S. 63)
3. Sonstige Maßnahmen

**Apotheke:** Die Substitution des Gefahrstoffes ist in der Apotheke auf Grund der weiteren Rechtsvorschriften oft ausgeschlossen. So sind z. B. Rezepturen aus den verschriebenen Stoffen herzustellen, nur Hilfsstoffe können unter Berücksichtigung der Eigenschaften ggf. vom Apotheker ersetzt werden. Ausgangsstoffe in der Apotheke sind zu prüfen; diese Tätigkeiten mit Gefahrstoffen müssen nach der Apothekenbetriebsordnung durchgeführt werden.

Grundsätzlich sind physikalisch-chemische Prüfverfahren mit möglichst geringen Mengen an Prüfsubstanz zu bevorzugen; z. B. Schmelzpunktbestimmung.

Zu den geeigneten Verfahren gehört u.a. die Herstellung – wenn möglich – in weitgehend geschlossenen Systemen wie u.a. Unguator® und Topitec®.

Im Labor und in der Rezeptur ist grundsätzlich als Arbeitskleidung ein geschlossener Kittel zu tragen; belastete Arbeitskleidung darf nicht ständig getragen werden. Diese Verpflichtung ist in den Apotheken auf Grund der hygienischen Vorgaben bereits einzuhalten.

Zahlreiche Tätigkeiten in der Apotheke sind dieser Standardschutzstufe zuzuordnen; z. B. die Herstellung von Salicylsäurelösungen, Verdünnungen von Isopropylalkohol in geringen Mengen. Die Grundmaßnahmen werden im Wesentlichen bereits durch die Einhaltung von GMP Standards in der Apotheke eingehalten.

## Zusätzliche Schutzmaßnahmen (früher Schutzstufe 3)

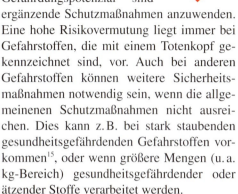

Bei Tätigkeiten mit hohem Gefährdungspotenzial sind ergänzende Schutzmaßnahmen anzuwenden. Eine hohe Risikovermutung liegt immer bei Gefahrstoffen, die mit einem Totenkopf gekennzeichnet sind, vor. Auch bei anderen Gefahrstoffen können weitere Sicherheitsmaßnahmen notwendig sein, wenn die allgemeinen Schutzmaßnahmen nicht ausreichen. Dies kann z. B. bei stark staubenden gesundheitsgefährdenden Gefahrstoffen vorkommen[15], oder wenn größere Mengen (u. a. kg-Bereich) gesundheitsgefährdender oder ätzender Stoffe verarbeitet werden.

An erster Stelle steht die Substitution des Stoffes. Ist diese nicht möglich, so hat die Herstellung und Verwendung in einem geschlossenen System zu erfolgen. Ist die Anwendung eines geschlossenen Systems nicht möglich, so ist die Exposition nach dem Stand der Technik so weit wie möglich zu verringern. Allgemein gelten folgende ergänzende Schutzmaßnahmen:
– geschlossenes System, technische/organisatorische Schutzmaßnahmen,
– persönliche Schutzausrüstung, Einweisung in die richtige Handhabung,
– Einhaltung der Arbeitsplatzgrenzwerte,
– Lagerung und Aufbewahrung von giftigen Stoffen unter Verschluss; der Zugang ist auf fachkundige Personen zu beschränken.

**Apotheke:** Die Substitution ist wie bei den allgemeinen Schutzmaßnahmen beschrieben nicht möglich. Bei der Herstellung sind unter Berücksichtigung des Herstellungsverfahrens geschlossene Systeme einzusetzen. Die persönliche Schutzausrüstung ist zu verwenden. Werden in einer Apotheke zum Beispiel größere Mengen an giftigen, leicht staubenden Stoffen verarbeitet, so kann eine höhere Staubentwicklung vermutet werden; der Apotheker würde dann weitere persönliche Schutzmaßnahmen wie z. B. das Tragen einer Atemschutzmaske anordnen.

## Besondere Schutzmaßnahmen analog der Schutzstufe 4 beim Umgang mit Stoffen mit CMR-Eigenschaften

Für Gefahrstoffe mit zusätzlich krebserzeugenden, erbgutverändernden und fruchtbarkeitsgefährdenden Eigenschaften (CMR) der Kategorie 1A und 1B gelten die umfangreichsten Maßnahmen (Kennzeichnung mit H 340, H 350 und H 360)[16]. Kann nachgewiesen werden, dass der Arbeitsplatzgrenzwert eingehalten wird oder dass ein sicheres, vom Ausschuss für Gefahrstoffe anerkanntes, Verfahren angewendet wird, reichen die Maßnahmen, wie sie für giftige Stoffe formuliert sind, aus. Für viele Tätigkeiten in Unternehmen, so auch für die in der Apotheke verwendeten Arzneistoffe mit kritischen Eigenschaften, liegen diese Informationen aber bisher nicht vor.

Beispiele:
Hierzu gehören die Anabolika, Androgene (z. B. Testosteron), Estrogene ( z. B. Estradiol), Gestagene oder auch Thalidomid[17]. Auch antineoplastische Arzneistoffe haben entsprechende Eigenschaften[18].

---

15 Z. B. Inhalative Gefährdung durch sensibilisierende Stoffe, siehe hierzu Verzeichnis der sensibilisierenden Stoffe, TRGS907, BArBl. 10/2002, S.74; sensibilisierende Wirkung durch Hautkontakt hat z. B. Benzalkoniumchlorid, 4-Aminophenol

16 Stoffe mit CMR Eigenschaften der Kategorie 2 (früher Kategorie 3) können unter bestimmten Bedigungen auch den „zusätzlichen Schutzmaßnahmen" unterliegen.

17 Siehe hierzu: Gefahrstoffrechtliche Kennzeichnung von antineoplastischen Arzneistoffen mit Erläuterungen BGW, Fachbereich Gefahrstoffe und Toxikologie, www.bgw-online.de; siehe auch Halsen, G. u. Krämer, I.: Umgang mit Zytostatika: Gefährdungsbeurteilung kein Problem?! Krankenhauspharmazie Heft 25 vom 2. Februar 2004, S. 43 – 52 .

| Stoffidentität Bezeichnung | Bewertung der AGS (Ausschuss für Gefahrstoffe) | | | |
|---|---|---|---|---|
| | K | M | $R_F$ | $R_E$ |
| Steroidhormone | 3 | – | 1 | 2 |
| Androgene | 3 | – | 1 | 2 |
| Anabolika | – | – | 3 | 3 |
| Schwache Androgene | | | | |
| Glucocorticoide | – | – | 3 | 1 |
| Estrogene | 3 | – | 1 | 3 |
| Gestagene | 3 | – | 1 | 2 |
| Schwache Gestagene/Estrogene | – | – | 3 | 3 |

K = krebserzeugend, M = erbgutverändernd, $R_F$ = Beeinträchtigung der Fortpflanzungsfähigkeit,
$R_E$ = fruchtschädigend (entwicklungsschädigend)  Quelle: TRGS 905, Juli 2005, letzte Änderung Mai 2008

Tabelle 11: Liste krebserzeugender, erbgutverändernder oder fortpflanzungsgefährdender Stoffe (Auszug)

Der Übergang von den zusätzlichen Schutzmaßnahmen zu den besonderen Schutzmaßnahme ist gleitend; bei Tätigkeiten mit CMR Stoffen sind die umfangreichsten Schutzmaßnahmen festzulegen:
– Einhaltung der verfahrens- und stoffspezifischen Kriterien bei bestimmten Tätigkeiten mit diesen Stoffen.
– Alle möglichen technischen Maßnahmen ausschöpfen.
– Persönliche Schutzkleidung, Augenschutz, geeignete Handschuhe, ggf. geeigneter Mundschutz ist zwingend zu verwenden.
– Einhaltung der Arbeitsplatzgrenzwerte, dies ist in der Gefährdungsbeurteilung zu dokumentieren.

Es gilt grundsätzlich das Minimierungsprinzip hinsichtlich der Exposition der Beschäftigten wie auch die Pflicht zur Überprüfung der Wirksamkeit der getroffenen Schutzmaßnahmen.

**Apotheke:** In diese Schutzstufe fällt auf jeden Fall die Herstellung von Zytostatika, die entsprechenden Schutzvorgaben sind in der bundeseinheitlichen Zytostatikarichtlinie festgelegt (siehe auch Betriebsanweisung 11: Zytostatika). Herstellung erfolgt in einer Zytostatika-Werkbank.

Tätigkeiten mit Steroidhormonen (Herstellung/Prüfung) fallen weitgehend auch in diese Schutzstufe, auf Grund der Einstufung nach der TRGS 905.[19]

Apotheken, die Ausgangsstoffe mit o.a. Kennzeichnung verarbeiten, müssen weitreichende Schutzmaßnahmen veranlassen. Die Arbeiten sind möglichst in geschlossenen Systemen durchzuführen. Tätigkeiten, die mit Risiken verbunden sind, sollten im Abzug erfolgen, wie z. B. das Öffnen eines Kunststoffgefäßes, das eine giftige, leicht adhäsive oder auch staubige Substanz enthält.

Die zu veranlassenden Schutzmaßnahmen orientieren sich an der tatsächlichen Gefährdung. Diese ist in zahlreichen Apotheken auf Grund der Stoffmenge, der tatsächlichen Exposition und den allgemein einzuhaltenden Vorsichtsmaßnahmen grundsätzlich als gering zu beurteilen.

---

18 Vom Ausschuss für Gefahrstoffe sollen für CMR-Gefahrstoffe der Kategorie 1A und 1B Arbeitsplatzgrenzwerte unter Berücksichtigung gefährdungsbezogener Kriterien und toxikologischer Fragestellungen festgelegt werden. Bemerkungen zum gefährdungsbezogenen Grenzwertkonzept (Ampelmodell) finden sich auf der Homepage der Bundesanstalt für Arbeitsschutz und Arbeitsmedizin www.baua.de.

19 TRGS 905, Verzeichnis krebserzeugender, erbgutverändernder oder fortpflanzungsgefährdender Stoffe, BArBl. 7/2005, S. 68, 8 – 9/2005, S. 141, letzte Änderung Mai 2008.

# 5 Substitutionsprüfung

Zu den Maßnahmen der Gefahrenminimierung gehört primär die Substitutionsprüfung. Im Rahmen der Möglichkeiten muss geprüft werden, ob weniger gefährliche Stoffe oder Verfahren verwendet werden können, bezogen auf Dauer und Ausmaß der Exposition wie auch auf Expositionswege (dermal, inhalativ oder physikalisch/chemisch). Besondere Priorität hat dies bei Stoffen, die krebserzeugend, erbgutverändernd, frucht- oder auch fortpflanzungsgefährdend sind.

Der Apotheker muss prüfen, ob Stoffe oder Zubereitungen mit einem geringeren gesundheitlichen Risiko verwendet werden können oder ob ggf. Verwendungsverbote bestehen. Das Gesundheits- und Verletzungsrisiko ist abzuschätzen. Es ist anzustreben, auf die arbeitsmedizinisch bedenklichen Stoffe zu verzichten und sie durch andere, in gesundheitlicher Hinsicht günstiger zu bewertende Stoffe oder Verfahren zu ersetzen.

Hat der Apotheker festgestellt, dass Stoffe oder Zubereitungen mit einem geringeren gesundheitlichen Risiko verwendet werden können, so muss er diese einsetzen.

Hierzu zählt auch die Pflicht, die Zahl der verwendeten Gefahrstoffe auf das notwendige Maß zu beschränken. Nach Möglichkeit sollten nicht mehrere Gefahrstoffe für denselben Zweck eingesetzt werden.

Brennbare Flüssigkeiten zu Verkaufszwecken sollten ggf. in kleineren Gebinden bezogen werden, um ein Umfüllen zu vermeiden.

Der Einsatz von Reinigungs- und Desinfektionsmitteln sollte bezüglich des Gefahrstoffes und des Arbeitsverfahrens kritisch überprüft werden. Festzulegen ist, an welchen Stellen tatsächlich desinfiziert werden muss und wo normale Reinigungsverfahren ausreichen.[20]

In der Apotheke ist die stoffliche Substitution nur in sehr seltenen Fällen möglich, da der Apotheker an die Verschreibung des Arztes gebunden ist.

**Gleichwohl können folgende Substitutionsmöglichkeiten genutzt werden:**

– **Zahl der Stoffe auf das notwendige Maß beschränken:** In zahlreichen Apotheken lagert eine erhebliche Zahl von überalterten Reagenzien. Es sollten nur die tatsächlich für den Apothekenbetrieb notwendigen Reagenzien vorrätig gehalten werden. Alte und nicht mehr einwandfrei beschaffene Reagenzien sollten aussortiert und ordnungsgemäß entsorgt werden.[21] Der Vorrat an sonstigen Chemikalien im Keller ist auf das notwendige Maß zu beschränken. Es ist darauf zu achten, dass einige Reagenzien phlegmatisiert aufzubewahren sind (z. B. Pikrinsäure[22]).

– **Verzicht auf nasschemische zu Gunsten physikalischer Prüfverfahren:**
 **Ersatzverfahren:** Unabhängig von der Prüfung, ob weniger gefährliche Stoffe eingesetzt werden können, sind auch Verfahren mit geringerem Gefahrenpotenzial einzusetzen.

---

20 Zu den Sicherheitsmaßnahmen: Umgang mit Desinfektionsmitteln, Technische Regeln für Gefahrstoffe – TRGS 525/Teil 4 – E 19, Extrablätter Berufsgenossenschaft.

21 Informationen zur Entsorgung geben die kommunalen Abfallberatungsstellen, der Bundesverband der Deutschen Entsorgungswirtschaft e/V. (BDE) sowie der Bundesverband Sekundärstoffe und Entsorgung e. V. (bvse). Weiterführendes ist in einer BGW Schrift zusammengestellt.

22 Pikrinsäure und 2,-4-Dinitrophenylhydrazin sind in trockenem Zustand explosionsgefährlich und werden phlegmatisiert in den Handel gebracht. Problematische Reagenzien sind auch die Nitroverbindungen wie Dinitrobenzol, Dinitrobenzoylchlorid und Dinitrophenylhydrazin.

Bei der Prüfung der Ausgangsstoffe sind Verfahren zu bevorzugen, bei denen nur geringste Mengen der Stoffe eingesetzt werden; toxische und gefährliche Reagenzien sollten möglichst nicht eingesetzt werden. Nach der Apothekenbetriebsordnung können auch andere Analysenmethoden zur Prüfung von Arzneistoffen eingesetzt werden, sofern sie zum gleichen Ergebnis führen. Deshalb sollten bei der Identitätsprüfung der Ausgangssubstanzen mit Zertifikat chemische Prüfungsmethoden weitgehend durch physikalische Verfahren ersetzt werden, z. B. physikalische Bestimmungsmethoden (Schmelzpunkt, Siedepunkt oder Brechungsindex). Nasschemische Verfahren sind weiterhin unter Beachtung der Vorsichtsmaßnahmen z. B. in der Ausbildung einzusetzen. Ausreichende Literatur zu möglichen apotheken gerechten Prüfverfahren steht zur Verfügung.

- **Lösemittelverbrauch minimieren:** kleine Trennkammern, Mikro Dünnschichtchromatographie oder HPTLC Ausrüstung (High Performance Thin Layer Chromatography), da hier nur geringste Mengen an Lösungsmittel benötigt werden.

- **Konzentrate herstellen:** Werden in einer Apotheke z. B. mehrfach täglich Cortisonsalben oder größere Mengen an Methadonzubereitungen hergestellt, so kann die Gefährdung minimiert werden, indem Stammverreibungen oder auch Stammlösungen hergestellt werden. Dies wird zunehmend auch im „Neues Rezeptur Formularium" der ABDA (DAC/NRF) empfohlen.

- **Entsorgung:** Es ist sicher nicht mehr zeitgemäß Betäubungsmittel durch Zugabe von Säure zu zerstören; sondern sie sollten ordnungsgemäß vernichtet werden. Sie werden entblistert, mit Stoffen verrieben oder in heißem Wasser gelöst und mit Zellstoff aufgesaugt. BTM-Pflaster sind klein zu schneiden. Eine Wiedergewinnung des Betäubungsmittels ist auszuschließen.

- gepuderte Naturgummilatexhandschuhe sind durch puderfreie und allergenarme Latexhandschuhe oder andere geeignete Handschuhe zu ersetzen.

# 6 Schutzmaßnahmen

Der Apotheker soll die Gefahren im Apothekenbetrieb erkennen, bewerten und zum Schutz der Mitarbeiter Schutzmaßnahmen festlegen. Zu den primären Schutzmaßnahmen gehören technische Maßnahmen, danach sind organisatorische Maßnahmen und schließlich auch persönliche Schutzmaßnahmen anzuordnen.

Oberstes Ziel bei der Festlegung von Schutzmaßnahmen ist es, das Arbeitsverfahren so zu gestalten, dass gefährliche Gase, Dämpfe oder Stäube erst gar nicht in den Arbeitsraum gelangen können. Wenn dies nach dem Stand der Technik nicht durchführbar ist, müssen zum Beispiel Dämpfe oder Stäube an der jeweiligen Austritts- oder Entstehungsstelle durch eine Absauganlage, z. B. einen Laborabzug, erfasst und abgeführt werden. Erst wenn auch diese Maßnahmen nicht umgesetzt werden kann, kommen weitere lüftungstechnische Maßnahmen nach dem Stand der Technik zur Minimierung der inhalativen Belastung in Betracht.

Zu den organisatorischen Maßnahmen gehören u. a. arbeitshygienische Anweisungen wie auch die Einhaltung von Beschäftigungsbeschränkungen (siehe auch Schwangerschaft). Erst wenn kollektive Maßnahmen nicht ausreichen, sind individuelle Schutzmaßnahmen zu treffen. Persönliche Schutzausrüstung muss wirksam und auch hinsichtlich ihrer Trageeigenschaften geeignet sein. Die Mitarbeiter müssen die persönliche Schutzausrüstung benutzen. Zur persönlichen Schutzausrüstung gehören u. a. Schutzhandschuhe, Schutzbrille, Atemschutzmasken.

Grundsätzlich sind die allgemeinen Hygienemaßnahmen, die auch nach den Rechtsvorschriften der Apotheken (GMP-Regeln) vorgeschrieben sind, einzuhalten.

Die allgemein anerkannten Regeln der Hygiene sind zu beachten. Bei der Arbeit nicht essen, trinken, rauchen oder schnupfen. Gründliche Reinigung vor der Aufnahme von Nahrungs- und Genussmitteln einschließlich Tabakwaren.

Beim Umgang mit Gefahrstoffen ist grundsätzlich Schutzkleidung zu tragen.

Der Wechsel von normaler zur Laborkleidung muss außerhalb des Laboratoriums stattfinden. Mit Chemikalien verschmutzte Kleidungsstücke müssen sofort gewechselt werden.

Grundsätzlich muss der Arbeitnehmer vorsichtig und sachgerecht mit Gefahrstoffen umgehen.

Der Kontakt zwischen Körper und gefährlichem Arbeitsstoff sowie Inhalation ist auf jeden Fall zu vermeiden.

Augen, Haut und Schleimhäute sind durch geeignete Vorsichtsmaßnahmen vor gesundheitsgefährdenden Stoffen (fest, flüssig, gas- oder staubförmig) zu schützen.

Mit gefährlichen Stoffen darf, wenn es der Arbeitsablauf ermöglicht, nur in kleinen Mengen gearbeitet werden.

Im Laboratorium sollen nur kleine Mengen an Gefahrstoffen, insbesondere brennbaren Stoffen, bereitgehalten werden (siehe auch Kapitel I 7.2).

Die Arbeiten sollen weitgehend in einem gut ziehenden Abzug oder zumindest in gut belüfteten Räumen durchgeführt werden.

Chemikalien, die giftige, ätzende oder brennbare Gase oder Stäube abgeben, dürfen nur im Abzug gehandhabt werden. Ebenso dürfen Reaktionen, bei denen gesundheitsschädigende Stoffe freigesetzt werden, nur unter einem gut ziehenden Abzug ausgeführt werden. Das gleiche gilt, wenn gefährliche Stäube, Dämpfe oder Gase während einer Untersuchung zugeführt werden oder im Arbeitsprozess entstehen. Sie sind so abzuleiten und unschädlich zu machen, dass sie keine Gefahr bilden.

Der Abzug bietet nur einen wirksamen Schutz, wenn der Abzugschieber weitgehend geschlossen ist und die Abluft wirksam abgesaugt wird.

Auch wenn die notwendigen Sicherheitsanforderungen in einigen Fällen einem schnellen Arbeitsablauf entgegenstehen, sind sie einzuhalten.

**Umfüllen**
Bei jedem Umfüllen besteht die Gefahr des Verschüttens, der Benetzung von Haut und Kleidung, des Einatmens von Dämpfen oder Stäuben und der Bildung zündhafter Gemische.

Um Gefahren weitgehend auszuschließen, sind grundsätzlich folgende Regeln zu beachten:

Flüssigkeits- oder Pulvertrichter sind stets beim direkten Umfüllen zu verwenden.

Flüssigkeiten mit toxischen oder ätzenden Eigenschaften sind im Abzug umzufüllen. Das Unterstellen von Wannen ist angezeigt; beim Umfüllen von Feststoffen ist eine Papierunterlage nützlich.

Verboten ist es, Flüssigkeiten durch Ansaugen mit dem Mund zu pipettieren.

Besondere Vorschriften gelten bei brennbaren Flüssigkeiten (siehe hierzu Kapitel I 7.2 und 7.3).

### 6.1 Technische Maßnahmen:

Räumliche Bedingungen: Bei Neueinrichtungen von Apotheken wird schon seit Jahren gefordert, die Rezeptur aus hygienischen Gründen raumhoch abzutrennen. Ältere Rezepturen, die oftmals offen in der Offizin oder auch im Durchgangsbereich liegen, erfüllen diese Forderung nicht. Wird die Rezeptur in das Labor verlegt, so ist eine Trennung der Arbeitsbereiche zu fordern, um einen ordnungsgemäßen Betrieb sicher zu stellen. Jede Apotheke sollte wegen der Staubbelastung und wegen des Produktschutzes einen eigenen Bereich für die Teeherstellung haben.

### Als Technische Maßnahmen gilt:
– Das Freiwerden von Gefahrstoffen ist zu vermeiden.
– Umfüllen ausschließlich in ausreichend belüfteten Räumen.
– Arbeiten im Abzug oder in geschlossenen Systemen.[23]
– Für ausreichende Belüftung bei Arbeiten im Laboratorium mit Gefahrstoffen sorgen.
– Belastungen – wenn möglich – durch mehrere Gefahrstoffe oder Lösemittel gleichzeitig oder nacheinander am gleichen Arbeitsplatz vermeiden. Dies kann im Einzelfall zur Änderung des Betriebsablaufes führen, weil bestimmte Arbeiten mit Gefahrstoffen, z.B. die Prüfung einiger Ausgangsstoffe, auf einen anderen Tag oder den Nachmittag verlegt werden müssen.

Folgende Maßnahmen minimieren die Exposition und sind insbesondere bei Tätigkeiten mit z.B. giftigen oder krebserzeugenden Stoffen einzuhalten:
– Arbeiten unter dem Laborabzug, bei weitgehend geschlossenem Frontschieber, geeignete Absaugung falls möglich auf Grund des Herstellungsverfahrens.
– Unguator, Topitec verwenden
– Abwiegen auf der weitgehend geschlossenen Analysenwaage.
– Bei staubenden, leichten oder auch adhäsiven Stoffen sollte die Vorbereitung, z.B. das Öffnen des Gefäßes unter dem Abzug erfolgen.
– Besondere Vorsichtsmaßnahmen sind bei der Herstellung von Zytostatika einzuhalten. (Siehe Betriebsanweisung 11)
– Bei besonderen Herstellungsverfahren kann das Arbeiten unter einer Sicherheitswerkbank mit geeignetem Abluftsystem angezeigt sein (Laminar air flow)

### 6.2 Organisatorische Maßnahmen

Allgemeine organisatorische Maßnahmen sind:
– Ordnungsgemäß Kennzeichnung der Gefahrstoffe.
– Information, Gefahrstoffverzeichnis.
– Betriebsanweisung, Sicherheitsunterweisungen.
  Zu den organisatorischen Maßnahmen gehören auch arbeitshygienische Anweisungen und die Einhaltung von Beschäftigungsbeschränkungen für schwangere und stillende Mitarbeiterinnen nach den Vorgaben des Mutterschutzgesetzes (siehe Schwangerschaft).

---

23 Absaugung der Stoffe an der Austritts- oder Entstehungsstelle, z.B. auch Werkbank zur Herstellung von Zytostatika.

Folgende organisatorische Maßnahmen sind im Apothekenbetrieb zu beachten:
- Bei der Herstellung von Rezepturen, Defekturen oder auch bei der Prüfung der Ausgangssubstanzen ist ein **ungestörtes Arbeiten** sicher zu stellen, z. B keine Tätigkeit im Handverkauf während eines Herstellungsprozesses.
- Zugerscheinungen am Arbeitsplatz, die zum Aufwirbeln von Stoffen führen können, sind zu vermeiden.
- Insbesondere in der Rezeptur ist auf **gute Arbeitshygiene** zu achten: Papierzettel sollten nicht herum liegen; Hinweise, z. B. zur Kennzeichnung der Rezepturarzneimittel, sind laminiert aufzuhängen und die **Flächen sind regelmäßig gründlich zu reinigen und zu desinfizieren**.
- Der **Abzug muss sauber und frei von Chemikalien sein und somit jederzeit für Tätigkeiten zur Verfügung stehen**. Das Abstellen von Säuren oder auch nicht gekennzeichneten Lösungsmitteln im Abzug ist grundsätzlich unzulässig.
- Innerbetriebliche Kennzeichnung:
Der Apotheker hat nach § 8 GefStoffV sicherzustellen, dass alle verwendeten Stoffe entsprechend der Gefahren und Risiken gekennzeichnet sind. (Siehe hierzu Informationsermittlung, Kennzeichnung)

## 6.3 Persönliche Schutzmaßnahmen

### Arbeitskleidung
Im Labor wie auch in der Rezeptur ist grundsätzlich als Arbeitskleidung **ein geschlossener Kittel** zu tragen. Wird mit größeren Mengen ätzender Flüssigkeiten umgegangen, so kann das Tragen einer PVC-Schürze angezeigt sein.

### Schutzbrille
Bei Tätigkeiten im Labor oder wenn ätzende Stoffe verspritzen können, ist eine Schutzbrille zu tragen.

### Schutzhandschuhe
Besteht eine dermale Gefährdung, so sind Schutzhandschuhe bei Tätigkeiten mit Chemikalien und bei der Herstellung zu tragen. In der Regel sind medizinische Einmalhandschuhe ausreichend, da der Hautkontakt meist nur kurzzeitig in Form von Spitzer auftritt. In Abhängigkeit von der möglichen Gefährdung sind auch andere Schutzhandschuhe zu verwenden. Die Handschuhe sind zu wechseln, sobald sie mit Stoffen verunreinigt wurden, spätestens nach Abschluss der in der Regel kurzzeitigen Tätigkeit. Bei direktem Hautkontakt mit stark hautresorptiven Stoffen haben Untersuchungen im biologischen Material (Biomonitoring) einen hohen Stellenwert.[24] Bei kritischen Stoffen (insb. hautresorptiven Stoffen, sensibilisierend, giftig, CMR) wie z. B. Quecksilber oder auch schwer zu handhabenden Stoffen wie z. B. Vitamin A oder auch Säuren, bei Tätigkeiten über einen längeren Zeitraum von mehreren Stunden sind geeignete für die Zeitdauer beständige Chemikalienschutzhandschuhe nach DIN EN 374[25] zu tragen. Information liefern die Hersteller der Stoffe z. B. im Abschnitt 8 des Sicherheitsdatenblattes oder auch Handschuhhersteller.

Schutzhandschuhe sind Handschuhe, die die Hände vor Schädigungen durch äußere Einwirkungen mechanischer, thermischer und chemischer Art sowie Mikroorganismen und ionisierender Strahlung schützen. Schutzhandschuhe sollen bestmöglichen Schutz bieten, aber auch Tragekomfort, Tastgefühl, Greif-

---

24 Es gibt arbeitsmedizinisch vorgeschriebene Pflichtuntersuchungen nach Anhang I, Nr. 1 GefStoffV, bei bestimmten Tätigkeiten (Anhang I, Nr. 2.1) sowie Angebotsuntersuchungen bei Tätigkeiten mit Exposition gegenüber Stoffen nach Anhang I, Nr. 1, bei den aufgeführten Tätigkeiten (Nr. 2.2.).

25 Chemikalienschutzhandschuhe tragen ein CE-Zeichen mit Prüfstellennummer, aus einer Gebrauchsanweisung ist die Schutzwirkung ersichtlich. Deshalb ist in besonderem Maße beim Einsatz von Schutzhandschuhen darauf zu achten, dass die Chemikalienschutzhandschuhe für den Gefahrenstoff geeignet sind.

vermögen und ein arbeitsgerechtes Handling ermöglichen. Beim Umgang mit Arbeitsstoffen, die die Haut gefährden können, ist im Rahmen der betrieblichen Organisation sicherzustellen, dass die verwendeten Schutzhandschuhe allergenarm, beständig und für die Einsatzzeit undurchlässig gegenüber dem jeweils verwendeten Arbeitsstoff sind und stets sauber gelagert werden[26]. Bei der Auswahl der Handschuhe sind die Regeln für den Einsatz von Schutzhandschuhen der Berufsgenossenschaft zu beachten (BGR 195).

Handschuhmaterialien weisen unterschiedliche Schutzwirkung gegen verschiedene Chemikalien auf. Die Schutzwirkung gegenüber den Chemikalien ist vom Hersteller zu erfragen; die Permeation (Durchtritt von festen, flüssigen und gasförmigen Stoffen im molekularen Bereich) und Degradation (Verschlechterung des Materials durch Einwirkung von Chemikalien) ist zu beachten.

Die Chemikalie sollte den Handschuh möglichst nicht durchdringen (Permeation). Bei der Auswahl sind die Einsatzzeit (lang- oder kurzfristiger Kontakt) und ggf. weitere Risikofaktoren zu berücksichtigen. Die vom Hersteller angegebene Verwendungsdauer darf nicht überschritten werden. Vor jeder Benutzung ist durch Sichtprüfung der ordnungsgemäße Zustand der Schutzhandschuhe zu prüfen.

Handschuhe aus dem Material Nitrilkautschuk sind u. a. für den Umgang mit Chemikalien geeignet. Handschuhe aus den Kunststoffen Fluorkautschuk, Butylkautschuk, Chloroprenlatex und Naturkautschuk, Polyvinylchlorid, Polyvinylalkohol und Polyethylen, Gummi und Textilfasern stehen zur Verfügung; teilweise in unterschiedlicher Materialstärke. Die Handschuhe sollten flexibel und widerstandsfähig gegen mechanische Einwirkungen, flüssigkeitsdicht und weitgehend beständig gegen Chemikalien, Fette, Säuren und Lösemittel sein.

**Umgang mit festen Arzneistoffen**
Zum Schutz vor staubförmigen Arzneimitteln mit gefährlichen Eigenschaften müssen dichte Schutzhandschuhe getragen werden. Der AQL-Wert (Accepted quality level) beschreibt die Dichtigkeit der Handschuhe. Der AQL sollte möglichst gering sein, wenn staubförmige Arzneimittel mit hohem gesundheitlichem Risiko verwendet werden.

**Schutzmasken**
Im Einzelfall kann auch ein Atemschutz notwendig sein. Atemschutzmasken sind nach der Gefahrstoffverordnung und den Unfallverhütungsvorschriften bereitzuhalten, wenn bei der Arbeit oder für die Rettung nach einem Schadensfall mit gesundheitsgefährdenden Stoffen in der Atemluft gerechnet werden muss. Das Risiko einer inhalativen Gefährdung, z. B. bei Tätigkeiten mit giftigen, sehr fein staubenden Feststoffen, die nicht unter dem Laborabzug gehandhabt werden können, kann zurzeit noch nicht abgeschätzt werden. Bis weitere Informationen hierzu vorliegen, empfiehlt es sich daher, für die Dauer der Tätigkeit Atemschutz, z. B. partikelfiltrierende Halbmasken FFP2[27], zu tragen. Bei der Herstellung von Präparaten mit giftigen, staubenden Ausgangsstoffen in der Defektur haben selbstverständlich technische Maßnahmen, z. B. die Verwendung von Abfüllsysteme, Vorrang.

---

26 Siehe TRGS 500, Schutzmaßnahmen: Mindeststandards, Punkt 5 Hautschutz, Ausgabe Januar 2008, ergänzt Mai 2008). Angaben zu Schutzhandschuhen sind auch der GESTIS Stoffdatenbank des Hauptverbandes der Berufsgenossenschaften (Umgang und Verwendung/Persönliche Schutzmaßnahmen) zu entnehmen.

27 FFP – Atemschutzmasken (FFP heißt Filtering Face Pieces) – partikel filtrierende Halbmasken sind nach DIN EN 149 auf Schutzeigenschaften für den Träger getestet. Nach der Filterleistung der Atemschutzmasken gibt es drei Qualitätsstufen. FFP1 Masken müssen mindestens 80%, FFP2 Masken mindestens 94% und FFP3 Masken mindestens 99% des Prüfaerosols zurückhalten. Die Atemschutzmasken werden gegen Stäube im Arbeitsschutz eingesetzt.

## 6.4 Gefahrstoffverzeichnis

Das Gefahrstoffverzeichnis soll einen Überblick über die im Betrieb verwendeten Gefahrstoffe geben und dient zudem der Ersatzstoffprüfung. Nach den Rechtsvorschriften sind die in der Apotheke vorhandenen gefährlichen Stoffe und Zubereitungen einschließlich der Reagenzien aufzulisten. Es gibt keine konkreten Vorgaben, wie dieses Verzeichnis auszusehen hat; ein Hinweis auf die aktuellen Sicherheitsdatenblätter ist vorgeschrieben. Bei Tätigkeiten mit geringem Risiko ist kein Verzeichnis zwingend erforderlich. Da bei den in der Apotheke durchgeführten Tätigkeiten (Labor/Rezeptur) in der Regel auch giftige und gesundheitsgefährdende Stoffe eingesetzt werden, sollten möglichst alle Stoffe aufgelistet werden. Der Apotheker ist also verpflichtet, ein Verzeichnis über die im Betrieb verwendeten Gefahrstoffe zu führen und fortlaufend zu aktualisieren. Das Gefahrstoffverzeichnis muss allen Beschäftigten zugänglich sein.

Das Gefahrstoffverzeichnis muss folgende Angaben enthalten:[28]
1. Bezeichnung des Gefahrstoffs,
2. Einstufung des Gefahrstoffs,
3. Angaben zu den im Betrieb verwendeten Mengenbereichen,
4. Nennung der Arbeitsbereiche, in denen Beschäftigte dem Gefahrstoff ausgesetzt sein können,
5. Hinweis auf die Sicherheitsdatenblätter.

Das Gefahrstoffverzeichnis ist bei wesentlichen Änderungen fortzuschreiben und einmal jährlich zu überprüfen, dies ist mit Datum und Unterschrift zu dokumentieren.

Es ist sinnvoll, alle für die Gefährdungsbeurteilung relevanten Informationen aufzuzeichnen. Deshalb sind im Verzeichnis auch die Mengenbereiche der Gefahrstoffe im Betrieb und die Arbeitsbereiche, in denen mit den Gefahrstoffen umgegangen wird, zu erfassen. Da die Mengen der Gefahrstoffe wechseln, ist es teilweise sinnvoll, die Größe des betreffenden Standgefäßes anzugeben.

Der Apotheker kann mithilfe der EDV auch ein für die Apotheke spezifisches Verzeichnis erstellen. Ein spezielles Gefahrstoffverzeichnis für Apotheken mit einer Liste der apothekenüblichen Grundausstattung an Prüfmitteln und Chemikalien sowie einer Auflistung von Arzneirohstoffen ist im Handel erhältlich.[29]

Zusätzlich sind stets gefährliche Arbeitsstoffe, die z. B. bei der Herstellung von Rezepturen benötigt werden, mit aufzunehmen. Auch Reinigungs- und Desinfektionsmittel sind im Gefahrstoffverzeichnis aufzuführen und hinsichtlich der Gefährlichkeit zu beurteilen.[30] Werden Zytostatika hergestellt, so sollte ggf. ein spezielles Gefahrstoffverzeichnis Zytostatika – ebenfalls jährlich aktualisiert – erstellt werden.

In diesen Listen können dann die betriebsspezifischen Informationen zu Bestand und Menge ergänzt werden.

**Übergangsregelung**
Es ist zu empfehlen, während der Übergangsfrist im betrieblichen Gefahrstoffverzeichnis die Einstufung sowohl nach

---

28 § 7 GefStoffV. Weitere Erläuterungen zu diesem Verzeichnis sind in der TRGS 440 zu finden. Alle Gefahrstoffe sollen im betrieblichen Arbeitsstoffkataster erfasst werden. Formblätter gibt es bei der Berufsgenossenschaft.

29 Zur elektronischen Dokumentation z. B.: Kopp, Ralf Waldemar: InfoSys Gefahrstoffe, Govi-Verlag, Eschborn.

30 Hier können auch die Sicherheitsdatenblätter aufbewahrt werden. Siehe hierzu auch Merkblatt zum Umgang mit Reinigungs-, Pflege- und Desinfektionsmitteln der Bau-Berufsgenossenschaft, BG-Regeln zur Sicherheit und Gesundheit bei Desinfektionsarbeiten im Gesundheitsdienst, BGR 206, Stand 1999.

altem Recht als auch nach neuem Recht aufzuführen. Sind alle Reagenzien und Stoffe nach neuem Recht gekennzeichnet, so ist ein Gefahrstoffverzeichnis mit ausschließlich neuen Gefahrenpiktogrammen ausreichend.

## 7 Dokumentation der Gefährdungsbeurteilung

Die Einhaltung der unterschiedlichen Kriterien, die Wirksamkeit der getroffenen Schutzmaßnahmen ist zu überprüfen und zu dokumentieren (Anhang II).

Denn zum Gefahrstoffmanagement gehört nicht nur die Prävention, sondern auch die Kontrolle der Wirksamkeit der durchgeführten Schutzmaßnahmen und die kontinuirliche Verbesserung.

Bei den zusätzlichen und besonderen Schutzmaßnahmen (Schutzstufe 3/4) gelten wegen des höheren Gefährdungspotenzials strengere Anforderungen an die Überprüfung der Wirksamkeit der Schutzmaßnahmen.

Da für viele im Apothekenbetrieb verwendeten Gefahrstoffe noch keine Arbeitsplatzgrenzwerte vorliegen, müssen zunächst verfahrens- und stoffspezifische Kriterien, die als Alternative zur Durchführung von Messungen im Gesetzestext angegeben werden, eingehalten werden. Die von der Bundesapothekerkammer veröffentlichten Handlungshilfen sind auf jeden Fall bei speziellen Rezepturen/Defekturen zu beachten.

In den Handlungshilfen der Bundesapothekerkammer werden für bestimmte Tätigkeiten/Arbeitsabläufe, z. B. die Herstellung einer Salbe, Standards erstellt; die potenzielle Gefährdung wird beurteilt und entsprechende Schutzmaßnahmen festgelegt (siehe Kapitel II 2).

Die Gefährdungsbeurteilungen dieser Broschüre (Kapitel IV) dienen der praktischen Durchführung. Der Apotheker kann diese unter Berücksichtigung der individuellen Situation in seiner Apotheke ergänzen. Die standardisierte Form wurde im Hinblick auf die Fachkunde der Beschäftigten wie auch der Übersichtlichkeit gewählt. Die festgelegten Schutzmaßnahmen wie auch die Überprüfung der Wirksamkeit ist zu dokumentieren.

Die Wirksamkeit der Schutzmaßnahmen ist auf Dauer zu gewährleisten, deshalb ist eine wiederkehrende Prüfung notwendig. Die wiederkehrende Prüfung sollte in Anlehnung an die wiederkehrende Überprüfung der Wirksamkeit der technischen Schutzmaßnahmen festgelegt werden. Die erneute Prüfung der technischen Schutzmaßnahmen muss spätestens nach 3 Jahren erfolgen.

Mithilfe der erstellten Gefährdungsbeurteilung kann die arbeitsplatzbezogene Dokumentation durchgeführt werden. Es muss keine Dokumentation für jeden einzelnen Stoff erstellt werden. In Apotheken ist es sinnvoll die Stoffe/Gemische entsprechend der Gefährdung zusammen zu fassen. Die Gefährdungsbeurteilung ist zu aktualisieren, wenn maßgebliche Veränderungen wie z. B. neue Geräte dies erforderlich machen.

> Jährlich sollte geprüft werden, ob die festgelegten Schutzmaßnahmen ausreichend sind. Dies ist mit Datum und Unterschrift zu dokumentieren. (Siehe Anhang I)

In den Gefährdungsbeurteilungen müssen grundsätzlich Ausmaß, Art und Dauer der Exposition unter Berücksichtigung aller Expositionswege sowie Arbeitsbedingungen und Verfahren, Arbeitsmittel, Substitutionsprüfung und Gefahrstoffmenge mit berücksichtigt werden. Diese Vorgaben werden bei den weitgehend standardisierten apothekenbezogenen Gefährdungsbeurteilungen nur bedingt erfasst. Deshalb ist es in einigen Apotheken mit größerer Herstellungstätigkeit sicher zu empfehlen, personen- und arbeitsplatzbezogene Dokumentationen zu führen (siehe Anhang V).

## 7.1 Beschäftigungsbeschränkungen

Besondere Schutzmaßnahmen gelten nach den gesetzlichen Bestimmungen bei der Beschäftigung Jugendlicher und werdender/stillender Mütter sowie für gebärfähige Arbeitnehmerinnen. Es besteht eine Informationspflicht gegenüber Auszubildenden, Jugendlichen, schwangeren und stillenden Arbeitnehmerinnen sowie Arbeitnehmerinnen im gebärfähigen Alter hinsichtlich der
– Beschäftigungsbeschränkungen,
– für werdende/stillende Mütter möglichen Gefahren.

Jugendliche dürfen nicht beschäftigt werden mit Arbeiten, bei denen sie schädlichen Einwirkungen von Gefahrstoffen im Sinne des Chemikaliengesetzes ausgesetzt sind. (§ 22 Abs.1 Nr. 6 Jugendarbeitsschutzgesetz[31].)

Für werdende Mütter besteht ein Expositionsverbot gegenüber krebserzeugenden, erbgutverändernden oder fortpflanzungsgefährdenden Gefahrstoffen. Dies bedeutet, dass sie im Rahmen der Arbeitsorganisation nicht mit der Herstellung dieser Arzneimittel oder auch mit der Prüfung im Labor beschäftigt werden dürfen.

Nach den Regelungen zum Mutterschutz besteht ein Expositionsverbot gegenüber fruchtschädigenden Stoffen und Zubereitungen für werdende Mütter. Nach der TRGS 905 gehören die Glucocorticoide zu den fruchtschädigenden/entwicklungsschädigenden Arznei-

stoffen. Kennzeichnung Gesundheitsgefahr Symbol GHS 08. Jede schwangere Mitarbeiterin sollte auf Grund ihrer Fachkenntnisse prüfen, ob bei den Tätigkeiten gefährdende Substanzen verwendet werden.

Allgemein gilt ein Beschäftigungsverbot für Schwangere bei einer Kennzeichnung mit H341, H351 oder H361, für Stillende mit H362 (Die ausführlichen Sätze sind in Kapitel V aufgelistet).

GHS 08

Gesundheitsgefahr

Ein Beschäftigungsverbot gilt auf jeden Fall bei Tätigkeiten mit Vitamin-A-Derivaten und Bleisalzen. Zahlreiche Hormone wie auch Zytostatika haben embryotoxischen (fruchtschädigende) Eigenschaften. Stoffe und Gemische sind mit dem Gefahrenpiktogramm GHS 08 und folgenden Gefahrenhinweisen gekennzeichnet: H360, H360D, H360F, H360FD, H360Fd, H360Df, H361, H361d, H361f, H361fd, H362, H340, H341 (F = Fruchtbarkeit, D = Entwicklung; Kleinschreibung: vermutliche Wirkung).

Nach altem Recht waren insbesondere die R- Sätze R60, R61, R62, R63, und R64 zu beachten:

Tabelle 12 listet eine Auswahl von Stoffen auf, die u. a. mit den aufgeführten Gefahrenhinweisen zu kennzeichnen sind. Die Auflistung erhebt keinen Anspruch auf Vollständigkeit.

Die Bundesapothekerkammer empfiehlt ein farbliches Kennzeichnungssystem (Siehe S. 60) Danach würde eine rote Kennzeichnung auf den Standgefäßen auf die Verbote hinweisen.

---

31  Jugendarbeitsschutzgesetz vom 12. April 1976 (BGBl.1 S. 965) zuletzt geändert am 21. Juni 2005 (BGBl. I S. 1666)

| Stoff | Gefahrenhinweis |
|---|---|
| Betamethason | H360Df |
| Betamethasonvalerat | H360Df |
| Bleiacetat | H60Df |
| Clobetasol-17-propionat | H360Df |
| Estradiolbenzoat | H360Fd |
| Estriol | H362 |
| Dexamethason | H360Df |
| Griseofulvin | H360FD |
| Hydrocortison | H360Df |
| Indometacin | H340 |
| Methotrexat | H340, H360FD |
| Neomycinsulfat | H361d |
| Norethisteronacetat | H351, H360FD |
| Prednisolon | H360Df |
| Prednison | H360Df |
| Steinkohlenteer | H360FD, H340 |
| Testosteronpropionat | H360FD |
| Tertracyclin | H361d |
| Triamcinolonacetonid | H360Df |
| Vitamin A Säure /-Derivate | H360D |

Tabelle 12: Auswahl von Stoffen, für die ein Beschäftigungsverbot für Schwangere gilt.
(F = Fruchtbarkeit, D = Entwicklung; Kleinschreibung: vermutliche Wirkung)

Fragen sind an die für den Arbeitsschutz zuständigen Stellen zu richten.

**Blutuntersuchungen**
In vielen Apotheken werden Harnuntersuchungen durchgeführt und die Bestimmung von Blutparametern angeboten. In diesem Fall sind die Vorgaben der Biostoffverordnung[32] zu beachten.

**Folgende Voraussetzungen sind notwendig:**
– Fachlich ausgebildetes und geschultes Personal
– Arbeitsmedizinische Untersuchung des Personals vor Aufnahme der Tätigkeit (§ 15 Biostoffverordnung)
– Angebot einer Schutzimpfung gegen Hepatitis B für das exponierte Personal
– Hygieneplan für diesen Arbeitsbereich
– Betriebsanweisung für diesen Beschäftigungsbereich
– Gefährdungsbeurteilung erstellen
– Sichere Arbeitsgeräte zur Punktion, d. h. verletzungssichere Instrumente mit integriertem Schutzmechanismus. Das Wiederaufstecken von Schutzkappen auf die gebrauchte Nadel ist ausdrücklich verboten.[33]
– Mitarbeiter für diesen Beschäftigungsbereich unterweisen und schriftlich dokumentieren.

---

32 Verordnung über Sicherheit und Gesundheitsschutz bei Tätigkeiten mit biologischen Arbeitsstoffen (Biostoffverordnung, BiostoffV) BGBl I 1999, 50; zuletzt geändert durch Art. 438 V v. 31.10. 2006 I 2407

Technische Regel für Biologische Arbeitsstoffe, Biologische Arbeitsstoffe im Gesundheitswesen und in der Wohlfahrtspflege (TRBA 250), Ausgabe: November 2003, Änderung und Ergänzung Juli 2006, Bundesarbeitsblatt 7-2006, S. 193, Ergänzung April 2007, GMBl Nr. 35 vom 27.7.2007, S. 720, Änderung und Ergänzung November 2007, GMBl Nr. 4 vom 14.2.2008, S. 83.

33 EU Richtlinie 2010/32/EU. Siehe auch BGW Informationen zum Thema blutübertragene Virusinfektionen: „Risiko Virusinfektion" (M612/M613).

- Allergenarme Einmalhandschuhe
- Geeignete und gesicherte Entsorgungsbehälter

Die Empfehlungen der Bundesapothekerkammer zur Durchführung von Blutuntersuchungen und die Gefährdungsbeurteilung sind zu beachten (siehe www.abda.de → Die Apotheke → Arbeitsschutz → Empfehlungen zu Arbeitsschutzmaßnahmen → Tätigkeiten mit biologischen Stoffen → Durchführung von Blutuntersuchungen).

## 7.2 Sicherheitsmaßnahmen im Rahmen der Ausbildung

Im Rahmen seiner Ausbildung soll der angehende Pharmazeut oder pharmazeutische Assistent den sicheren und gefahrlosen Umgang mit Gefahrstoffen erlernen. Mit dem Ziel, vielfältige Kenntnisse über Gefahren und Risiken zu erlangen, gilt es, den Auszubildenden anzuleiten, verantwortlich zu handeln.

Der Apotheker hat vor Beginn der Ausbildung auf mögliche Gefahren beim Umgang mit Gefahrstoffen hinzuweisen. Durch Fragen sollte festgestellt werden, inwieweit der Auszubildende bereits in der praktisch/theoretischen Ausbildung mit der Handhabung gefährlicher Arbeitsstoffe befasst wurde und ob Kenntnisse über die Gefahren und Schutzmaßnahmen vorhanden sind.

Während der Ausbildung ist in besonderem Maße darauf zu achten, dass der Hautkontakt mit sowie Inhalation von gefährlichen Stoffen vermieden werden (s. TRGS 150 »Unmittelbarer Hautkontakt mit Gefahrstoffen« BArBl. 6/96). Eine Überwachung in bestimmten Zeitabständen, eventuell auch ständig durch sachkundige Personen beim Umgang mit Gefahrstoffen ist ggf. angezeigt. Der Aufwand wird verständlicherweise von den potenziell zu erwartenden Gefahren bestimmt.

Art und Häufigkeit der Unterweisung richten sich nach
- dem Ausbildungs- und Kenntnisstand der Beschäftigten,
- dem Grad der möglichen Gefährdung,
- der Unfallgefährdung.

# 8 Betriebsanweisung

## 8.1 Der Arbeitgeber

Die Gefahrstoffverordnung verpflichtet den Arbeitgeber, die Mitarbeiter vor Beginn der Tätigkeit mit Gefahrenstoffen sowie einmal jährlich und bei Änderung der Arbeitsbedingungen zu unterweisen.

Die Betriebsanweisung ist Grundlage für die mündliche Unterweisung der Mitarbeiter und gleichzeitig ein wirksames Instrument des betrieblichen Gesundheitsschutzes. Ziel der Betriebsanweisung ist es, die im Rahmen der Gefährdungsbeurteilung erkannten Risiken und Probleme sowie die notwendigen Schutzmaßnahmen praxisgerecht den Mitarbeitern zu übermitteln. Sie ist arbeitsplatzbezogen und ist eine Schutzmaßnahme, die in der Gefährdungsbeurteilung verankert ist.

Vorliegende Broschüre, die Betriebsanweisungen in Form eines Leitfadens enthält, soll die praktische Durchführung ermöglichen. Dem Apothekenleiter wird Material an die Hand gegeben, um die Angestellten, die mit Gefahrstoffen im Apothekenbetrieb umgehen, zu informieren. Die Unterweisung kann als Seminarvortrag in Form einer mündlichen Unterrichtung am Arbeitsplatz oder im Rahmen einer betriebsinternen Fortbildung erfolgen.

Es wird nicht auf den einzelnen Gefahrstoff eingegangen, vielmehr soll anhand der Gefahrenpiktogramme allgemein über die Gefährlichkeit der Stoffe informiert werden. Denn in einer Apotheke ist grundsätzlich davon auszugehen, dass die Personen, die mit Gefahrstoffen umgehen, aufgrund ihrer beruflichen Ausbildung und Erfahrung die notwendigen Vorsichtsmaßnahmen und möglichen Gefahren kennen; es erfolgt ein qualifizierter, sicherer Umgang mit Gefahrstoffen. Auf ausführliche Erklärungen kann weitgehend verzichtet werden, da Apotheker und PTA sachkundig sind, die betriebsspezifischen Besonderheiten beim Umgang mit Gefahrstoffen müssen jedoch erklärt werden. Die Unterweisung der Mitarbeiter muss arbeitsplatz- und tätigkeitsbezogen erfolgen. Einen weiteren Beitrag im Sinne des Arbeitsschutzes leistet zudem die Kennzeichnung der Reagenzien und Standgefäße, die Sicherheitsdatenblätter, die den Fachkundigen über mögliche Gefahren und notwendige Schutzmaßnahmen informiert. Darüber hinaus sind die allgemeinen Hinweise bezüglich des Umganges mit Gefahrstoffen, bei Verletzungen und bei der Entsorgung zu beachten. In den vorliegenden Betriebsanweisungen, die sich allgemein an den Gefahrenpiktogrammen orientieren, sind ggf. die apothekenspezifischen Besonderheiten zu ergänzen (z. B. Schutzhandschuhe aus Nitrilkautschuk verwenden, Staubschutzfilter FFP2 tragen, Erste Hilfe, Entsorgung, Hinweis auf Fluchtweg und Notrufkette). Die Betriebsanweisungen sind bei veränderten Arbeitsbedingungen, neuen Arbeitsmitteln oder Technologie, anzupassen.

Die Betriebsanweisungen sind somit bei jeder maßgeblichen Veränderung der Arbeitsbedingungen zu aktualisieren. Sie sollten möglichst konkret die jeweiligen Tätigkeiten mit Gefahrstoffen erfassen, wobei der Grad der Gefährdung zu berücksichtigen ist.

Die Betriebsanweisung[34] in verständlicher Form und Sprache enthält Anweisungen
– über die beim Umgang auftretenden Gefahren,
– über die entsprechenden Schutzmaßnahmen,
– über die Verhaltensregeln im Gefahrfall,
– über Erste-Hilfe-Maßnahmen,
– über die sachgerechte Entsorgung.

Die Betriebsanweisungen sind im Betrieb an einer für die Angestellten geeigneten Stelle durch Aushängen oder Auslegen bekannt zu machen.

Der Apotheker stellt sicher, dass alle Mitarbeiter Zugang zu den Sicherheitsdatenblättern der Gefahrstoffe haben, mit denen Beschäftigte Tätigkeiten durchführen (Artikel 35 REACH-Verordnung).

**Unterweisung von Arbeitnehmern,** die mit Gefahrstoffen umgehen sollen:
1. Die Unterweisung erfolgt mindestens einmal jährlich mündlich und arbeitsplatzbezogen. Die Mitarbeiter sind ausreichend und angemessen über den Grad der Gefährdung zu informieren. Unerfahrene Mitarbeiter müssen besonders umfassend unterrichtet und angeleitet werden. Bei der Unterweisung müssen die Vorkenntnisse und Fähigkeiten der zu Unterweisenden berücksichtigt werden.
2. Die Unterweisung erfolgt grundsätzlich vor Aufnahme der Tätigkeit. Nur Personen, die unterwiesen sind, dürfen mit Gefahrstoffen umgehen.
3. Die Unterweisung erfolgt erneut bei veränderten Arbeits- und Gefährdungsbedingungen (neue Arbeitsmittel, neue Technologie, Änderungen im Aufgabenbereich).
4. Jugendliche dürfen nicht mit Arbeiten, bei denen sie schädlichen Einwirkungen von Gefahrstoffen im Sinne des Chemikaliengesetzes ausgesetzt sind, beschäftigt werden (Jugendarbeitsschutzgesetz). (Siehe auch Kapitel II 7.1)

---
34 Siehe TRGS 555, Betriebsanweisung, Februar 2008, geändert und ergänzt: GMBl Nr. 28, S. 608 (2.7.2009)

5. Inhalt und Datum der Unterweisung sind schriftlich festzuhalten und von den Unterwiesenen durch Unterschrift zu bestätigen (siehe Anhang I). Auf Wunsch ist dem Unterwiesenen eine Kopie auszuhändigen. Der Nachweis der Unterweisung sollte mindestens zwei Jahre aufbewahrt werden (TRGS 555, Nr. 5). Es ist zu empfehlen, die Dokumentation der Unterweisung fünf Jahre aufzubewahren.

Die Mitarbeiter werden vor dem Umgang mit Gefahrstoffen anhand des **allgemeinen Merkblatts zu den neuen Gefahrenpiktogrammen** unterwiesen.

Dabei sind folgende Punkte zu beachten:
1. Information über die Gefahrstoffe am jeweiligen Arbeitsplatz (z. B. Labor/Rezeptur)
   – Eigenschaften des Stoffes/der Stoffe,
   – Gefahrenpiktogramm, Gefahrenhinweise, Sicherheitshinweise,
   – mögliche Gefährdungen der Gesundheit und der Sicherheit,
   – aktuelle Sicherheitsdatenblätter stehen zur Verfügung.
2. Information über Vorsichts- und Schutzmaßnahmen
   – Hygienemaßnahmen,
   – Verhaltensregeln beim Umgang mit Gefahrstoffen; Maßnahmen zur Expositionsverhütung, Expositionsminimierung
   – notwendige Schutzmaßnahmen (Schutzausrüstung, Schutzeinrichtung).
3. Information über Verhaltensregeln bei Störungen, Unfällen, Notfällen und Verhütungsmaßnahmen.
4. Verhalten bei Verunreinigung der Umgebung, Kleidung oder Körperteilen.
5. Maßnahmen zur Ersten Hilfe.
6. Meldung besonderer Vorkommnisse (siehe Kapitel II 9).

Darüber hinaus können im Einzelfall besondere Hinweise bezogen auf den einzelnen gefährlichen Arbeitsstoff angezeigt sein. Auch müssen gebärfähige Arbeitnehmerinnen über die speziellen Risiken und Beschäftigungsbeschränkungen unterrichtet werden.

Beim Einsatz von Reinigungs- und Hilfskräften ist zu klären, welcher gefahrstoffbezogene Kenntnisstand vorhanden ist und welche tätigkeitsbezogenen Betriebsanweisungen zu erstellen sind. Pharmazeutisch-kaufmännische Angestellte/Apothekenhelferinnen haben z. B. keine ausreichende Kenntnis für den selbstverantwortlichen Umgang mit Gefahrstoffen. Tätigkeitsbezogene Betriebsanweisungen sind somit für Reinigungsarbeiten durch Hilfspersonal in Bereichen mit Chemikalienkontakt zu erstellen.

Der Apotheker hat sich durch Nachfragen oder anderweitige Kontrolle davon zu überzeugen, dass die Angestellten die Unterweisung ausreichend verstanden haben. Auch Mitarbeiter mit unzureichender Kenntnis der deutschen Sprache müssen die Unterweisung verstehen.

Bei besonderen Risiken oder noch nicht abschließend geprüften Stoffen muss ggf. eine gesonderte Betriebsanweisung erstellt werden. Dies ist mithilfe des Sicherheitsdatenblattes möglich.[35]

Die allgemeinen Betriebsanweisungen sollten im Laboratorium ausliegen. Die Betriebsanweisung für brennbare Gefahrstoffe (Betriebsanweisung 12: Explosionsschutz) sollte zusätzlich im Vorrats- oder Lagerraum für feuergefährliche Stoffe aushängen. Spezielle Betriebsanweisungen sind am jeweiligen Arbeitsplatz auszuhängen.

---

35 TRGS 555, Anlage (Ausgabe Februar 2008/Ergänzt Juli 2009)

| Sicherheitsdatenblatt | | Betriebsanweisung |
|---|---|---|
| | | **Gefahrstoffbezeichnung** |
| 1 | **Bezeichnung des Stoffes bzw. der Zubereitung Firmenbezeichnung** Handelsname | |
| 3 | **Zusammensetzung/Angaben zu den Bestandteilen\*** Stoffbezeichnung/Identifikation |  |
| | | **Gefahren für Mensch und Umwelt** |
| 2 | **Mögliche Gefahren\*** Gefahrenbezeichnung, besondere Gefahren für Mensch und Umwelt |  |
| 15 | **Rechtsvorschriften** Kennzeichnung, Nationale Vorschriften | |
| | | **Schutzmaßnahmen und Verhaltensregeln** |
| 7 | **Handhabung und Lagerung** Handhabung, Lagerung, Zusammenlagerungsverbote, -beschränkungen, -hinweise | |
| 8 | **Begrenzung und Überwachung der Exposition/Persönliche Schutzausrüstungen** Expositionsbeschränkungen, Persönliche Schutzausrüstung (Aufnahmeweg) |  |
| | | **Verhalten im Gefahrenfall** |
| 5 | **Maßnahmen zur Brandbekämpfung** Geeignete Löschmittel, verbotene Löschmittel | |
| 6 | **Maßnahmen nach unbeabsichtigter Freisetzung** Personenbezogene Maßnahmen, Umweltschutzmaßnahmen, Verfahren zur Reinigung/Aufnahme |  |
| | | **Erste Hilfe** |
| 4 | **Erste-Hilfe-Maßnahmen** Allgemeine Hinweise, nach oraler, dermaler, inhalativer Exposition *ohne Hinweise für den Arzt* |  |
| | | **Sachgerechte Entsorgung** |
| 13 | **Hinweise zur Entsorgung** Produkt, Verpackungen | |
| 14 | **Angaben zum Transport** *nur bei Gefahrgut* |  |

\* Die „Zusammensetzung/Angaben zu den Bestandteilen" sind im Sicherheitsdatenblatt gemäß Verordnung (EG) Nr. 1907/2006 in Abschnitt 3 und die „Möglichen Gefahren" in Abschnitt 2 anzugeben. In Sicherheitsdaten-blättern, die nach der seit 1.6.2007 aufgehobenen Richtlinie 91/155IEWG erstellt wurden, sind die „Zusammensetzung/Angaben zu den Bestandteilen" im Abschnitt 2 und die „Möglichen Gefahren" im Abschnitt 3 aufgeführt.

Abbildung 10: Anlage zu TRGS 555 – Schema „Vom Sicherheitsdatenblatt zur Betriebsanweisung"

Der Umgang mit Zytostatika ist im Krankenhaus und in der Apotheke in einer speziellen Dienstanweisung zu regeln.

Die in dieser Broschüre abgedruckte Betriebsanweisung Zytostatika (siehe Kapitel III) ist eine Vorlage, die entsprechend der jeweiligen betriebsspezifischen Gegebenheiten und Besonderheiten des Hauses zu erweitern bzw. zu ergänzen ist.

Mit der allgemeinen **arbeitsmedizinisch-toxikologischen Beratung** (§ 14 GefStoffV) im Rahmen der Unterweisung werden die besonderen Gesundheitsgefahren bei Tätigkeiten mit Gefahrstoffen verdeutlicht. Dabei müssen die Mitarbeiter auf Angebotsuntersuchungen und besondere Gesundheitsgefahren bei Tätigkeiten mit bestimmten Gefahrstoffen hingewiesen werden. Falls erforderlich, ist hierbei der Betriebsarzt zu beteiligen.

### 8.2 Der Arbeitnehmer

Der Arbeitnehmer ist verpflichtet, alle Maßnahmen, die der Arbeitssicherheit dienen, zu beachten und Weisungen des Arbeitgebers, den Arbeitsschutz betreffend, zu befolgen. Die Gebote und Verbote in Zusammenhang mit dem Arbeitsschutz müssen eingehalten werden.

Gefahrenhinweise und Sicherheitshinweise muss der Arbeitnehmer beachten. Auch muss die zur Verfügung gestellte Schutzausrüstung wie z. B. Schutzhandschuhe und Schutzbrille benutzt werden. Abfälle und Reste von Gefahrstoffen sind sachgerecht zu entsorgen.

Nach der Unterweisung soll der Arbeitnehmer unter Beachtung der einschlägigen Bestimmungen und der arbeitsschutzrechtlichen Vorschriften in der Lage sein:

1. gefährliche Arbeitsstoffe an Gefahrenpiktogramm, Signalwort, Gefahrenhinweisen und Sicherheitshinweisen zu erkennen;
2. Ratschläge und Hinweise für den gefahrlosen Umgang im Apothekenbetrieb umzusetzen;
3. mögliche Auswirkungen auf den Menschen und die Umwelt zu kennen;
4. bei Unfällen geeignete Maßnahmen zu ergreifen.

### Übergangsregelung
### Betriebsanweisung und Information der Beschäftigten

In der Apotheke ist es besonders wichtig, die Mitarbeiter über das neue System zur Einstufung und Kennzeichnung zu informieren. Dabei sollte in erster Linie über die neuen Kennzeichnungselemente und die wesentlichen Unterschiede des alten und neuen Systems in verständlicher Weise informiert werden. Die Unterweisung hat sich an den betrieblichen Tätigkeiten zu orientieren. Vorliegende Gruppenbetriebsanweisungen dienen der praktischen Umsetzung, um in angemessenem Umfang die Mitarbeiter mit dem neuen System vertraut zu machen.

Nach der Bekanntmachung des BMAS (siehe Kapitel I, Anm. 26) können zunächst die Betriebsanweisungen nach § 14 GefStoffV auf der Grundlage der Stoff- und Zubereitungs-Richtlinien weiter verwendet werden. Eine Anpassung oder Umstellung der Betriebsanweisungen auf die neue Kennzeichnung sollte erfolgen, sobald ein Ausgangsstoff mit der neuen Kennzeichnung bezogen wurde oder nachdem eine innerbetriebliche Neukennzeichnung erfolgte, jedoch spätestens zum Ende der Übergangsfrist. In den Apotheken wird in der Übergangsphase die alte und die neue Kennzeichnung vorkommen.

Nach wie vor ist die Verwendung von Gruppenbetriebsanweisungen möglich. Deshalb macht es Sinn, in der Übergangsphase zwei Betriebsanweisungen parallel zu verwenden: eine Ausfertigung mit alten Gefahrensymbolen und eine zweite Ausfertigung mit neuen Kennzeichnungselementen, u. a. den Gefahrenpiktogrammen.

Die Unterweisung erfolgt mündlich und arbeitsplatzbezogen und sollte vor Einführung der neuen Kennzeichnung erfolgen. Die Unterweisung ist schriftlich zu dokumentieren; (siehe Anhang I).

## 9 Betriebsstörungen, Unfälle, Notfälle

Bei Betriebsstörungen, Unfällen und Notfällen fordert die Gefahrstoffverordnung (§ 13) bei Tätigkeiten mit Gefahrstoffen zum Schutz der Gesundheit und zur Sicherheit der Beschäftigten die rechtzeitige Festlegung von Notfallmaßnahmen.

Folgende Maßnahmen werden im Rahmen des innerbetrieblichen Arbeitsschutzes geregelt:
1. Sicherheitsübung, u. a. ordnungsgemäße Betätigung des Feuerlöschers, Verhalten im Gefahrfall.
2. Erste-Hilfe-Maßnahmen
3. Sofortige Meldung der besonderen Vorkommnisse an den Apotheker (Arbeitgeber).
4. Notfallmaßnahmen in Bezug auf den Gefahrstoff – siehe Sicherheitsdatenblatt.
5. Rettungswege, Feuerlöscher, Notausgänge sind allen Mitarbeitern bekannt und mit Hinweisschildern gekennzeichnet.

Tritt tatsächlich bei Tätigkeiten mit Gefahrstoffen eine Betriebsstörung, ein Unfall, ein Notfall ein, so werden vom Arbeitgeber unverzüglich Abhilfemaßnahmen, Hilfe-, Evakuierungs- und Rettungsmaßnahmen eingeleitet; die Arbeitnehmer werden über das Ereignis unterrichtet.

## 10 Reinigung und Entsorgung gefährlicher Arbeitsstoffe

Der Betrieb ist für die ordnungsgemäße Abfallentsorgung verantwortlich. Wer Umweltschäden bewusst oder fahrlässig verursacht, kann zur Verantwortung gezogen werden.

Forderungen zum richtigen Umgang mit Abfällen und zur Abfallentsorgung sind in den Betriebsanweisungen enthalten.

Verschmutzte Gefäße, Gegenstände oder Laboratoriumseinrichtungen sofort nach Beendigung der Arbeit säubern. Bei der Abfallentsorgung ist stets mit unvorhergesehenen Gefahren zu rechnen. Beim Reinigen Handschuhe und Schutzbrille tragen, da beim Reinigen von Glasgeräten die Gefahr der Kontamination mit mehr oder minder gefährlichen Stoffen besteht.

Chemikalienreste in den Gefäßen mit geeigneten möglichst wenig toxischen Lösemitteln ausspülen. Die Spülflüssigkeit wird zum Sondermüll gegeben. Lösemittelvorräte zum Spülen sollten zur Vermeidung von Bruchgefahr in Kunststoffbehältern aufbewahrt werden.

Mit Lösemitteln gespülte Geräte nicht zum Trocknen in den Trockenschrank legen.

Nur wenn die vorhandenen guten Detergenzien nicht ausreichen, dürfen stark reagierende Reinigungsmittel wie z. B. konzentrierte Schwefelsäure oder Salpetersäure angewendet werden.

Abfälle und Rückstände von
- organischen Lösungsmitteln,
- halogenierten und nicht halogenierten Lösungsmitteln,
- Brom, Iod und Quecksilber,
- Alkalimetallen,
- giftigen Schwermetallsalzen, gelösten Schwermetallverbindungen,
- Säuren und Laugen,
- sonstigen Problemchemikalien

sind gefährliche Arbeitsstoffe, die gefahrlos zu entfernen und getrennt in geeigneten Gefäßen unter Beachtung der speziellen Vorsichtsmaßnahmen zu sammeln sind. Auf den Gefäßen ist der Inhalt anzugeben, durch Gefahrenpiktogramm und Signalwort sind die Risiken zu kennzeichnen. Ferner sollte vermerkt werden, ob der Inhalt chemisch rein, verunreinigt oder vermischt ist.

Sachgerechte Entsorgung heißt nicht nur, Laborabfälle zu sammeln und einer ordnungsgemäßen Entsorgung zuzuführen, es heißt auch, Emissionen zu vermeiden und verschiedene kleine Abfallmengen selbst durch geeignete chemische Reaktionen in ungefährliche Verbindungen zu überführen, z. B. Neutralisation von Säuren und Laugen.

Altquecksilber kann z. B. als Wirtschaftsgut der Aufarbeitung wieder zugeführt werden.

Beim Umgang mit Quecksilber gelten besondere Vorsichtsmaßnahmen.

Gefährliche Flüssigkeiten wie z. B. Säuren, Laugen, Farben und Verdünner dürfen nicht über die Kanalisation entsorgt werden; sie werden am besten mit Absorptionsgranulat gebunden. Das benutzte Granulat wird in Plastikbeuteln gesammelt und als Sondermüll beseitigt.

Gefährliche Stoffe, Gifte, Chemikalien und gebrauchte Lösungsmittel gehören in der Regel zum Sondermüll. Sehr giftige, giftige und ätzende Stoffe wie auch große Mengen an gesundheitsschädlichen und reizenden Stoffen sind grundsätzlich als Sondermüll zu entsorgen. Sie müssen unter Beachtung der einschlägigen Bestimmungen entsorgt werden. Abfälle dürfen nur in den entsprechend zugelassenen Abfallbeseitigungsanlagen gelagert oder verbrannt werden.

Zum Teil können kleinere Mengen von Giften ohne weiteres in den Müllverbrennungsanlagen der Städte entsorgt werden. Persistente anorganische Gifte, wie z. B. arsen-, quecksilber- und thalliumhaltige Verbindungen müssen in genehmigten Deponien gelagert werden.

Geringe Mengen an gesundheitsschädlichen und reizenden Gefahrstoffen sowie gereinigte leere Verpackungen können ggf. mit dem Hausmüll entsorgt werden.

Fragen oder Unklarheiten sollten in jedem Fall mit dem örtlich zuständigen Stadtreinigungs- oder Abfallbeseitigungsamt geklärt werden.

## 11 Erste-Hilfe-Maßnahmen

Beim Umgang mit gefährlichen Arbeitsstoffen können sich Unfälle ereignen, die besondere Maßnahmen der „Ersten Hilfe" erfordern.

Um schnell und sachgerecht helfen zu können, sollten die bei den Gefahrenpiktogrammen angegebenen Maßnahmen zur Ersten Hilfe unverzüglich, das heißt sofort an der Unfallstelle, durchgeführt werden. Sie ersetzen nicht die ärztliche Hilfe.

Die Merkblätter sollten in der Nähe der Arbeitsplätze bereitgehalten werden; ebenso sollten die Rufnummern der Giftnotrufzentralen, der Ärzte in unmittelbarer Nachbarschaft und die Telefonnummern der Informations- und Behandlungszentren für Vergiftungsfälle schnell erreichbar sein (siehe Anhang VII).

Bei ersten Anzeichen einer Vergiftung (Kopfschmerzen, Übelkeit, Erbrechen, Darmkoliken, Durchfall, Schwächegefühl, Krämpfe, Schweißausbruch, Sehstörungen etc.) ist unverzüglich für ärztliche Behandlung zu sorgen.

Nach § 16e ChemG hat der Arzt Vergiftungen wie auch den Verdacht von Vergiftungen mit gefährlichen Stoffen und Zubereitungen dem Bundesinstitut für Risikobewertung mitzuteilen. Siehe auch Giftinformationsverordnung.

Der Arzt muss über Art und Menge der Gifte – falls möglich – informiert werden. (Asservate, Verpackung des Giftes, Kleidung, Erbrochenes sicherstellen.)

**Allgemein ist zu beachten:**
– Verletzten aus dem Wirkungsbereich des Giftes herausbringen. Es ist darauf zu achten, dass der Helfer nicht selber gefährdet wird. Frischluftzufuhr sicherstellen.
– Atemwege müssen frei sein! Kopf im Nacken überstrecken, Mundhöhle säubern, Zahnprothesen entfernen. Bewusstlose in stabile Seitenlage bringen; evtl. Mund-zu-Nase- oder Mund-zu-Mund-Beatmung.
– Beengende Kleidung öffnen, benetzte Kleidungsstücke entfernen.

**Augenkontakt:** Sofort vorsichtig (ohne Druck) und gründlich mit viel Wasser anhaltend spülen (mindestens 10 Minuten). Der Augenarzt ist in jedem Fall aufzusuchen.

**Hautkontakt:** Kontaminierte Kleidung entfernen; Stoff ggf. mechanisch entfernen. Kontaminierte Haut und Haare ausgiebig mit viel Wasser und Seife waschen. Nicht kontaminierte Haut ist zu schützen. Spritzer auf der Haut sofort gründlich mit Wasser abwaschen.

**Einatmen** (Inhalation von Aerosolen und Dämpfen): Verletzten an frische Luft bringen, Ruhe, Wärme, ärztliche Hilfe anfordern.

**Verschlucken** (Perorale Giftaufnahme) – **Klares Bewusstsein** – Viel Wasser trinken; keine Milch, keinen Alkohol und kein Rizinusöl geben, da so eine Absorptionssteigerung fett- und alkohollöslicher Giftstoffe möglich ist.

Weitere Maßnahmen wie Magen auspumpen und Erbrechen auslösen sollten dem Notarzt vorbehalten bleiben.

**Benommenheit/Bewusstlosigkeit:** Flache Bauchlage mit Kopf im Nacken und zur Seite, Mundhöhle frei machen, Zahnprothesen entfernen, Krankenwagen benachrichtigen. Ärztliche Hilfe ist unverzüglich erforderlich.

# III  Betriebsanweisung für Gefahrstoffe

## Information über Gefahrstoffe

**Wie sind Gefahrstoffe zu erkennen?**
Gefäße oder Verpackungen, die Gefahrstoffe enthalten, sind mit einem oder mehreren der nachfolgenden Gefahrenpiktogrammen und dem Signalwort „Gefahr" oder „Achtung" gekennzeichnet. Die Piktogramme geben an, welche Gefahren von dem Stoff/Gemisch ausgehen können.

Die Gefahrenklassen (Art der Gefahr: physikalische Gefahr, Gesundheitsgefahr, Gefahr für die Umwelt) werden in Abhängigkeit vom Gefährdungspotenzial, der Schwere der Gefahr noch einmal in bis zu fünf Gefahrenkategorien (hazard categories) unterteilt. Die Gefahrenkategorien ermöglichen eine starke Differenzierung nach dem Ausmaß der Gefährlichkeit.

Die **Einstufung** eines Stoffes oder eines Gemisches ergibt sich durch die Gefahrenklasse, der Zuordnung zu der jeweiligen zutreffenden Gefahrenkategorie mit Auswahl der entsprechenden Gefahrenhinweisen.

Ein Stoff oder auch ein Gemisch wird als gefährlich (hazard) eingestuft, wenn es mindestens einer Gefahrenklasse zugeordnet werden kann.

Das neue **Signalwort** beschreibt den potenziellen Gefährdungsgrad.

„Gefahr" – Signalwort für die schwerwiegenden Gefahrenkategorien.

„Achtung" – Signalwort für die weniger schwerwiegenden Gefahrenkategorien.

Tabelle 13: Gefahrenpiktogramme. Neu im Verlgleich zu den alten Gefahrensymbolen sind die Gasflaschen, das Ausrufezeichen und die Gesundheitsgefahr.

Die neuen **Gefahrenhinweise, H-Hinweise** (hazard statements) lösen die alten R-Sätze ab. Sie beschreiben die Art und gegebenfalls den Schweregrad der von einem gefährlichen Stoff oder Gemisch ausgehenden Gefahr.

Die neuen **Sicherheitshinweise, P-Hinweise** (precautionary statements) ersetzen die alten S-Sätze. Sie beschreiben empfohlende Maßnahmen, um schädliche Wirkungen aufgrund

## GHS-Piktogramme / GHS-Klassen

## Gefahrensymbole nach GefStoffV

| GHS Piktogramm | Gefahrenklasse | GefStoffV Symbol | Gefährlichkeitsmerkmal |
|---|---|---|---|
| | **GHS01**<br>– Instabile explosive Stoffe und Gemische<br>– Explosive Stoffe/Gemische und Erzeugnisse mit Explosivstoff der Unterklassen 1.1, 1.2, 1.3, 1.4<br>– Selbstersetzliche Stoffe und Gemische: Typen A, B<br>– Organische Peroxide: Typen A, B | | Explosiv |
| | **GHS02**<br>– Entzündbare Gase: Kategorie 1<br>– Entzündbare Aerosole: Kategorien 1, 2<br>– Entzündbare Flüssigkeiten: Kategorien 1, 2, 3<br>– Entzündbare Feststoffe: Kategorien 1, 2<br>– Selbstzersetzliche Stoffe und Gemische: Typen B, C, D, E, F<br>– Selbstentzündliche (pyrophore) Flüssigkeiten: Kategorie 1<br>– Selbstentzündliche (pyrophore) Feststoffe: Kategorie 1<br>– Selbsterhitzungsfähige Stoffe und Gemische: Kategorien 1,2<br>– Stoffe und Gemische, die bei Berührung mit Wasser entzündbare Gase abgeben Kategorien 1, 2, 3<br>– Organische Peroxide: Typen B, C, D, E, F | | Hochentzündlich<br><br>Leichtentzündlich<br><br>Entzündlich |
| | **GHS03**<br>– Entzündend (oxidierend) wirkende Gase: Kategorie 1<br>– Entzündend (oxidierend) wirkende Flüssigkeien: Kategorien 1,2,3<br>– Entzündend (oxidierend) wirkende Feststoffe: Kategorien 1,2,3 | | Brandfördernd |
| | **GHS04**<br>– Unter Druck stehende Gase<br>(verdichtete Gase, verflüssigte Gase, tiefgekühlt verflüssigte Gase, gelöste Gase) | | Nicht vorhanden |
| | **GHS05**<br>– Auf Metalle korrosiv wirkend: Kategorie 1<br>– Hautätzend: Kategorien 1A, 1B, 1C<br>– Schwere Augenschädigung: Kategorie 1 | | Ätzend |

– Fortsetzung Tabelle nächste Seite –

*Betriebsanweisung für Gefahrstoffe* 89

## GHS-Piktogramme / GHS-Klassen  Gefahrensymbole nach GefStoffV

| GHS Piktogramm | Gefahrenklasse | GefStoffV Symbol | Gefährlichkeitsmerkmal |
|---|---|---|---|
| | **GHS06**<br>– Akute Toxizität (oral, dermal, inhalativ): Kategorien 1, 2, 3 | | **T+** Sehr giftig<br>**T** giftig |
| | | | **Xn** gesundheitsschädlich |
| | **GHS07**<br>– Akute Toxizität (oral, dermal, inhalativ): Kategorie 4<br>– Reizung der Haut: Kategorie 2<br>– Augenreizung: Kategorie 2<br>– Sensibilisierung der Haut: Kategorie 1 | | **Xn** Gesundheitsschädlich<br><br>**Xi** Reizend |
| | – Spezifische Zielorgan-Toxizität (einmalige Exposition): Kategorie 3 (Atemwegsreizung, betäubende Wirkungen) | ——— | Nicht vorhanden |
| | **GHS08**<br>– Sensibilisierung der Atemwege: Kategorie 1 | ——— | Nicht vorhanden |
| | – Keimzell-Mutagenität: Kategorien 1A, 1B, 2<br>– Karzinogenität: Kategorien 1A, 18, 2<br>– Reproduktionstoxizität: Kategorien 1A, 1B, 2<br>– Spezifische Zielorgan-Toxizität (einmalige Exposition): Kategorien 1, 2<br>– Spezifische Zielorgan-Toxizität (wiederholte Exposition): Kategorien 1, 2<br>– Aspirationsgefahr: Kategorie 1 | | **T+** Sehr giftig<br>**T** giftig |
| | **GHS09**<br>– Gewässergefährdend<br>– Akut gewässergefährdend: Kategorie 1<br>– Chronisch gewässergefährdend: Kategorien 1,2 | | Umweltgefährlich |
| ——— | Die Ozonschicht schädigend (nur EU-GHS) | ——— | |

Tabelle 14: Übersicht zu Piktogrammen, Gefahrenklasse, Symbolen und Gefährlichkeitsmerkmalen

der Exposition gegenüber einem gefährlichen Stoff oder Gemisch bei seiner Verwendung oder Beseitigung zu begrenzen oder zu vermeiden.

Die möglichen Gefahren (H-Sätze) und die Sicherheitshinweise (P-Sätze) ergeben sich aus der Kennzeichnung bzw. aktuelle Sicherheitsdatenblätter stehen zur Verfügung.

**Information über Vorsichts- und Schutzmaßnahmen:**

**Was ist bei Tätigkeiten mit Gefahrstoffen zu beachten?**
Jeder, der mit Gefahrstoffen umgehen soll, muss vorher von seinem Arbeitgeber unterwiesen werden.

Die jeweiligen Gefahren- (H-Sätze) und Sicherheitshinweise (P-Sätze) sind sorgfältig zu lesen und unbedingt zu beachten.

Der Kontakt zwischen Körper und gefährlichem Arbeitsstoff sowie Inhalation ist auf jeden Fall zu vermeiden.

Die allgemeinen Regeln der Hygiene sind zu beachten. Bei der Arbeit nicht essen, trinken oder rauchen. Gründliche Reinigung vor der Aufnahme von Nahrungs- und Genussmitteln.

Die zur Verfügung gestellten, geeigneten persönlichen Schutzausrüstungen müssen benutzt werden.

Abfälle und Reste von Gefahrstoffen sind sachgerecht zu entsorgen.

**Verhaltensregeln bei Störungen, Unfällen, Notfällen:**
Was ist nach Unfällen und bei besonderen Ereignissen mit Gefahrstoffen zu veranlassen? Besondere Vorkommnisse sind dem Apotheker zu melden.

Bei erhöhter Exposition oder Gefährdungen der Gesundheit ist der Facharzt für Arbeitsmedizin hinzuzuziehen.

Erste-Hilfe-Maßnahmen durchführen und den Arzt über verwendeten Gefahrstoff informieren.

## Betriebsanweisung 1: Physikalische Gefahren

Es handelt sich um eine Gruppenbetriebsanweisung.

GHS01

Explodierende Bombe

**Signalwort:**

**Gefahr, Achtung**

---

### Gefahren

**Gefahrenklasse:**
**Explosive Stoffe, Gemische und Erzeugnisse mit Explosivstoff; instabile explosive Stoffe/Gemische**
*Explosive und pyrotechnische Stoffe, Gemische und Erzeugnisse, die als explosiv gelten oder thermisch instabil sind.*
*Signalwort: Gefahr*

Gefahrenkategorie: 1
Instabil, explosiv. (H200)
Explosiv; Gefahr der Massenexplosion. (H201)
Explosiv; große Gefahr durch Splitter, Spreng- und Wurfstücke. (H202)
Explosiv; Gefahr durch Feuer, Luftdruck oder Splitter, Spreng- und Wurfstücke. (H203)
Gefahr der Massenexplosion bei Feuer. (kein Piktogramm / H205)

*Signalwort: Achtung*
Gefahr durch Feuer oder Splitter, Spreng- und Wurfstücke. (H204)

**Gefahrenklasse:**
**Selbstzersetzliche Stoffe und Gemische**
*Thermisch instabile, fest oder flüssige Stoffe/Gemische, die sich ohne Beteiligung von Sauerstoff (Luft) stark exotherm zersetzen können.*
Signalwort Gefahr

Gefahrenkategorie: Typ A
Erwärmung kann Explosion verursachen. (H240)
Zusätzlich Piktogramm: Flamme
Gefahrenkategorie: Typ B
Erwärmung kann Brand oder Explosion verursachen. (H241)

**Gefahrenklasse: Organische Peroxide**
*Feste und flüssige organische Stoffe. Wasserstoffperoxidderivate, organische Peroxide, thermisch instabile Stoffe/Gemische mit selbstbeschleunigter exothermer Zersetzung.*
*Signalwort: Gefahr*

Gefahrenkategorie: A und B
Erwärmung kann Explosion verursachen. (H 240)
Erwärmung kann Brand oder Explosion verursachen. (H 241)

Stoffe, die unter bestimmten Bedingungen explodieren können.

Mit und ohne Luft explosionsfähig. In trockenem Zustand explosiv.

Durch Schlag, Reibung, Feuer oder andere Zündquellen explosionsgefährlich.

Feuergefahr bei Berührung mit brennbaren Stoffen.

Explosionsgefährliche Stoffe können aus Mischungen oxidierender Verbindungen mit brennbaren und reduzierenden Stoffen entstehen.

Explosionsgefahr bei Erhitzen unter Einschluss.

Exotherme Reaktionen können zu explosionsartigen Zersetzungen führen.

Peroxidbildung in organischen Lösungsmitteln oder organischen Verbindungen. Kann explosionsfähige Peroxide bilden.

Eine Explosionsgefahr besteht auch bei zahlreichen Stoffen der folgenden Verbindungen und Reaktionen:
– Alkalimetalle reagieren heftig mit Wasser, was bei Luftzutritt zu Knallgasexplosionen führen kann;
– Kalium kann sich an der Luft spontan entzünden;
– Natrium-Kalium-Legierungen, Halogenkohlenwasserstoffe können explosionsartig reagieren;
– organische Nitroso- und Nitroverbindungen, Nitroglycerin;
– hochnitrierte Aromaten;
– Salpetersäureester;
– aliphatische Azo- und Diazoverbindungen, Azide;
– Stickstoffwasserstoffsäure und ihre Salze;
– Salze der Knallsäure;
– Chlorstickstoff;
– Acetylide;
– peroxidische Verbindungen (Persäure, Perester, Peroxide, Hydroperoxide);
– Mischungen oxidierbarer Verbindungen mit brennbaren und reduzierenden Stoffen
– rauchende Salpetersäure reagiert explosionsartig mit Aceton, Ether, Alkohol, Terpentinöl;
– Salze der Pikrinsäure;
– Ammoniumdichromat, Ammoniumnitrat.

**Schutzmaßnahmen**

Schutzhandschuhe, Schutzkleidung.

Augenschutz tragen  Schutzhandschuhe tragen

Explosionsgefährliche Stoffe und Gemische sollten nur in kleinen Mengen an abgeschirmten Arbeitsplätzen verwendet werden.

Keine Lagerung größerer Mengen am Arbeitsplatz (Labor/Rezeptur: maximal 1 Liter).

Überhitzung, Flammennähe, Funkenbildung, Schlag, Stoß und Reibung sind zu vermeiden. Flammen- und Hitzewirkung sind auszuschließen. Alle Zündquellen entfernen, wenn gefahrlos möglich.

Nur in gut gelüfteten Bereichen verwenden.

Behälter mit Vorsicht öffnen und handhaben. Behälter nicht offen stehen lassen.

Zu hohe Temperaturen sind bei der Destillation, insbesondere bei Destillationsrück-

*Betriebsanweisung für Gefahrstoffe*

ständen, zu vermeiden; möglichst geschlossene Apparaturen.

Bei beginnender Zersetzung ist die Heizquelle zu entfernen, der gefährdete Bereich zu räumen und die betroffene Umgebung zu warnen.

Stoffe, die zur Bildung organischer Peroxide neigen, sind in dunklen Glasflaschen oder in Gefäßen aus lichtundurchlässigem Material zu lagern.

Vor Sonnenbestrahlung geschützt an einem gut belüfteten Ort aufbewahren.

**Brandschutz**

Feuer, offenes Licht und Rauchen verboten

Zur Löschung von Laborbränden sind an leicht zugänglicher Stelle Handfeuerlöscher und evtl. Löschdecken bereitzuhalten.

*Arbeitsplatz:*
Explosionsgefahr bei Brand.

Kleine Brände sind mit vorhandenen Feuerlöschmitteln zu bekämpfen.

Bei Brand: Umgebung räumen. Wegen Explosionsgefahr Brand aus der Entfernung bekämpfen.

Bei größeren Brandstellen ist die Feuerwehr zu benachrichtigen.

**Entsorgung**

Abfälle und Behälter müssen getrennt gelagert und in gesicherter Weise beseitigt werden.

Sondermüll, der entsprechend zu kennzeichnen ist.

## Erste Hilfe

Brennende Kleidung ist so schnell wie möglich abzuwerfen.

Kleiderbrände sind durch Löschdecken oder durch das Überwerfen von Kleidungsstücken zu ersticken.

Entstehen zum Beispiel im Zusammenhang mit Lösemitteln größere Kleiderbrände, so sollten die verletzten Personen flach auf dem Boden gelagert werden und das Feuer mit Löschdecken erstickt werden.

Bei Berührung mit der Haut sofort mit viel Wasser spülen, ggf. mit einem vom Hersteller angegebenen Lösungsmittel abwaschen. Betroffene Hautstellen: in kaltes Wasser tauchen / nassen Verband anlegen. Bei größeren Verbrennungen Schocklagerung.

Kleine Brandwunden mit reichlich Wasser kühlen und Brand- und Wundgel auftragen.

## Betriebsanweisung 2: Physikalische Gefahren

Es handelt sich um eine Gruppenbetriebsanweisung.

**Signalwort:**

**Gefahr, Achtung**

---

**Gefahren**

**Gefahrenklasse:**
**Entzündbare Flüssigkeiten**
*Signalwort: Gefahr*
Gefahrenkategorie: 1 und 2
Flüssigkeit und Dampf extrem entzündbar. (H224)
Flüssigkeit und Dampf leicht entzündbar. (H225)

*Signalwort: Achtung*
Gefahrenkategorie: 3
Flüssigkeit und Dampf entzündbar. (H226)

**Gefahrenklasse:**
**Entzündbare Feststoffe**
*Signalwort: Gefahr; Achtung*
Gefahrenkategorie: 1 und 2
Entzündbarer Feststoff. (H228)

**Gefahrenklasse:**
**Pyrophore Flüssigkeiten/ Feststoffe**
*Signalwort: Gefahr*
Gefahrenkategorie: 1
Entzündet sich in Berührung mit Luft von selbst. (H250)

**Gefahrenklasse:**
**Selbsterhitzungsfähige Stoffe/Gemische**
*Signalwort: Gefahr*
Gefahrenkategorie: 1

Selbsterhitzungsfähig; kann in Brand geraten. (H251)

*Signalwort: Achtung*
Gefahrenkategorie: 2
In großen Mengen selbsterhitzungsfähig; kann in Brand geraten. (H252)

**Gefahrenklasse:**
**Stoffe und Gemische, die in Berührung mit Wasser entzündbare Gase entwickeln**
*Signalwort: Gefahr*
Gefahrenkategorie: 1 und 2
In Berührung mit Wasser entstehen entzündbare Gase, die sich spontan entzünden können. (H260)
In Berührung mit Wasser entstehen entzündbare Gase. (H261)

*Signalwort: Achtung*
Gefahrenkategorie: 3
In Berührung mit Wasser entstehen entzündbare Gase. (H261)

*Betriebsanweisung für Gefahrstoffe*

**Gefahrenklasse:**
**Organische Peroxide /**
**Selbstzersetzliche Stoffe und Gemische**
*Signalwort: Gefahr ; Achtung*
Gefahrenkategorie: Typ C, D, E, F
Erwärmung kann Brand verursachen. (H242)

Zusätzliches Piktogramm:
explodierende Bombe

*Signalwort: Gefahr*
Gefahrenkategorie: Typ B
Erwärmung kann Brand oder Explosion verursachen. (H241)

**Gefahrenklasse:**
**Entzündbare Gase /**
**entzündbare Aerosole**

*Signalwort: Gefahr*
Gefahrenkategorie: 1
Extrem entzündbares Gas. (H220)
Extrem entzündbares Aerosol. (H222)

*Signalwort: Achtung*
Gefahrenkategorie: 2
Entzündbares Gas. (H221)
Entzündbares Aerosol. (H223)

Stoffe, die entzündlich, leichtentzündlich, und hochentzündlich sind.

Dämpfe, z.T. schwerer als Luft und im Gemisch mit Luft entzündlich oder auch explosionsfähig.

Entzündung durch kurzzeitige Einwirkung einer Zündquelle möglich.

Bei Gebrauch Bildung explosionsfähiger, leicht entzündlicher Dampf-/Luftgemische möglich.

Explosionsgefährlich in Mischung mit brandfördernden Stoffen.

Einige Stoffe reagieren mit Wasser unter Bildung leicht-/hochentzündlicher Gase.

Stoffe, wie Diethylether, können explosionsfähige Peroxide bilden.

Zum Teil Gefahr der elektrostatischen Aufladung, dadurch Entzündungsgefahr.

Eingeatmete Stoffe können Schwindel, Übelkeit und Erbrechen verursachen.

**Schutzmaßnahmen**

Berührung mit der Haut und den Augen vermeiden; Schutzbrille mit Seitenschutz.

Augenschutz tragen      Schutzhandschuhe tragen

Bei der Arbeit geeignete Schutzkleidung / Schutzhandschuhe tragen.

Von Hitze / Funken / offener Flamme / heißen Oberflächen fernhalten. Nicht Rauchen.

Feuer, offenes Licht und Rauchen verboten

In diesem Arbeitsbereich gilt:
– Absolutes Rauchverbot.
– Kein Umgang mit offenen Flammen.
– Von Zündquellen fernhalten.

- Von offenen Flammen, Wärmequellen und Funken fernhalten.
- Jeder Funke oder eine Zigarettenkippe können einen Brand verursachen oder eine Explosion auslösen.

Kontakt mit Feuchtigkeit oder Wasser bei Chemikalien, die bei Berührung mit Wasser leichtentzündliche Gase bilden, vermeiden.

Maßnahmen gegen eine elektrostatische Aufladung treffen, sofern eine diesbezügliche Gefahr besteht.

Kühl an einem gut belüfteten Ort aufbewahren.

In Lagerräumen mit großen Mengen brennbaren Flüssigkeiten sind vor dem Befüllen und Entleeren von ortsbeweglichen Gefäßen Erdungsklemmen anzulegen.

Für gute Lüftung des Raumes sorgen.

Gas, Rauch, Dampf und Aerosol nicht einatmen.

Bei erhöhter Brandgefahr, z. B. beim Umfüllen größerer Mengen brennbarer Flüssigkeiten, muss Schutzkleidung aus schwer entflammbaren Spezialgeweben getragen werden.

## Verhalten im Gefahrfall/Brandschutz

Zur Löschung von Laborbränden sind an leicht zugänglicher Stelle Handfeuerlöscher und ggf. Löschdecken bereitzuhalten.

Kleine Brände sind mit den vorhandenen Feuerlöschern zu bekämpfen. Betriebliche Anweisungen zur Handhabung der Feuerlöscher beachten.

Bei Großbrand und großen Mengen sofort die Feuerwehr benachrichtigen.

Im Brandfall Alarm geben und mit vorgesehenen Feuerlöschmitteln löschen. Umgebung räumen.

Undichtigkeit beseitigen, falls gefahrlos möglich. Nach Auslaufen mit geeigneten Bindemitteln aufnehmen und in geschlossenen Behältern sammeln.

Benetzte Haut sofort gründlich mit Wasser und Seife reinigen.

Nach Einatmen von Dämpfen für Frischluftzufuhr sorgen.

Im Brandfall sofort Apothekenpersonal unterrichten.

Flüssigkeitsbrände aller Art (außer Alkohol) dürfen nicht mit Wasser bekämpft werden.

Brände von Alkalimetallen, Metallalkylen, Lithiumaluminiumhydrid u. a. dürfen unter keinen Umständen mit Wasser oder Schaumlöschern bekämpft werden.

Den Auslösungshebel des Feuerlöschgerätes nur in kurzen Intervallen betätigen, damit die Wirkung überprüft werden kann.

Bei Bränden, die sich von unten nach oben ausbreiten, muss auch von unten nach oben gelöscht werden, da andernfalls Rückzündungen möglich sind.

Entsteht durch auslaufende brennbare Flüssigkeiten ein Flächenbrand, so muss möglichst die gesamte Brandfläche mit der Löschmittelwolke abgedeckt werden. Bei Flächenbränden sind mehrere Feuerlöscher gleichzeitig einzusetzen.

Mehrere Feuerlöscher müssen nebeneinander auch bei Tropfbränden eingesetzt werden, um z. B. die in Brand geratene

Flüssigkeit auf dem Arbeitstisch, die über den Rand auf den Boden tropft, gleichzeitig mit einer Löschdecke bedecken zu können.

Bei Papierbränden ist auf einen ausreichend großen Abstand zu dem Brandherd zu achten.

**Entsorgung**

Nicht in die Kanalisation gelangen lassen, da die Flüssigkeiten wassergefährdend sind. Mit Aufsaugmitteln binden und sachgerecht entsorgen oder ausgelaufene Flüssigkeit mit Wasser verdünnt auffangen und in Behältern mit entsprechendem Gefahrenpiktogramm gekennzeichnet, als Sondermüll entsorgen.

## Erste Hilfe

Brennende und benetzte Kleidung ist so schnell wie möglich abzuwerfen, zu entfernen.

Kleiderbrände sind durch Löschdecken oder durch das Überwerfen von Kleidungsstücken zu ersticken.

Entstehen im Zusammenhang mit Lösungsmitteln größere Kleiderbrände, so sind die Verletzten flach auf dem Boden zu lagern und das Feuer mit Löschdecken zu ersticken.

Kontaminierte Kleidung und Haut sofort mit viel Wasser abwaschen und danach Kleidung ausziehen.

Verletzte an frische Luft bringen.

Bei Atembeschwerden an die frische Luft bringen und in einer Position ruhig stellen, die das Atmen erleichtert.

**Hautkontakt:** Nach Verbrennungen die betroffenen Stellen kühlen. Lose Partikel von der Haut abbürsten, Haut mit Wasser abwaschen, duschen.

**Augenkontakt:** Einige Minuten lang behutsam mit Wasser spülen, vorhandene Kontaktlinsen nach Möglichkeit entfernen. Weiter spülen.

**Verschlucken:** Mund ausspülen, keine Milch, kein Alkohol, kein Erbrechen herbeiführen.

Ärztlichen Rat einholen / ärztliche Hilfe hinzuziehen.

## Betriebsanweisung 3: Physikalische Gefahren

Es handelt sich um eine Gruppenbetriebsanweisung.

GHS03

Flamme über einem Kreis

**Signalwort:**

**Gefahr, Achtung**

---

### Gefahren

Stoffe/Gemische, die in der Regel selbst nicht brennbar sind, aber bei Berührung mit brennbaren Stoffen/Gemischen, überwiegend durch Sauerstoffabgabe, die Brandgefahr und die Heftigkeit eines Brandes beträchtlich erhöhen. Entzündung kann ohne weitere Zündquelle entstehen.

---

**Gefahrenklasse: Oxidierende Gase**
*Signalwort: Gefahr*
Gefahrenkategorie: 1
Kann Brand verursachen oder verstärken; Oxidationsmittel. (H270)

---

**Gefahrenklasse:**
**Oxidierende Flüssigkeiten/Feststoffe**
*Signalwort: Gefahr*
Gefahrenkategorie: 1 und 2
Kann Brand oder Explosion verursachen; starkes Oxidationsmittel. (H271)
Kann Brand verstärken; Oxidationsmittel. (H272)

*Signalwort: Achtung*
Gefahrenkategorie: 3
Kann Brand verstärken; Oxidationsgefahr. (H272)

---

Stoffe/Zubereitungen, die einen Brand verursachen können.

Feuergefahr bei Berührung mit brennbaren Stoffen. Mit leicht entzündlichen Flüssigkeiten kann die Reaktion äußerst heftig verlaufen.

Explosionsgefahr bei Mischung mit brennbaren Feststoffen.

Brandfördernde Stoffe können brennbare Stoffe entzünden oder ausgebrochene Brände fördern und somit die Brandbekämpfung erschweren.

### Schutzmaßnahmen

Schutzkleidung, ggf. Schutzhandschuhe. Persönliche Schutzkleidung tragen.

Augenschutz tragen    Schutzhandschuhe tragen

Von Hitze / Funken / offener Flamme / heißen Oberflächen fernhalten. Nicht rauchen.

Zu hohe Temperaturen sind zu meiden.

*Betriebsanweisung für Gefahrstoffe*

Überhitzung, Flammennähe, Funkenbildung, Schlag und Reibung sind zu vermeiden.

Mischen mit brennbaren Stoffen unbedingt vermeiden.

Behälter dicht geschlossen halten. An einem gut belüfteten Ort aufbewahren.
Keine Lagerung am Arbeitsplatz.

In diesem Arbeitsbereich gilt:
– Absolutes Rauchverbot, Feuer und offenes Licht verboten.
– Kontakt leicht und selbst entzündlicher Stoffe zu brandfördernden Stoffen vermeiden – Brandgefahr!
– Keine Gefäße offen am Arbeitsplatz stehen lassen.
– Gute Arbeitsplatzbelüftung.

*Arbeitsplatz:*

Feuer, offenes Licht und Rauchen verboten

**Verhalten im Gefahrfall/Brandschutz**

Zur Löschung von Laborbränden sind an leicht zugänglicher Stelle Handfeuerlöscher und Löschdecken bereitzuhalten.

Bei Brand: Umgebung räumen.

Kleine Brände sind mit den vorhandenen Feuerlöschern zu bekämpfen. Wegen Explosionsgefahr Brand aus der Entfernung bekämpfen.

Bei größeren Brandstellen ist die Feuerwehr zu benachrichtigen.

Im Brandfall sofort Apothekenpersonal unterrichten, mit Feuerlöschern löschen; ggf. Feuerwehr benachrichtigen.

Durchtränkte Kleidung sofort wechseln.

Benetzte Haut sofort gründlich mit Wasser und Seife reinigen.

Nach Einatmen von Dämpfen für Frischluftzufuhr sorgen.

**Entsorgung**

Getrennt von brennbaren Flüssigkeiten aufbewahren.

Abfälle sind in gesicherter Weise zu beseitigen.

In verschließbaren, ordnungsgemäß gekennzeichneten Gefäßen sammeln.

Sondermüll, der entsprechend zu kennzeichnen ist.

## Erste Hilfe

Beschmutzte, getränkte Kleidung sofort ausziehen.

Kleiderbrände sind durch Löschdecken oder durch das Überwerfen von Kleidungsstücken zu ersticken.

Bei Berührung mit der Haut sofort mit viel Wasser spülen, ggf. mit einem vom Hersteller angegebenen Lösungsmittel abwaschen.

Betroffene Hautstellen: in kaltes Wasser tauchen/nassen Verband anlegen.

Auf kleine Wunden Brand- und Wundgel auftragen.

## Betriebsanweisung 4: Physikalische Gefahren

Es handelt sich um eine Gruppenbetriebsanweisung.

**Signalwort: Achtung**

### Gefahren

Stoffe, die unter bestimmten Bedingungen explodieren können.

Durch Reibung, Feuer oder andere Zündquellen explosionsgefährlich.

> **Gefahrenklasse: Gase unter Druck**
> *Signalwort: Achtung*
> Die Gefahrenklasse ist in Gruppen unterteilt, nicht in Kategorien:
> Pressgas: verdichtetes Gas; verflüssigtes Gas; tiefgekühlt verflüssigtes Gas; gelöstes Gas.
> Enthält Gas unter Druck; kann bei Erwärmung explodieren. (H280)
> Enthält tiefkaltes Gas; kann Kälteverbrennungen oder -verletzungen verursachen. (H281)

### Schutzmaßnahmen

Flammen und Hitzewirkung sind auszuschließen. Hohe Temperaturen sind zu vermeiden.

Von Hitze/Funken/offener Flamme/heißen Oberflächen fernhalten. Nicht rauchen.

Von Zündquellen fernhalten.

Vor Sonnenbestrahlung schützen.

Behälter vorsichtig handhaben; Behälter dicht verschlossen halten.

Kühl an einem gut belüfteten Ort aufbewahren; nicht unter Erdgleiche.

An einem trockenen Ort aufbewahren.

### Entsorgung

Nur völlig entleerte Flaschen einer geeigneten Entsorgung zuführen. (Wertstoffsammlung)

## Erste Hilfe

**Bei Explosion:** sofort Arzt oder Giftinformationszentrum anrufen.

Kleiderbrände durch Löschdecken oder Überwerfen von Kleidungsstücken ersticken.

Brennende Kleidung entfernen.

**Augenkontakt:** einige Minuten lang behutsam mit Wasser spülen, vorhandene Kontaktlinsen nach Möglichkeit entfernen, weiter spülen; das unverletzte Auge schützen.

**Einatmen:** Verletzten aus dem Gefahrenbereich in frische Luft bringen. Bei Atemnot: Sauerstoff inhalieren.

**Hautkontakt:** bei Kälteverbrennungen: vereiste Bereiche mit lauwarmem Wasser auftauen. Betroffenen Bereich nicht reiben.

**Verschlucken:** Mund ausspülen. Kein Erbrechen herbeiführen, Arzt hinzuziehen.

## Betriebsanweisung 5: Gesundheitsgefahren

Es handelt sich um eine Gruppenbetriebsanweisung.

Ätzwirkung

**Signalwort:
Gefahr, Achtung**

### Gefahren

**Gefahrenklasse:
Schwere Augenschädigung**
*Signalwort: Gefahr*
Gefahrenkategorie: 1
Verursacht schwere Augenschäden. (H318)

**Gefahrenklasse:
Ätzwirkung auf die Haut**
*Signalwort: Gefahr*
Gefahrenkategorie: 1A, 1B und 1C
Verursacht schwere Verätzungen der Haut und schwere Augenschäden. (H314)

**Gefahrenklasse:
Korrosiv gegenüber Metallen**
*Signalwort: Achtung*
Gefahrenkategorie: 1
Kann gegenüber Metallen korrosiv sein. (H290)

Stoffe/Gemische, die beim Einbringen in das Auge oder bei Kontakt mit Haut irreversible Schäden hervorrufen.

**Stoffe/Gemische**
– verursachen Verätzungen bzw. schwere Verätzungen;
– beim Einatmen der Dämpfe, Verschlucken der Flüssigkeiten und bei Berührung mit der Haut besteht ernste Vergiftungsgefahr;
– Reizung und Verätzung der Atemwege, starke Schleimhautschädigungen bei eingeatmeten Dämpfen möglich;
– heftige Reaktionen möglich.

Lebendes Gewebe kann, je nach Konzentration, Temperatur und Einwirkzeit, beim Kontakt mit diesen Stoffen zerstört werden.

Konzentrierte Säuren und Laugen verursachen Verätzungen der Haut und Schleimhäute; je nach Konzentration und Einwirkungszeit kann es von einer oberflächlichen Reizung bis zu einer tiefgreifenden Zerstörung der Haut und des Gewebes führen.

Besonders gefährdet sind Augen und Luftwege.

Kann zur Erblindung durch Zerstörung der Hornhaut führen.

Laugen verursachen häufig schwerere Schäden als Säuren, obwohl der Auslöseschmerz bei Beginn der Verätzung oft geringer ist.

Vorsicht beim Verdünnen von starken Säuren; nie das Wasser in die Säure geben, sondern die Säure in dünnem Strahl unter Umrühren ins Wasser gießen.

**Physikalische Gefahr**
Stoffe/Gemische, die auf Metalle chemisch einwirken, sie beschädigen oder auch zerstören.

**Schutzmaßnahmen**

Beim Umgang mit ätzenden Stoffen sind Schutzbrillen mit Seitenschutz und geeignete Schutzhandschuhe (siehe Sicherheitsdatenblatt) zu tragen.

Augenschutz tragen

Schutzhandschuhe tragen

Bei der Arbeit geeignete Schutzkleidung tragen. Berührung mit Haut, Augen und Kleidung vermeiden.

Dämpfe nicht einatmen.

Benetzte oder durchtränkte Kleidung sofort ausziehen. Spritzer auf der Haut und in den Augen gründlich mit Wasser abspülen. Nach der Arbeit Hände und Gesicht mit Seife waschen.

Gefährliche Gase können entstehen, wenn Flüssigkeiten miteinander zu gefährlichen Stoffen reagieren. Eine Vermischung der Stoffe ist dann zu vermeiden.

Behälter dicht geschlossen und trocken halten.

Behälter sind nach dem Ab- und Befüllen sofort dicht zu verschließen.

Flüssigkeiten nur in ordnungsgemäß gekennzeichnete Behälter füllen. Nur so können gefährliche Verwechslungen vermieden werden.

Gefäße mit ätzenden Flüssigkeiten nicht über Augenhöhe aufbewahren.

Auf Metalle korrosiv wirkende Stoffe in korrosionsfestem Behälter aufbewahren

**Verhalten im Gefahrfall**

Nach Auslaufen mit viel Wasser verdünnen oder mit geeignetem Bindemittel aufnehmen.

Beim Aufwischen ausgelaufener gefährlicher Flüssigkeiten sind geeignete Schutzhandschuhe und Schutzbrille zu tragen.

Gefährdeten Bereich schnellstens verlassen.

**Entsorgung**

In geeigneten Behältern sammeln und in gesicherter Weise entsorgen.

Behälter sind entsprechend zu kennzeichnen.

Nicht in die Kanalisation einleiten.

Geringe Mengen Säuren und Laugen können neutralisiert werden.

Mit säurebindendem Material (z.B. Kalksteinmehl, Calciumcarbonat, Schlämmkreide) neutralisieren.

Verspritzte und verschüttete Chemikalien müssen sofort ordnungsgemäß entsorgt werden.

Konzentrierte Säuren und Laugen werden mit Wasser verdünnt, neutralisiert und die Flüssigkeit anschließend aufgewischt. Hierbei müssen Schutzhandschuhe getragen werden.

## Erste Hilfe

Bei Exposition: sofort Giftinformationszentrum oder Arzt anrufen.

**Augenkontakt:** Einige Minuten lang behutsam mit Wasser spülen unter Schutz des unverletzten Auges, vorhandene Kontaktlinsen nach Möglichkeit entfernen, weiterspülen, ärztliche Behandlung notwendig.

**Einatmen:** Verletzten aus dem Gefahrenbereich in frische Luft bringen, für Körperruhe sorgen, vor Wärmeverlust schützen.

Bei Atemnot Sauerstoff inhalieren.

Für ärztliche Behandlung sorgen.

**Verschlucken:** Mund ausspülen. Kein Erbrechen herbeiführen.

Wasser in kleinen Schlucken trinken. Arzt konsultieren.

**Hautkontakt:** Benetzte oder durchtränkte Kleidung entfernen.

Behutsam mit viel Wasser und Seife waschen. Ggf. mit einem vom Hersteller angegebenen Mittel abwaschen.

## Betriebsanweisung 6: Gesundheitsgefahren

Es handelt sich um eine Gruppenbetriebsanweisung.

**Signalwort: Gefahr**

Totenkopf mit gekreuzten Knochen

### Gefahren

**Gefahrenklasse:**
**Akute Toxizität**
*Signalwort: Gefahr*
Gefahrenkategorie: 1 und 2
Lebensgefahr bei Verschlucken. (H300)
Lebensgefahr bei Hautkontakt. (H310)
Lebensgefahr bei Einatmen. (H330)

Gefahrenkategorie: 3
Giftig bei Verschlucken. (H301)
Giftig bei Hautkontakt. (H311)
Giftig bei Einatmen. (H331)

Stoffe/Gemsiche, die schädliche Wirkungen in geringer Konzentration und kurzer Einwirkzeit beim Einatmen, Verschlucken sowie bei Berührung mit Haut und Schleimhäuten hervorrufen bei einer Einzeldosis (oral/dermal in 24 Std.; inhalativ 4 Std.)

Stoffe/Gemische, die beim Einatmen, Verschlucken und Berühren mit der Haut sehr giftig bzw. giftig sind.

Irreversible Schäden möglich.

Ernste Gefahr irreversiblen Schadens.

Gefahr ernster Gesundheitsschäden bei kurzfristiger wie auch bei längerer Exposition.

Wirken z. T. in geringen Mengen tödlich.

Bei einigen Giften können Stunden nach der Aufnahme noch lebensbedrohliche Zustände auftreten.

(**Symptome:** Übelkeit, Kopfschmerzen, Erbrechen, Erstickungskrämpfe, Leibschmerzen, Durchfälle, Kreislaufversagen, Schwächegefühl, Schweißausbruch, Schwindel.)

### Schutzmaßnahmen

Augenschutz tragen

Schutzhandschuhe tragen

ggf. Atemschutz tragen in Abhängigkeit vom Risiko

*Augenschutz:* Schutzbrille mit Seitenschutz.

*Atemschutz:* Staubschutzfilter (Filtertyp siehe Sicherheitsdatenblatt) bei stark staubenden Substanzen tragen.

Jeglichen Kontakt mit dem menschlichen Körper vermeiden.

Arbeiten, insbesondere solche, bei denen giftige Dämpfe entstehen können, sind im gut ziehenden Abzug mit weitgehend geschlossenen Frontschiebern durchzuführen.

Ist mit giftigen Stoffen in der Atemluft zu rechnen, so ist für eine ausreichende Belüftung zu sorgen; ggf. geeignete Atemschutzmaske.

Bei gefährlichen Staubkonzentrationen sofort den Bereich verlassen und Stäube nicht einatmen! Verschüttete Feststoffe vorsichtig mit Schutzhandschuhen und ggf. Staubschutzmaske aufnehmen und in geschlossenen Behältern sammeln.

Unter Verschluss aufbewahren. Deckel auf Behältern/Standgefäßen sofort schließen.

Für gute Be- und Entlüftung in den Räumen sorgen.

*Körperschutz:* Geeignete Schutzkleidung, geeignete Schutzhandschuhe (siehe Sicherheitsdatenblatt) tragen.

### Entsorgung

Sondermüll.

Nicht in die Kanalisation gelangen lassen. Abfälle getrennt in verschließbaren, mit Totenkopfsymbol gekennzeichneten Behältern sammeln.

Abfälle und Behälter müssen in gesicherter Weise beseitigt werden.

Verbrennung in geeigneten Verbrennungsanlagen.

## Erste Hilfe

Schnelles Handeln erforderlich.

Sofort Giftinformationszentrum oder Arzt anrufen.(P310)

Bei Exposition oder falls betroffen, ärztlichen Rat einholen / ärztliche Hilfe hinzuziehen.

Benetzte Kleidung entfernen.

**Augenkontakt**: Einige Minuten lang behutsam mit Wasser spülen.

Vorhandene Kontaktlinsen nach Möglichkeit entfernen, weiter spülen.

**Einatmen:** Verletzten aus dem Gefahrenbereich bringen. Frischluftzufuhr sicherstellen. Absolute Körperruhe, vor Wärmeverlust schützen, ärztlichen Rat einholen / ärztliche Hilfe hinzuziehen.

**Verschlucken:** Reichlich Wasser trinken, kein Erbrechen herbeiführen.

Bei Bewusstlosigkeit weder Erbrechen auslösen noch Verletztem zu trinken geben, stabile Seitenlage.

Für ärztliche Behandlung sorgen.

Chemischen Stoff und durchgeführte Maßnahmen dem Arzt angeben.

**Hautkontakt:** Mit viel Wasser und Seife waschen. Alle beschmutzten oder kontaminierten Kleidungsstücke sofort ausziehen, Stoffreste evtl. mechanisch entfernen, mit viel Wasser spülen, ggf. mit Seife abwaschen.

Kontaminierte Kleidung vor erneutem Tragen waschen.

## Betriebsanweisung 7: Gesundheitsgefahren

Es handelt sich um eine Gruppenbetriebsanweisung.

GHS07

**Signalwort: Achtung**

Ausrufezeichen

---

**Gefahren**

**Gefahrenklasse:**
**Akute Toxizität (oral, dermal, inhalativ)**
*Signalwort: Achtung*
Gefahrenkategorie: 4
Gesundheitsschädlich bei Verschlucken. (H302)
Gesundheitsschädlich bei Hautkontakt. (H312)
Gesundheitsschädlich bei Einatmen. (H332)

**Gefahrenklasse:**
**Spezifische Zielorgantoxizität bei einmaliger Exposition**
*Signalwort: Achtung*
Gefahrenkategorie: 3
Kann die Atemwege reizen. (H335)
Kann Schläfrigkeit und Benommenheit verursachen. (H336)

**Gefahrenklasse:**
**Sensibilisierung der Haut**
*Signalwort: Achtung*
Gefahrenkategorie: 1
Kann allergische Hautreaktionen verursachen. (H317)

**Gefahrenklasse:**
**Augenreizung**
*Signalwort: Achtung*
Gefahrenkategorie: 2
Verursacht schwere Augenreizung. (H319)

**Gefahrenklasse:**
**Reizwirkung auf die Haut**
*Signalwort: Achtung*
Gefahrenkategorie: 2
Verursacht Hautreizungen. (H315)

Stoffe /Gemische, die irreversible und reversible Schädigungen der Gesundheit hervorrufen können.

Stoffe/Gemische, die bei Kontakt mit dem Körper Gesundheitsschäden verursachen.

Gesundheitsschädlich beim Einatmen, bei Berührung mit der Haut, beim Verschlucken.

Kann beim Verschlucken Lungenschäden verursachen.

Bei einigen Stoffen Sensibilisierung durch Einatmen bzw. durch Hautkontakt möglich.

Im Einzelfall Gefahr kumulativer Wirkungen.

Stoffe/Gemische, die eine Reizwirkung auf Haut, Augen und Atmungsorgane, Schleimhäute ausüben können.

Reversible Hautschädigungen.

Reizgase reizen die Haut und die Schleimhäute, besonders die Atemwege und die Augen. (Symptome: Hustenreiz, Stechen in Nase und Rachen, Brennen und Tränen der Augen.)

Sensibilisierung bei einigen Stoffen durch Einatmen bzw. Hautkontakt möglich.

Kann bei Berührung mit der Haut Entzündungen verursachen.

Bei Arbeiten mit staubenden Substanzen geeigneten Staubschutzfilter/Atemschutzmaske (Sicherheitsdatenblatt) tragen.

Dämpfe nicht einatmen.

Berührung/Kontakt mit der Haut und den Augen vermeiden.

Arbeiten, bei denen gesundheitsschädliche oder reizende Dämpfe entstehen können, sind im gut ziehenden Abzug mit weitgehend geschlossenen Frontschieber durchzuführen; geschlossene Apparaturen sind zu bevorzugen.

Nur in gut belüfteten Bereichen verwenden.

## Schutzmaßnahmen

Augenschutz tragen     Schutzhandschuhe tragen

*Augenschutz:* Schutzbrille mit Seitenschutz.

*Körperschutz:* geeignete Schutzhandschuhe, Schutzkleidung tragen.

## Entsorgung

Abfälle und Behälter müssen in gesicherter Weise beseitigt werden.

Nicht in die Kanalisation gelangen lassen.

Abfälle getrennt sammeln.

Verbrennung in geeigneten Verbrennungsanlagen.

## Erste Hilfe

Bei Unwohlsein Giftinformationszentrum oder Arzt anrufen.

Verletzten aus Gefahrenbereich in frische Luft bringen.

Kontaminierte Kleidung und Haut sofort mit viel Wasser abwaschen und danach Kleidung ausziehen. Kontaminierte Kleidung vor erneutem Tragen waschen.

**Augenkontakt:** Einige Minuten lang behutsam mit Wasser spülen. Vorhandene Kontaktlinsen nach Möglichkeit entfernen. Weiter spülen. Das unverletzte Auge schützen.

**Einatmen:** Bei Atembeschwerden an die frische Luft bringen und in einer Position ruhigstellen, die das Atmen erleichtert.

Für Körperruhe sorgen, vor Wärmeverlust schützen, ärztliche Hilfe hinzuziehen.

**Verschlucken:** Reichlich Wasser trinken, kein Erbrechen herbeiführen, in der Regel ärztliche Hilfe erforderlich.

**Hautkontakt:** Mit viel Wasser und ggf. Seife waschen. Bei Hautreizung und Hautausschlag ärztlichen Rat einholen / ärztliche Hilfe hinzuziehen.

## Betriebsanweisung 8: Gesundheitsgefahren

Es handelt sich um eine Gruppenbetriebsanweisung.

GHS08

Gesundheits-
gefahr

**Signalwort:**

**Gefahr, Achtung**

---

**Gefahren**

**Gefahrenklasse:
Karzinogenität**
*Signalwort: Gefahr*
Gefahrenkategorie: 1A und B
Kann Krebs erzeugen. (H350) (möglichst Expositionsweg angeben)
Kann bei Einatmen Krebs erzeugen. (H350i)

*Signalwort: Achtung*
Gefahrenkategorie: 2
Kann vermutlich Krebs erzeugen. (H351) (möglichst Expositionsweg angeben)

**Gefahrenklasse:
Keimzellmutagenität**
*Signalwort: Gefahr*
Gefahrenkategorie: 1A und 1B
Kann genetische Defekte verursachen. (H340) (möglichst Expositionsweg angeben)

*Signalwort: Achtung*
Gefahrenkategorie: 2
Kann vermutlich genetische Defekte verursachen. (H341) (möglichst Expositionsweg angeben)

**Gefahrenklasse:
Reproduktionstoxizität**
*Signalwort: Gefahr*
Gefahrenkategorie: 1A und 1B
Kann die Fruchtbarkeit beeinträchtigen oder das Kind im Mutterleib schädigen. (H360)
Kann die Fruchtbarkeit beeinträchtigen. (H360F)
Kann das Kind im Mutterleib schädigen. (H360D)
Kann die Fruchtbarkeit beeinträchtigen. Kann das Kind im Mutterleib schädigen. (H360FD)
Kann die Fruchtbarkeit beeinträchtigen. Kann vermutlich das Kind im Mutterleib schädigen. (H360Fd)
Kann das Kind im Mutterleib schädigen. Kann vermutlich die Fruchtbarkeit beeinträchtigen. (H360Df)

*Signalwort: Achtung*
Gefahrenkategorie: 2
Kann vermutlich die Fruchtbarkeit beeinträchtigen oder das Kind im Mutterleib schädigen. (H361)
Kann vermutlich die Fruchtbarkeit beeinträchtigen. (H361f)
Kann vermutlich das Kind im Mutterleib schädigen. (H361d)

Kann vermutlich die Fruchtbarkeit beeinträchtigen. Kann vermutlich das Kind im Mutterleib schädigen. (H361fd)

(F= Fruchtbarkeit, D= Entwicklung. Kleinschreibung: vermutliche Wirkung)
Möglichst Expositionswege und, sofern bekannt, konkrete Wirkung angeben.

**Gefahrenklasse:**
**Spezifische Zielorgantoxizität –**
 **einmalige / wiederholte Exposition**
(möglichst betroffene Organe und Expositionsweg benennen)
*Signalwort: Gefahr*
Gefahrenkategorie: 1
Schädigt die Organe. (H370)
(bei einmaliger Exposition)
Schädigt die Organe bei längerer oder wiederholter Exposition. (H372)

*Signalwort: Achtung*
Gefahrenkategorie: 2
Kann die Organe schädigen. (H371)
Kann die Organe schädigen bei längerer oder wiederholter Exposition. (H373)

**Gefahrenklasse:**
**Aspirationsgefahr**
*Signalwort: Gefahr*
Gefahrenkategorie: 1
Kann bei Verschlucken und Eindringen in die Atemwege tödlich sein. (H304)

**Gefahrenklasse:**
**Sensibilisierung der Atemwege oder der Haut**
*Signalwort: Gefahr*
Gefahrenkategorie: 1
Kann bei Einatmen Allergie, asthmaartige Symptome oder Atembeschwerden verursachen. (H334)

Kein Piktogramm

Kein Signalwort

Gefahrenkategorie: Zusatzkategorie für Wirkungen auf / über Laktation
Kann Säuglinge über die Muttermilch schädigen. (H362)

Stoffe/Gemische, die kanzerogene (krebserzeugende), mutagene (erbgutverändernde), reproduktionstoxisch (fortpflanzungsgefährdende) und teratogene (fruchtschädigende) Eigenschaften besitzen.

Kann Krebs erzeugen beim Einatmen, Verschlucken, bei Berührung mit der Haut.

Kann vererbbare Schäden verursachen.

Kann die Fortpflanzungsfähigkeit beeinträchtigen.

Kann das Kind im Mutterleib schädigen.

Irreversibler Schaden möglich. Ernste Gefahr irreversiblen Schadens.

Gefahr ernster Gesundheitsgefahren bei längerer oder wiederholter Exposition.

Gesundheitsschädlich beim Einatmen, Verschlucken, bei Berührung mit der Haut.

Gefahr von Gesundheitsschäden durch Einatmen der Stäube, versehentliches Verschlucken.

Kontakt mit der Haut führt bei einigen Stoffen/Gemischen zu Reizungen bzw. Sensibilisierungen.

Kann bei Verschlucken und Eindringen in die Atemwege tödlich sein.

## Schutzmaßnahmen

Vorgeschriebene persönliche Schutzausrüstung tragen.

Augenschutz tragen

Schutzhandschuhe tragen

*Augenschutz:* Schutzbrille mit Seitenschutz

*Körperschutz:* geeignete Schutzkleidung, geeignete Schutzhandschuhe (siehe Sicherheitsdatenblatt) tragen.

*Atemschutz:* Atemschutzmaske (FFP2) bei stark stäubenden Substanzen tragen.

Die Verwendung der Stoffe erfolgt unter besonderer Berücksichtigung der Arbeitsschutzvorgaben.

Vor Gebrauch besondere Anweisungen einholen (P201).

Jeglichen Kontakt mit dem menschlichen Körper vermeiden.

Arbeiten, insbesondere solche, bei denen gesundheitsgefährdende Dämpfe entstehen können, sind im gut ziehenden Abzug mit weitgehend geschlossenen Frontschiebern durchzuführen.

Ist mit der Freisetzung von gesundheitsgefährdenden Stoffen in der Luft zu rechnen, so ist für eine ausreichende Belüftung zu sorgen und ggf. sind geeignete Atemschutzmasken zu verwenden.

Staubende Stoffe in einer möglichst weitgehend geschlossenen Analysenwaage abwiegen.

Stäube nicht einatmen. Bei gefährlichen Staubkonzentrationen den Arbeitsplatz verlassen.

Verschüttete Feststoffe vorsichtig mit Schutzhandschuhen aufnehmen (ggf. Atemschutzmaske tragen) und in geschlossenen, gekennzeichneten Behältern sammeln.

Standgefäße, nach Entnehmen des Stoffes, sofort schließen; nicht offen stehen lassen.

Unter Verschluss aufbewahren.

## Entsorgung

Sondermüll.

Nicht in die Kanalisation gelangen lassen.

Abfälle getrennt in einem geschlossenen Behälter sammeln. Die Behälter sind mit dem Piktogramm (GHS 08) und dem Hinweis „Gesundheitsgefahr" zu kennzeichnen.

Abfälle und Behälter sind in gesicherter Weise zu entsorgen.

Verbrennung in geeigneten Verbrennungsanlagen.

## Erste Hilfe

Bei Exposition: Ärztlichen Rat einholen/ärztliche Hilfe hinzuziehen.

Sofort ggf. Giftinformationszentrum anrufen.

**Augenkontakt:** Einige Minuten lang behutsam mit Wasser spülen; vorhandene Kontaktlinsen entfernen, weiter spülen.

**Einatmen:** Verletzten aus dem Gefahrenbereich bringen. Frischluftzufuhr sicherstellen. Ärztlichen Rat einholen.

**Hautkontakt:** Mit viel Wasser und Seife waschen. Alle beschmutzten, getränkten Kleidungsstücke sofort ausziehen. Kontaminierte Kleidung vor erneutem Tragen waschen.

**Verschlucken:** Reichlich Wasser trinken, kein Erbrechen herbeiführen. Bei Bewusstlosigkeit weder Erbrechen auslösen noch Verletzten zu trinken geben, stabile Seitenlage. Für ärztliche Behandlung sorgen.

Chemischer Stoff und durchgeführte Maßnahmen dem Arzt angeben.

## Betriebsanweisung 9: Umweltgefahren

Es handelt sich um eine Gruppenbetriebsanweisung.

**Signalwort: Achtung**

### Gefahren

**Gefahrenklasse:**
**Gewässergefährdend**
**(akut / chronisch)**
*Signalwort: Achtung*
Gefahrenkategorie: Akut Kategorie 1
Sehr giftig für Wasserorganismen. (H400)
Gefahrenkategorie:
Chronisch Kategorie 1
Sehr giftig für Wasserorganismen, mit langfristiger Wirkung. (H410)

*kein Signalwort*
Gefahrenkategorie:
Chronisch Kategorie 2
Giftig für Wasserorganismen, mit langfristiger Wirkung. (H411)

*– kein Piktogramm –*
**Gefahrenklasse:**
**Gewässergefährdend (akut / chronisch)**
*kein Signalwort*
Gefahrenkategorie:
Chronisch Kategorie 3 und 4
Schädlich für Wasserorganismen, mit langfristiger Wirkung. (H412)
Kann für Wasserorganismen schädlich sein, mit langfristiger Wirkung. (H413)

*– kein Piktogramm –*
**EU-Gefahrenklasse:**
**die Ozonschicht schädigend**
Stoffe/Gemische, die eine Gefahr für die Ozonschicht darstellen können
Kategorie: --
*Signalwort: Gefahr*
Die Ozonschicht schädigend. (EUH059)

Stoffe / Gemische, die akute und / oder längerfristige Schadwirkungen gegenüber Wasserorganismen hervorrufen.

Auswirkungen auf die Umwelt.

Sehr giftig / giftig / schädlich für Wasserorganismen.

Kann in Gewässern längerfristig schädliche Wirkungen haben.

Giftig für Pflanzen/Tiere/ Bodenorganismen/ Bienen.

Kann längerfristig schädliche Wirkungen auf die Umwelt haben.

Gefährlich für die Ozonschicht.

## Schutzmaßnahmen

Freisetzung in die Umwelt vermeiden.

Zur Vermeidung einer Kontamination der Umwelt geeignete Behälter verwenden.

Information zur Wiederverwendung/-verwertung beim Hersteller oder Lieferanten erfragen.

Sicherheitsdatenblätter beim Umgang beachten.

Bei Kontamination Betriebsleiter/Behörden informieren.

## Entsorgung

Abfälle müssen in gesicherter Weise beseitigt werden. Stoff und seinen Behälter als gefährlicher Abfall der Problemabfallentsorgung oder einer gesicherten Wiederverwertung zuführen; spezifische Informationen siehe Sicherheitsdatenblatt.

## Erste Hilfe

Bei Verschlucken kein Erbrechen herbeiführen, ausreichend Wasser trinken.

Bei Hautkontakt ausreichend mit Wasser spülen.

Sofort ärztlichen Rat einholen und Etikett vorzeigen.

## Betriebsanweisung 10: Steroidhormone

GHS08

Gesundheitsgefahr

z. B. Androgene, Anabolika (z. B. Testosteron), Estrogene (z. B. Estradiol-17alpha), Gestagene, Glucocorticoide (z. B. Betamethason, Clobetasol, Dexamethason, Hydrocortison, Prednisolon, Triamcinolon)

### Gefahren

Kann die Fruchtbarkeit beeinträchtigen oder das Kind im Mutterleib schädigen.

Kann genetische Defekte verursachen.

Bei einigen Stoffen Sensibilisierung durch Hautkontakt möglich.

Gefahr von Gesundheitsschäden bei längerer Exposition durch Einatmen der Stäube, versehentliches Verschlucken.

Schädigt die Organe. Schädigt die Organe bei längerer oder wiederholter Exposition.

### Schutzmaßnahmen

**Augenschutz:** Schutzbrille mit Seitenschutz

Geeignete Schutzhandschuhe tragen.

Augenschutz tragen

Schutzhandschuhe tragen

Arbeiten, mit Ausnahme des Wägeprozesses, bei denen Stäube entstehen, sind im Laborabzug mit weitgehend geschlossenem Frontschieber durchzuführen; ausgeschaltet, wenn Feststoffe/Pulver verwirbeln können.

Staub nicht einatmen. Kann eine Staubentwicklung nicht vermieden werden, z. B. bei der Verarbeitung größerer Mengen, so sind geeignete Staubschutzmasken (FFP2) zu tragen.

Bei gefährlichen Staubkonzentrationen sofort den Gefahrenbereich verlassen.

Wägetätigkeiten bei besonders großen Mengen sollten – sofern möglich – in einer Herstellungsbox durchgeführt werden; das Entstehen von Staubaufwirbelungen ist zu vermeiden.

Die Angaben zum Arbeitsschutz im Sicherheitsdatenblatt sind zu beachten.

Kontakt mit dem menschlichen Körper vermeiden.

**Körperschutz:** Schutzkleidung, geschlossener Kittel bei Tätigkeiten mit diesen Substanzen tragen.

Verschüttete Feststoffe vorsichtig ohne Hautkontakt aufnehmen und in geschlossenen ordnungsgemäß gekennzeichneten Behältern sammeln; Körperkontakt vermeiden.

Bei Unfall Arzt hinzuziehen.

**Entsorgung**

Sondermüll.

Abfälle getrennt in verschließbaren, ordnungsgemäß mit entsprechendem Gefahrenpiktogramm gekennzeichneten Behältern sammeln.

Abfälle, Behälter in gesicherter Weise (Verbrennungsanlagen) entsorgen.

## Erste Hilfe

Verschmutzte Kleidung ohne Hautkontakt entfernen.

**Augenkontakt:** Einige Minuten lang behutsam mit Wasser spülen. Vorhandene Kontaktlinsen nach Möglichkeit entfernen, weiter spülen; Arzt aufsuchen.

**Einatmen:** Sofort Gefahrenbereich verlassen; Frischluftzufuhr sicherstellen; ggf. Arzt hinzuziehen.

**Verschlucken:** Kein Erbrechen herbeiführen; für ärztliche Behandlung sorgen.

**Hautkontakt:** Mit viel Wasser und Seife waschen.
Alle beschmutzen, getränkten Kleidungsstücke sofort ausziehen.
Kontaminierte Kleidung vor erneutem Tragen waschen.

## Betriebsanweisung 11: Zytostatika

GHS08

Gesundheitsgefahr

Betriebsanweisung für Gefahrstoffe mit krebserzeugender, erbgutverändernder oder fortpflanzungsgefährdender Wirkung

### Gefahren

Zytostatika sind Stoffe, die generell mutagene (erbgutverändernde), kanzerogene (krebserzeugende), reproduktionstoxische (fortpflanzungsgefährdende) und teratogene (fruchtschädigende) Eigenschaften besitzen und somit folgende gefährliche Eigenschaften aufweisen:
– Kann Krebs erzeugen beim Einatmen, Verschlucken, bei Berührung mit der Haut.
– Kann vererbbare Schäden verursachen.
– Kann die Fortpflanzungsfähigkeit beeinträchtigen.
– Kann das Kind im Mutterleib schädigen.
– Irreversibler Schaden möglich. Ernste Gefahr irreversiblen Schadens.
– Sehr giftig, giftig bzw. gesundheitsschädlich beim Einatmen, beim Verschlucken und bei Berührung mit der Haut.
– Gefahr ernster Gesundheitsschäden bei längerer Exposition.
– Versprühen oder Verspritzen arzneimittelhaltiger Lösungen oder von Zytostatikastäuben muss vermieden werden, da sonst die Gefahr des Einatmens, des Verschluckens oder des Hautkontaktes besteht.
– Kontakt mit der Haut oder Schleimhaut führt zu Reizungen mit Rötung, Brennen oder Juckreiz.
– Zytostatika können wassergefährdend und umweltgefährdend sein.

Behälter von Ausgangsstoffen sind mit dem Gefahrenpiktogramm zu kennzeichnen (Fertigarzneimittel und Rezepturarzneimittel unterliegen nicht der Kennzeichnungspflicht).

### Schutzmaßnahmen

Die Fenster des Raumes müssen während des Betriebes der Sicherheitswerkbänke verschlossen sein.

Warn- und Sicherheitszeichen sind anzubringen.

Die Räume sind vor dem Zutritt Unbefugter zu schützen.

Der Zutritt zum Zytostatikaraum ist während der Herstellung verboten; ungestörtes Arbeiten ist sicherzustellen.
Herstellungsvorgänge möglichst nicht unterbrechen, um das Aufwirbeln von Staub zu vermeiden.

Zutritt für Unbefugte verboten

**Herstellung:** Zytostatika müssen in Sicherheitswerkbänken – TÜV geprüft – hergestellt werden:

Jeglicher Kontakt mit dem menschlichen Körper, der Haut, den Schleimhäuten auch Einatmen, Inhalieren der zytostatikahaltigen Stäube und Aerosole muss vermieden werden.

Eine unbeabsichtigte Resorption (Aufnahme) und Exposition von Zytostatika bei der Arbeit ist sicher auszuschließen.

Zur Beseitigung verschütteter Zytostatika ist ein Notfall-Set bereitzuhalten.

**Körperschutz:** Vorne hochgeschlossene flüssigkeitsdichte Schutzkittel (Zytostatikakittel) mit langen eng anliegenden Armbündchen, Häubchen und Zytostatikahandschuhe entsprechender Materialstärke mit Armstulpen, die über die Bündchen des Kittels gehen, tragen.

Schutzkittel täglich wechseln, bei Kontamination mit Zytostatika sofort wechseln.

Schutzhandschuhe tragen. Ggf. Atemschutzmaske FFP2 tragen.

Handschuhe spätestens nach 20 Minuten, nach sichtbarer Kontamination oder Beschädigung sofort wechseln.

Einmalhandschuhe nach außen gekrempelt abziehen.

**Entsorgung**

Sondermüll; Abfälle und Behälter müssen in gesicherter Weise beseitigt werden.

Reststoffe und Abfälle, die krebserzeugende Gefahrstoffe enthalten, sind in geeigneten, sicher verschließbaren und gekennzeichneten Behältern ohne Gefahr für Mensch und Umwelt zu sammeln, zu lagern und zu entsorgen.

Zur Entsorgung verschütteter Zytostatika das bereitliegende »Notfall-Set« verwenden.

Die Behälter sind klar, eindeutig und deutlich sichtbar mit dem Hinweis »Zytostatika-Abfall« zu kennzeichnen und sicher verschlossen als Sondermüll zu entsorgen.

Die Arbeitsunterlage und die gebrauchten Arbeitsmaterialien müssen vorsichtig zusammengelegt, ggf. eingeschweißt und in der Zytostatika-Abfalltonne entsorgt werden.

Augenschutz tragen

Schutzhandschuhe tragen

## Erste Hilfe

Bei Unfall oder Unwohlsein sofort Arzt hinzuziehen.

Schnelles Handeln erforderlich.

Benetzte Kleidung unter Einhaltung der Vorsichtsmaßnahmen entfernen.

In jedem Fall für ärztliche Behandlung sorgen.

Derartige Vorfälle sind zu dokumentieren (z. B. Verbandbuch) und dem Betriebsarzt zu melden.

Chemischer Stoff und durchgeführte Maßnahmen dem Arzt angeben.

**Augenkontakt:** Sofort vorsichtig und gründlich mit viel Wasser spülen, Arzt aufsuchen.

**Einatmen:** Verletzten aus dem Gefahrenbereich bringen; Frischluft sicherstellen. Absolute Körperruhe, vor Wärmeverlust schützen; für ärztliche Behandlung sorgen.

**Innerlich:** Kein Erbrechen auslösen; ärztliche Hilfe erforderlich.

**Hautkontakt:** Kontaminierte Kleidung vorsichtig entfernen; Stoffreste evtl. mechanisch unter Einhaltung der Vorsichtsmaßnahmen entfernen und in die Zytostatikatonne geben. Kontaminierte Hautpartien mit viel Wasser und Seife waschen.

**Ergänzende Hinweise für den Umgang mit Zytostatika**

Die Betriebsanweisung für Zytostatika muss auf die speziellen betriebsspezifischen Besonderheiten eines Krankenhauses oder einer Apotheke abgestimmt und entsprechend ergänzt werden. Die notwendigen Gebots- und Verbotsschilder sind einzufügen.

Bei der Herstellung von Zytostatika wie auch bei der Erstellung von apothekenspezifischen Betriebsanweisungen sind zahlreiche weitere detaillierte Rechtsgrundlagen zu beachten, insbesondere folgende Vorschriften:
- Herstellung applikationsfertiger Zytostatikalösungen in Apotheken (Bundeseinheitliche Richtlinie), Bundesgesundheitsblatt Nr. 9/98.
- Neue Technische Regeln für Gefahrstoffe (TRGS 525)
- Umgang mit Gefahrstoffen in Einrichtungen der Humanmedizinischen Versorgung. BArBl. 5/98 (Abschnitt 5, Schutzmaßnahmen für den Umgang mit Zytostatika).
- Merkblatt M 620
  Sichere Handhabung von Zytostatika, Stand 6/2004, Berufsgenossenschaft für Gesundheitsdienst und Wohlfahrtspflege, Hamburg. Das aktualisierte M 620 enthält eine Liste zur gefahrstoffrechtlichen Einstufung von antineoplastisch wirksamen Arzneistoffen.
- Leitlinie der Bundesapothekerkammer: Aseptische Herstellung und Prüfung applikationsfertiger Parenteralia mit toxischem Potenzial; Stand 6. Mai 2003.
- Halsen, Krämer; Umgang mit Zytostatika; Gefährdungsbeurteilung kein Problem? In: Krankenhauspharmazie 2004, S. 43 – 52.

# Betriebsanweisung 12: Explosionsschutz
für Gefahrstoffe mit der Kennzeichnung.

## Gefahren

Die Brennbarkeit einer Flüssigkeit wird bestimmt durch sicherheitstechnische Kenngrößen wie u. a. Flammpunkt, Brennpunkt, Zündtemperatur sowie Mindestzündtemperatur und Explosionsgrenzen für die Dämpfe.

Zündquellen stellen eine Gefahr dar; es besteht erhöhte Brand- und Explosionsgefahr in Verbindung mit brennbaren Flüssigkeiten, Feststoffen und Gasen. Potenzielle Zündquellen sind z.B. elektrostatische Entladungen, offene Flammen, heiße Oberflächen.

Vorsicht beim Erwännen brennbarer Flüssigkeiten! Erhöhte Brand- und Explosionsgefahr!

Es kommt zur Explosion, wenn ein explosionsfähiges Gemisch vorliegt, dies besteht aus brennbaren Gasen, Dämpfen oder Nebeln, in dem sich der Verbrennungsvorgang nach erfolgter Zündung auf das gesamte unverbrannte Gemisch überträgt. Für eine Explosion müssen drei Bedingungen erfüllt sein:

Sauerstoff, brennbare Dämpfe/Gase/Nebel und eine Zündquelle mit ausreichender Zündenergie.

Versprühen von brennbaren Flüssigkeiten führt zur Bildung explosionsfähiger Atmosphäre. Diese kann durch eine wirksame Zündquelle auch unterhalb des Flammpunktes entzündet werden!

Viele Lösemitteldämpfe sind schwerer als Luft. Sie sammeln sich am Boden, vermischen sich dabei mit Luft. Sie kriechen über weite Strecken und können so gegebenenfalls an einer anderen Stelle oder in angrenzenden und tieferliegenden Bereichen entzündet werden.

Die Flüssigkeit brennt schon bei niedrigeren Temperaturen, wenn kleine Tropfen vorhanden sind oder die Anwendung im Rahmen eines Sprühverfahrens erfolgt. Denn eine feine Verteilung führt zur Absenkung des Flammpunktes. Dies ist besonders relevant bei Lösungsmittelmischungen, denn kleinere Bestandteile mit niedrigeren Flammpunkten können den Flammpunkt des brennbaren Gemisches deutlich erniedrigen. Wird das Gemisch mit Wasser verdünnt, so steigt der Flammpunkt der Flüssigkeit.

## Schutzmaßnahmen

Stoffe/Gemische sind durch andere Stoffe/Gemische, die keine explosionsfähigen Gemische bilden, zu ersetzen (Substitution).

Nicht mit brandfördernden und selbstentzündlichen Stoffen/Produkten zusammenlagern.

Die betriebsbedingte Bildung von gefährlichen explosionsfähigen Gemischen ist zu verhindern oder einzuschränken:

- Begrenzung der eingesetzten Mengen der Gefahrstoffe, brennbare Flüssigkeiten nur in der Menge lagern, wie sie für den Fortgang der Tätigkeit notwendig ist.
- kein unbeabsichtigtes Freisetzen der Gefahrstoffe, geeignete Behältnisse verwenden!
- Gefäße nicht offen stehen lassen!
- Vermeidung von unkontrollierten exothermen chemischen Reaktionen.
- Verbot von offenem Feuer und offenem Licht sowie Rauchverbot mit der entsprechenden Kennzeichnung.
- Freiwerdende gefährliche explosionsfähige Gemische müssen gefahrlos beseitigt werden. Austretende brennbare Flüssigkeitslachen mit saugfähigem Material (Lappen, Bindemittel) aufnehmen und das getränkte Material in flüssigkeitsdichten Behälter aus Metall aufbewahren. Zündquellen (z.B. Funkenbildung, heiße Oberflächen) ausschalten. Für gute Belüftung sorgen.
- Tätigkeiten ggf. im Abzug durchführen.
- Frei werdende Dämpfe am Arbeitsplatz müssen vollständig und möglichst an der Entstehungs- oder Austrittsstelle erfasst und gefahrlos beseitigt werden. Falls dies nicht möglich ist, sind entsprechende Lüftungsmaßnahmen einzusetzen.
- Verwendung geeigneter und zugelassener elektrischer Betriebsmittel (explosionsgeschützte Geräte).
- Feuerlöscher in ausreichender Zahl müssen zur Verfügung stehen.
- Flucht- und Rettungswege sind gekennzeichnet.
- Es sollten im Labor z.B. Rauchmelder installiert werden.

## Explosionsschutzdokument:

Gemäß BetrSichV muss ein Explosionsschutzdokument für die Arbeitsmittel und Arbeitsabläufe erstellt werden, in dem die Risiken ermittelt und bewertet werden. Je nach der Wahrscheinlichkeit des Auftretens gefährlicher explosionsfähiger Atmosphäre werden die Arbeitsbereiche in die Zonen 0, 1 oder 2 eingeteilt.

**Zone 0** – Bereich, in dem gefährliche explosionsfähige Atmosphäre als Gemisch aus Luft und brennbaren Gasen, Dämpfen oder Nebeln ständig, über lange Zeiträume oder häufig vorhanden ist.

**Zone 1** – Bereich, in dem sich bei Normalbetrieb eine gefährliche explosionsfähige Atmosphäre als Gemisch aus Luft und brennbaren Gasen, Dämpfen oder Nebeln bilden kann (z.B. ggf. der Innenbereich eines Sicherheitsschrankes ohne technische Lüftung).

**Zone 2** – Bereich, in dem bei Normalbetrieb eine gefährliche explosionsfähige Atmosphäre als Gemisch aus Luft und brennbaren Gasen, Dämpfen oder Nebeln normalerweise nicht oder aber nur kurzfristig auftritt, (z.B. der Innenbereich eines Sicherheitsschrankes mit technischer Lüftung, Arbeitsbereiche im Labor oder auch in der Rezeptur)

**Ausnahme:** Entsteht eine gefährliche explosionsfähige Atmosphäre durch einen rein manuellen Umgang mit Gefahrstoffen über eine begrenzte Zeitdauer, ist eine differenzierte Zoneneinteilung nicht notwendig. Es ist dann stets eine gefährliche explosionsfähige Atmosphäre zu unterstellen, außer sie kann sicher ausgeschlossen werden. Die Gefährdungsbeurteilung, in der die entsprechenden Schutzmaßnahmen festgelegt sind, ist dann ausreichend. Es muss kein gesondertes Explosionsdokument erstellt werden.

# IV Gefährdungsbeurteilung

**Allgemeine Schutzmaßnahmen**

**Arbeitsplatz:** Labor / Rezeptur, geeignete Arbeitsorganisation

**Tätigkeit:** Prüfung von Ausgangsstoffen, in der Regel Identitätsprüfung, Herstellung – Rezeptur/Defektur, Abgabe von Chemikalien.

**Prüfung:** Es sind – soweit möglich – physikalische Prüfungsmethoden (z. B. Schmelzpunkt) zu bevorzugen, da bei diesen Verfahren Gefährdungen reduziert und nur geringe Mengen an Gefahrstoffen eingesetzt werden. Bei der Dünnschichtchromatographie sind kleine Kammern mit geringsten Mengen an Lösungsmitteln zu verwenden.

**Herstellung:** Die standardisierten Herstellungsverfahren z. B. des DAC / NRF werden eingehalten. Die Vorgaben zur Herstellung gemäß den Handlungsempfehlungen der Bundesapothekerkammer werden berücksichtigt.

**Menge:** µg – mg, im Einzelfall Grammbereich; bei größeren Mengen ist eine erneute Gefährdungsbeurteilung durchzuführen.

**Substitution:** Eine Substitution ist bei der Herstellung wie auch bei der Prüfung auf Grund rechtlicher Apothekenvorschriften nicht möglich.

Die Menge des gefährlichen Ausgangsstoffes ist in zahlreichen Fällen auf Grund ärztlicher Verordnung vorgegeben.

**Exposition:** inhalativ, dermal. Die Dauer der Tätigkeit ist gering, das Ausmaß der Exposition ist niedrig.

**Betrieblich festgelegte Schutzmaßnahmen:**

**Arbeitsplatz:** Leicht zu reinigende Oberflächen im Arbeitsbereich; Lüftung im Arbeitsbereich möglich. Angemessene Be- und Entlüftung wird durchgeführt.
Der Arbeitsplatz ist aufgeräumt, die Gerätschaften werden sauber aufbewahrt.
Der Arbeitsplatz wird nach der Tätigkeit mit geeigneten Methoden – möglichst ohne Staubbelastung – gereinigt.
Waschgelegenheit mit Einmalhandtüchern, Hautreinigung, Desinfektionsmittel, Hautschutz und Hautpflegemittel stehen zur Verfügung.

Essen, Trinken und Rauchen nicht gestattet. Nahrungsmittel werden außerhalb der Rezeptur und des Labors aufbewahrt.
Unkontrollierte Zündquellen (Durchlauferhitzer, Kühlschrank) dürfen bei Tätigkeiten mit brennbaren Flüssigkeiten nicht benutzt werden.

**Arbeitsorganisation:** Gefährliche Ausgangsstoffe werden nur in geringen Mengen im unmittelbaren Bereich der Tätigkeit aufbewahrt.
Es ist möglichst ein ungestörtes Arbeiten (Herstellung/Prüfung) sicherzustellen.
Arbeitsplatz möglichst während der Tätigkeit nicht verlassen, um unnötige Staubverwirbelungen zu vermeiden.
Unterschiedliche Tätigkeiten mit verschiedenen gefährlichen Stoffen werden räumlich und zeitlich getrennt durchgeführt. Dies bedeutet z. B., dass bei der Prüfung von Ausgangsstoffen im Labor nicht gleichzeitig eine Herstellung durchgeführt wird.
Arbeiten mit großem Risikopotenzial werden mit Ausnahme des Wägeprozesses im Abzug (ausgeschaltet, solange Pulver verwirbeln kann), Frontschieber so weit wie möglich geschlossen, durchgeführt.

**Arbeitsstoffe:** Die Ausgangsstoffe werden ordnungsgemäß und übersichtlich geordnet aufbewahrt. Behälter dich verschlossen halten. Gefäße werden nach Entnahme des Stoffes sofort wieder verschlossen.
Die Ausgangsstoffe sind nach Gefahrstoffrecht mit Gefahrenpiktogramm, Signalwort und ggf. mit Gefahrenhinweisen und Sicherheitshinweisen gekennzeichnet.
Die Sicherheitsdatenblätter der Ausgangsstoffe stehen zur Einsicht zur Verfügung.

**Tätigkeiten:** Bei der Herstellung und Prüfung sind die Grundregeln der Hygiene einzuhalten.
Jeglicher Kontakt sowie Exposition von Gefahrstoffen ist weitgehend zu vermeiden.
Das Verspritzen von Flüssigkeiten, die Freisetzung von Stäuben und Nebeln sowie Hautkontakt sind durch sachgerechtes Arbeiten auszuschließen. Einatmen von Staub vermeiden.
Beim Umgang mit Lösemitteln können bei Hautkontakt Gefährdungen entstehen.
Verunreinigungen durch ausgelaufene oder verschüttete Arbeitsstoffe werden unverzüglich mit geeigneten Mitteln beseitigt.
Rückstände von Arbeitsstoffen an den Gerätschaften, Behältern werden sorgsam entfernt; Kontakt mit dem Körper ist zu vermeiden.
Abfälle und mit Gefahrstoffen verunreinigter Zellstoff/Papiertücher sind in bereitgestellten Behältern zu sammeln. Kontaminierte Einmalartikel dicht verschlossen entsorgen.

**Personal:** Die zur Verfügung gestellte persönliche Schutzausrüstung (Kittel, Schutzbrille, geeignete Schutzhandschuhe nach Maßgabe des Sicherheitsdatenblattes, ggf. Atemmaske) wird bestimmungsgemäß verwendet.
Der geschlossene Kittel gewährleistet den notwendigen Schutz.
Die Grundpflichten bei Tätigkeiten mit Gefahrstoffen werden eingehalten. Hierzu gehören u. a. auch: Die Grundregeln der persönlichen Hygiene; Reinigung verschmutzter Körperstellen, Hände waschen vor dem Essen und Trinken, nach dem Toilettengang.
Verschmutzte Arbeitskleidung wird gewechselt.
Der Arbeitnehmer wurde über die Gefahren und Schutzmaßnahmen unterrichtet; die Betriebsanweisungen sowie die Giftinformationszentren stehen schriftlich zur Verfügung.

GHS06  GHS08

**Zusätzliche Schutzmaßnahmen
– risikobezogen –
bei Tätigkeiten mit CMR-Gefahrenstoffen
Kategorie 2 (H 341, H 351 / H 361
einschließlich der Abstufungen)
mit Aspirationsgefahr (H 304)**

**Arbeitsplatz:** Labor / Rezeptur

**Tätigkeit:** Prüfung von Ausgangsstoffen, in der Regel Identitätsprüfung.
Herstellung – Rezeptur / Defektur, Abgabe von Chemikalien.

**Prüfung:** Es sind – soweit möglich – physikalische Prüfungsmethoden (z. B. Schmelzpunkt) zu bevorzugen, da bei diesen Verfahren Gefährdungen reduziert und nur geringe Mengen an Gefahrstoffen eingesetzt werden.

**Herstellung:** Die standardisierten Herstellungsverfahren z. B. des DAC / NRF werden eingehalten. Die Handlungsempfehlungen der Bundesapothekerkammer bezogen auf die Herstellungsvorgänge werden berücksichtigt.
Die Herstellung soll weitgehend in geschlossenen Systemen, z. B. Topitec® oder Unguator® erfolgen.

**Menge:** µg – mg, im Einzelfall Grammbereich; bei größeren Mengen oder bei Tätigkeiten mit erhöhter Exposition ist eine erneute Gefährdungsbeurteilung durchzuführen.

**Substitution:** Eine Substitution ist bei der Herstellung wie auch bei der Prüfung nach den Rechtsvorschriften der Apotheke nicht möglich.

Die Menge des gefährlichen Ausgangsstoffes ist in zahlreichen Fällen auf Grund ärztlicher Verordnung vorgegeben.

**Exposition:** inhalativ, dermal. Die Dauer der Tätigkeit ist in der Regel gering, das Ausmaß der Exposition ist auf Grund der Verfahrens niedrig.

**Betrieblich festgelegte Schutzmaßnahmen:**
Die betrieblich festgelegten allgemeinen Schutzmaßnahmen sind zu beachten; darüber hinaus gilt:

**Arbeitsplatz:** Die Arbeiten sollen möglichst weitgehend zum Schutz der Mitarbeiter in einem von drei Seiten geschlossenem Herstellungsbereich / Laborabzug durchgeführt werden; der Arbeitsbereich ist abzugrenzen.
Alle Arbeiten mit Ausnahme des Wägeprozesses werden unter dem Laborabzug (ausgeschaltet, solange Pulver verwirbeln kann) durchgeführt; Frontschieber soweit wie möglich geschlossen.

**Arbeitsorganisation:** Die Tätigkeiten sollten möglichst ungestört durchgeführt werden. Im Rahmen der Organisation ist sicherzustellen, dass die Belastung des einzelnen Beschäftigten, soweit dies im Rahmen des Arbeitsablaufes möglich ist, minimiert wird (rotierender Einsatz).

**Arbeitsstoffe:** Diese Ausgangsstoffe sind unter Verschluss oder so aufzubewahren oder zu lagern, dass nur fachkundige Personen Zugang haben.

**Tätigkeiten:** Der Kontakt zwischen Körper und Gefahrstoff sowie Inhalation ist auf jeden Fall zu vermeiden.
Bei Tätigkeiten (u. a. Wiegen, Substanzen einarbeiten) ist insbesondere darauf zu achten, dass Staubpartikel nicht eingeatmet werden. Atemschutzmaske FFP2 bei möglicher Staub- oder Aerosolentwicklung tragen.
Ist bei Tätigkeiten mit dem Gefahrstoff auf Grund der Menge oder der Stoffeigenschaften (sehr feines Pulver, Staubentwicklung, Gefährdung durch entstehende oder freiwerdende Stäube) eine Exposition zu erwarten, so ist nach Möglichkeit in geschlossenen Systemen zu arbeiten.
Zur Minimierung des Risikos werden im Einzelfall bei häufiger herzustellenden Rezepturen Stammlösungen bzw. Stammverreibungen hergestellt. Die Gefäße sind deutlich mit der Stärke/Konzentration zu kennzeichnen.
Das Abfüllen, Umfüllen oder Dosieren von giftigen, sehr giftigen oder auch gesundheitsschädlichen Lösemitteln erfolgt zum Schutz vor Gasen, Dämpfen und Nebeln im Abzug.

**Personal:** Die Beschäftigten werden verpflichtet, die Schutzkleidung, die zur Verfügung stehende Schutzbrille, geeignete Schutzhandschuhe und ggf. geeigneter Atemschutz zu tragen.

GHS08

**Besondere Schutzmaßnahmen**
**– risikobezogen –**
**bei Tätigkeiten mit CMR-Gefahrenstoffen**
**Kategorie 1A, 1B**
**(H 340, H 350, H 360 einschließlich der Abstufungen)**

**Arbeitsplatz:** Labor / Rezeptur

**Tätigkeit:** Prüfung von Ausgangsstoffen, in der Regel Identitätsprüfung.
Herstellung – Rezeptur / Defektur, Abgabe von Chemikalien

**Prüfung:** Es sind – soweit möglich – physikalische Prüfungsmethoden (z. B. Schmelzpunkt) zu bevorzugen, da bei diesen Verfahren Gefährdungen reduziert und nur geringe Mengen an Gefahrstoffen eingesetzt werden.

**Herstellung:** Die standardisierten Herstellungsverfahren z. B. des DAC / NRF werden eingehalten. Die Handlungsempfehlungen der Bundesapothekerkammer bezogen auf das Herstellungsverfahren werden berücksichtigt.
Die Herstellung ist möglichst in geschlossenen Systemen, z. B. Topitec® oder Unguator® durchzuführen.

**Menge:** µg – mg, im Einzelfall Grammbereich; bei größeren Mengen oder erhöhter Exposition ist eine erneute Gefährdungsbeurteilung durchzuführen.

**Substitution:** Eine Substitution ist bei der Herstellung wie auch bei der Prüfung nach den Rechtsvorschriften der Apotheke nicht möglich.

Die Menge des gefährlichen Ausgangsstoffes ist in zahlreichen Fällen auf Grund ärztlicher Verordnung vorgegeben.

**Exposition:** inhalativ, dermal. Die Dauer der Tätigkeit ist in der Regel gering, das Ausmaß der Exposition ist auf Grund der Verfahrens niedrig.

**Betrieblich festgelegte Schutzmaßnahmen:**
Die betrieblich festgelegten allgemeinen und zusätzlichen Schutzmaßnahmen sind zu beachten; darüber hinaus gilt:

**Arbeitsplatz:** Die Arbeiten sind weitgehend zum Schutz der Mitarbeiter in einem von drei Seiten geschlossenem Herstellungsbereich / Laborabzug durchzuführen; es ist ein geeignetes Arbeitsverfahren zu wählen. Die Luftführung in dem System darf nicht zu Gefährdungen des Beschäftigten führen. Alle Arbeiten mit Ausnahme des Wägeprozesses werden unter dem

Laborabzug (ausgeschaltet, solange Pulver verwirbeln kann) durchgeführt; Frontschieber soweit wie möglich geschlossen.

**Arbeitsorganisation:** Die Tätigkeiten sind zwingend ungestört durchzuführen.
Im Rahmen der Organisation ist sicherzustellen, dass die Belastung des einzelnen Beschäftigten soweit dies im Rahmen des Arbeitsablaufes möglich ist, minimiert wird (rotierendes System). Die Tätigkeiten sollten im Laborjournal dokumentiert werden.

**Arbeitsstoffe:** Die Ausgangsstoffe sind unter Verschluss oder so aufzubewahren oder zu lagern, dass nur fachkundige Personen Zugang haben.

**Tätigkeiten:** Der Kontakt zwischen Körper und Gefahrstoff sowie Inhalation ist in besonderem Maße zu vermeiden.
Bei Tätigkeiten (Wägeprozess, Substanzen einarbeiten) ist vor allem darauf zu achten, dass Staubpartikel nicht eingeatmet werden. Atemschutzmaske FFP2 bei möglicher Staub- oder Aerosolentwicklung tragen.
Ist bei Tätigkeiten mit dem Gefahrstoff auf Grund der Menge oder der Stoffeigenschaften (sehr feines Pulver, Staubentwicklung, Gefährdung durch entstehende oder freiwerdende Stäube) eine Exposition zu erwarten, so ist in geschlossenen Systemen zu arbeiten, soweit dies auf Grund des Herstellungsverfahrens möglich ist.
Das Abfüllen, Umfüllen oder Dosieren von Gefahrstoffen mit CMR Eigenschaften erfolgt zum Schutz vor Gasen, Dämpfen und Nebeln im Abzug.

**Personal:** Schwangere und stillende Mütter wie auch Jugendliche dürfen Tätigkeiten mit Gefahrstoffen, die CMR-Eigenschaften besitzen, nicht durchführen.
Die Gefäße sind mit dem Gefahrenpiktogramm GHS 08, dem Gefahrenhinweisen und ggf. auch nach den Empfehlungen der Bundesapothekerkammer mit einem roten Punkt gekennzeichnet.
Die Beschäftigten werden verpflichtet, die Schutzkleidung, die zur Verfügung stehende Schutzbrille, geeignete Schutzhandschuhe und ggf. Atemschutz zu tragen.
Es werden nur erfahrene Mitarbeiter eingesetzt, bei denen durch das Handling und die Arbeitstechnik eine Gefährdung durch Gefahrstoffe auf ein Minimum reduziert wird.

# V Listen

## Gefährliche Arzneistoffe – besondere Arbeitsschutzmaßnahmen

Gefährliche Arzneistoffe, bei deren Umgang weitere Arbeitsschutzmaßnahmen erforderlich sind (ausgenommen Zytostatika und Desinfektionsmittel).

**Bei der Verwendung und Verarbeitung der Gefahrstoffe ist ein Hautkontakt zu vermeiden (Handling/Schutzhandschuhe). Im Einzelfall sind weitere Schutzmaßnahmen (z. B. Arbeiten unter dem Abzug) erforderlich.**

**Die Liste erhebt keinen Anspruch auf Vollständigkeit.**

| Arzneistoff/ Arzneistoffgruppe | Gefährliche Eigenschaften | [siehe Quelle] | Arbeitsbereich |
|---|---|---|---|
| Anabolika (z. B. Deca-Durabolin) | Krebsverdächtig, fruchtschädigend, fortpflanzungsgefährdend. | [2] | Rezeptur, Arzneimittelherstellung |
| Benzylnicotinat | Hautreizend. Wirkstoffe werden leicht über die Haut aufgenommen. | [3] | Rezeptur, Arzneimittelherstellung |
| Castellan'sche Lösung (Solutio Castellani) | Krebsverdächtig. | [4] | Rezeptur, Arzneimittelherstellung |
| Chinindihydrochlorid | *Verdacht* auf fruchtschädigende Wirkung. | [3] | Rezeptur, Arzneimittelherstellung |
| Ganciclovir (z. B. Cymeven Kaps./Inf.) | *Verdacht:* erbgutverändernd. | [3] | Rezeptur, Arzneimittelherstellung |
| Foscanet-Natrium (z. B. Triapten Antiviralcreme, Foscavir Inf.) | *Verdacht:* erbgutverändernd, fruchtschädigend. | [3] | Rezeptur, Arzneimittelherstellung |
| Fuchsin | Krebsverdächtig. | [4] | Rezeptur/Labor |
| Gestagene Steroide | Krebsverdächtig, fruchtschädigend, fortpflanzungsgefährdend. | [2] | Rezeptur, Arzneimittelherstellung |
| Gentianaviolett (Methylrosaniliniumchlorid) (C.I. Basic Violet 3) | Krebsverdächtig. | [2] | Rezeptur, *siehe auch NRF* Arzneimittelherstellung, Labor |

| Arzneistoff/ Arzneistoffgruppe | Gefährliche Eigenschaften [siehe Quelle] | Arbeitsbereich |
|---|---|---|
| Glucocorticoide | Fruchtschädigend. *Verdacht* auf fortpflanzungsgefährdende Wirkung. [2] | Rezeptur, Arzneimittelherstellung |
| Kongorot (C.I. Direct Red 28) (Benzidin-diazo-bis-1-naphthylamin-4-sulfonsäure-Na) | Krebserzeugend. *Verdacht* auf fruchtschädigende Wirkung. [1] | Rezeptur, Arzneimittelherstellung |
| Methotrexat | Sensibilisierend bei Hautkontakt. [4] erbgutverändernd, fruchtschädigend [3] fortpflanzungsgefährdend. In konzentrierter Lösung reizend bis ätzend. [3] | Arzneimittelherstellung |
| Methylenblau | Verdacht auf fruchtschädigende Wirkung. Photosensibilisierend. [4] | Arzneimittelherstellung, Labor |
| Methylsalicylat | Hautreizend. [3] | Rezeptur, Arzneimittelherstellung |
| Metronidazol | *Verdacht:* erbgutverändernd, krebsverdächtig. [4] | Rezeptur, Arzneimittelherstellung |
| Phenytoin-Na | *Verdacht* auf krebserzeugende, erbgutverändernde und fruchtschädigende Wirkung. [3] | Rezeptur, Arzneimittelherstellung |
| Primidon | *Verdacht* auf krebserzeugende, erbgutverändernde und fruchtschädigende Wirkung. [3] | Rezeptur, Arzneimittelherstellung |
| Pyrethrum (Gemisch enthält Pyrethrine) | Gesundheitsschädlich beim Einatmen, Verschlucken und Berührung mit der Haut. [1] Sehr giftig für Wasserorganismen. Kann in Gewässern längerfristig schädliche Wirkungen haben. [1] | Rezeptur, Arzneimittelherstellung |
| Ribavirin | Krebsverdächtig. *Verdacht:* erbgutverändernd, fruchtschädigend. [4] | Rezeptur, Arzneimittelherstellung |
| Salicylsäure | Hautreizungen bei Hautkontakt. [3] Salicylate können in erheblichem Maß über die Haut aufgenommen werden. [3] | Rezeptur, Arzneimittelherstellung |

| Arzneistoff/ Arzneistoffgruppe | Gefährliche Eigenschaften | [siehe Quelle] | Arbeitsbereich |
|---|---|---|---|
| Steinkohlenteer | Krebserzeugend. Aufnahme über die Haut. | [2] [4] | Rezeptur, Arzneimittelherstellung |
| Steroidhormone, Androgene (z. B. Finasterid), Estrogene | **Androgene Steroide:** krebsverdächtig, fortpflanzungsgefährdend, fruchtschädigend. *Schwache Androgene: Verdacht* auf fortpflanzungsgefährdende und fruchtschädigende Wirkung. **Estrogene Steroide:** krebsverdächtig, *Verdacht* auf fruchtschädigende Wirkung, fortpflanzungsgefährdend. *Schwache Estrogene: Verdach*t auf fortpflanzungsgefährdende und fruchtschädigende Wirkung. | [2] [2] [2] [2] | Rezeptur, Arzneimittelherstellung |
| Tetracycline | *Verdacht* auf fruchtschädigende Wirkung. | [3] | Rezeptur, Arzneimittelherstellung |
| Valproinsäuren | *Verdach*t auf krebserzeugende, erbgutverändernde und fruchtschädigende Wirkung. | [3] | Rezeptur, Arzneimittelherstellung |
| Vitamin-A-Säure | In hohen Dosen fruchtschädigend. *Hautkontakt:* Hautreizungen. | [3] [3] | Rezeptur, Arzneimittelherstellung |
| Warfarin | Fruchtschädigend. Gefahr ernster Gesundheitsschäden bei längerer Exposition durch Verschlucken. Schädlich für Wasserorganismen. Kann in Gewässern längerfristig schädliche Wirkungen haben. | [1] | Rezeptur, Arzneimittelherstellung |

**Quellen:**

[1] EG-Einstufung von Stoffen und Gemischen gemäß GHS/CLP-Verordnung 1272/2008 nach Anhang I der Richtlinie 67/548/EWG (EG-Stoffliste).
[2] Verzeichnis krebserzeugender, erbgutverändernder oder fortpflanzungsgefährdender Stoffe (TRGS 905) sowie zugehörige Begründung. Stand: Juli 2005
[3] Fachinformation der Hersteller.
[4] Literatur: z. B. Halsen, Gabriele: Gesundheitsgefahren bezogen auf einzelne Medikamentengruppen; in: BGW-Mitteilungen 1/2000, S. 14–16.
[5] Technische Regeln für Gefahrstoffe (TRGS 900), Arbeitsplatzgrenzwerte.

Aktuelle und weiterführende Informationen sind auf den Internetseiten der BGW unter www.bgw-online.de zu finden, z. B. in der Schrift „Arzneistoffe mit Verdacht auf sensibilisierende und CMR-Eigenschaften (EP-Akmrs)".

Weitere Auskünfte sind bei der BGW in Köln zu erhalten:

Berufsgenossenschaft für Gesundheitsdienste und Wohlfahrtsdienste
Grundlagen der Prävention und Rehabilitation
– Fachbereich Gefahrstoffe/Toxikologie –
Bonner Straße 337
50968 Köln
Telefon 02 21 / 3 77 25-00 – Fax 02 21 / 3 77 25-10

# GHS/CLP-Verordnung: Gefahrenhinweise (H-Sätze) und ergänzende EU-Hinweise (EUH)[1]

**Physikalische Gefahren**

| | |
|---|---|
| H200 | Instabil, explosiv. |
| H201 | Explosiv, Gefahr der Massenexplosion. |
| H202 | Explosiv; große Gefahr durch Splitter, Spreng- und Wurfstücke. |
| H203 | Explosiv; Gefahr durch Feuer, Luftdruck oder Splitter, Spreng- und Wurfstücke. |
| H204 | Gefahr durch Feuer oder Splitter, Spreng- und Wurfstücke. |
| H205 | Gefahr der Massenexplosion bei Feuer. |
| H220 | Extrem entzündbares Gas. |
| H221 | Entzündbares Gas. |
| H222 | Extrem entzündbares Aerosol. |
| H223 | Entzündbares Aerosol. |
| H224 | Flüssigkeit und Dampf extrem entzündbar. |
| H225 | Flüssigkeit und Dampf leicht entzündbar. |
| H226 | Flüssigkeit und Dampf entzündbar. |
| H228 | Entzündbarer Feststoff. |
| H240 | Erwärmung kann Explosion verursachen. |
| H241 | Erwärmung kann Brand oder Explosion verursachen. |
| H242 | Erwärmung kann Brand verursachen. |
| H250 | Entzündet sich in Berührung mit Luft von selbst. |
| H251 | Selbsterhitzungsfähig; kann in Brand geraten. |
| H252 | In großen Mengen selbsterhitzungsfähig; kann in Brand geraten. |
| H260 | In Berührung mit Wasser entstehen entzündbare Gase, die sich spontan entzünden können. |
| H261 | In Berührung mit Wasser entstehen entzündbare Gase. |
| H270 | Kann Brand verursachen oder verstärken; Oxidationsmittel. |
| H271 | Kann Brand oder Explosion verursachen; starkes Oxidationsmittel. |
| H272 | Kann Brand verstärken; Oxidationsmittel. |
| H280 | Enthält Gas unter Druck; kann bei Erwärmung explodieren. |
| H281 | Enthält tiefkaltes Gas; kann Kälteverbrennungen oder -verletzungen verursachen. |
| H29 | Kann gegenüber Metallen korrosiv sein. |
| EUH001 | In trockenem Zustand explosionsgefährlich. |
| EUH006 | Mit und ohne Luft explosionsfähig. |
| EUH014 | Reagiert heftig mit Wasser. |
| EUH018 | Kann bei Verwendung explosionsfähige/entzündbare Dampf/Luft-Gemische bilden. |
| EUH019 | Kann explosionsfähige Peroxide bilden. |
| EUH044 | Explosionsgefahr bei Erhitzen unter Einschluss. |

**Gesundheitsgefahren**

| | |
|---|---|
| H300 | Lebensgefahr bei Verschlucken. |
| H301 | Giftig bei Verschlucken. |
| H302 | Gesundheitsschädlich bei Verschlucken. |
| H304 | Kann bei Verschlucken und Eindringen in die Atemwege tödlich sein. |
| H310 | Lebensgefahr bei Hautkontakt. |

---

[1] Änderungen des Kodifizierungssystems können ggf. noch erfolgen, da dies noch im UN-Sachverständigenausschuss abgestimmt werden muss.

| | | | |
|---|---|---|---|
| H311 | Giftig bei Hautkontakt. | H361f | Kann vermutlich die Fruchtbarkeit beeinträchtigen. |
| H312 | Gesundheitsschädlich bei Hautkontakt. | H361fd | Kann vermutlich die Fruchtbarkeit beeinträchtigen. Kann vermutlich das Kind im Mutterleib schädigen. |
| H314 | Verursacht schwere Verätzungen der Haut und schwere Augenschäden. | H362 | Kann Säuglinge über die Muttermilch schädigen. |
| H315 | Verursacht Hautreizungen. | H370 | Schädigt die Organe. |
| H317 | Kann allergische Hautreaktionen verursachen. | H371 | Kann die Organe schädigen. |
| H318 | Verursacht schwere Augenschäden. | H372 | Schädigt die Organe bei längerer oder wiederholter Exposition. |
| H319 | Verursacht schwere Augenreizung. | H373 | Kann die Organe schädigen bei längerer oder wiederholter Exposition. |
| H330 | Lebensgefahr bei Einatmen. | EUH029 | Entwickelt bei Berührung mit Wasser giftige Gase. |
| H331 | Giftig bei Einatmen. | EUH031 | Entwickelt bei Berührung mit Säure giftige Gase. |
| H332 | Gesundheitsschädlich bei Einatmen. | EUH032 | Entwickelt bei Berührung mit Säure sehr giftige Gase. |
| H334 | Kann bei Einatmen Allergie, asthmaartige Symptome oder Atembeschwerden verursachen. | EUH066 | Wiederholter Kontakt kann zu spröder oder rissiger Haut führen. |
| H335 | Kann die Atemwege reizen. | EUH070 | Giftig bei Berührung mit den Augen. |
| H336 | Kann Schläfrigkeit und Benommenheit verursachen. | EUH071 | Wirkt ätzend auf die Atemwege. |
| H340 | Kann genetische Defekte verursachen. | | |
| H341 | Kann vermutlich genetische Defekte verursachen. | | |
| H350 | Kann Krebs erzeugen. | | |
| H350i | Kann bei Einatmen Krebs erzeugen. | | |
| H351 | Kann vermutlich Krebs erzeugen. | | |

**Umweltgefahren**

| | |
|---|---|
| H360 | Kann die Fruchtbarkeit beeinträchtigen oder das Kind im Mutterleib schädigen. |
| H360D | Kann das Kind im Mutterleib schädigen. |
| H360F | Kann die Fruchtbarkeit beeinträchtigen. |
| H360FD | Kann die Fruchtbarkeit beeinträchtigen. Kann das Kind im Mutterleib schädigen. |
| H360Fd | Kann die Fruchtbarkeit beeinträchtigen. Kann vermutlich das Kind im Mutterleib schädigen. |
| H360Df | Kann das Kind im Mutterleib schädigen. Kann vermutlich die Fruchtbarkeit beeinträchtigen. |
| H361 | Kann vermutlich die Fruchtbarkeit beeinträchtigen oder das Kind im Mutterleib schädigen. |
| H361d | Kann vermutlich das Kind im Mutterleib schädigen. |

| | |
|---|---|
| H400 | Sehr giftig für Wasserorganismen. |
| H410 | Sehr giftig für Wasserorganismen, mit langfristiger Wirkung. |
| H411 | Giftig für Wasserorganismen, mit langfristiger Wirkung. |
| H412 | Schädlich für Wasserorganismen, mit langfristiger Wirkung. |
| H413 | Kann für Wasserorganismen schädlich sein, mit langfristiger Wirkung. |
| EUH059 | Die Ozonschicht schädigend. |
| EUH401 | Zur Vermeidung von Risiken für Mensch und Umwelt die Gebrauchsanleitung einhalten. |

**Besondere Hinweise**

| | |
|---|---|
| EUH201 | Achtung! Enthält Blei. Nicht für den Anstrich von Gegenständen verwenden, |

die von Kindern gekaut oder gelutscht werden könnten.
EUH202 Cyanoacrylat. Gefahr. Klebt innerhalb von Sekunden Haut und Augenlider zusammen. Darf nicht in die Hände von Kindern gelangen.
EUH203 Enthält Chrom (VI). Kann allergische Reaktionen hervorrufen.
EUH204 Enthält Isocyanate. Kann allergische Reaktionen hervorrufen.
EUH205 Enthält epoxidhaltige Verbindungen. Kann allergische Reaktionen hervorrufen.
EUH206 Achtung! Nicht zusammen mit anderen Produkten verwenden, da gefährliche Gase (Chlor) freigesetzt werden können.
EUH207 Achtung! Enthält Cadmium. Bei der Verwendung entstehen gefährliche Dämpfe. Hinweise des Herstellers beachten. Sicherheitsanweisungen einhalten.
EUH208 Enthält <Name des sensibilisierenden Stoffes>. Kann allergische Reaktionen hervorrufen.
EUH209 Kann bei Verwendung leicht entzündbar werden.
EUH209A Kann bei Verwendung entzündbar werden.
EUH210 Sicherheitsdatenblatt auf Anfrage erhältlich.

# GHS/CLP-Verordnung::
# Sicherheitshinweise (P-Sätze)

**Allgemeine Hinweise**

| | |
|---|---|
| P101 | Ist ärztlicher Rat erforderlich, Verpackung oder Etikett bereithalten. |
| P102 | Darf nicht in die Hände von Kindern gelangen. |
| P103 | Vor Gebrauch Kennzeichnungsetikett lesen. |

**Prävention**

| | |
|---|---|
| P201 | Vor Gebrauch besondere Anweisungen einholen. |
| P202 | Vor Gebrauch sämtliche Sicherheitsratschläge lesen und verstehen. |
| P210 | Von Hitze/Funken/offener Flamme/heißen Oberflächen fernhalten. Nicht rauchen. |
| P211 | Nicht gegen offene Flamme oder andere Zündquelle sprühen. |
| P220 | Von Kleidung/.../brennbaren Materialien fernhalten/entfernt aufbewahren. |
| P221 | Mischen mit brennbaren Stoffen/... unbedingt verhindern. |
| P222 | Kontakt mit Luft nicht zulassen. |
| P223 | Kontakt mit Wasser wegen heftiger Reaktion und möglichem Aufflammen unbedingt verhindern. |
| P230 | Feucht halten mit .... |
| P231 | Unter inertem Gas handhaben. |
| P231+P232 | Unter inertem Gas handhaben. Vor Feuchtigkeit schützen. |
| P232 | Vor Feuchtigkeit schützen. |
| P233 | Behälter dicht verschlossen halten. |
| P234 | Nur im Originalbehälter aufbewahren. |
| P235 | Kühl halten. |
| P235+P410 | Kühl halten. Vor Sonnenbestrahlung schützen. |
| P240 | Behälter und zu befüllende Anlage erden. |
| P241 | Explosionsgeschützte elektrische Betriebsmittel/Lüftungsanlagen/Beleuchtungsanlagen/... verwenden. |
| P242 | Nur funkenfreies Werkzeug verwenden. |
| P243 | Maßnahmen gegen elektrostatische Aufladungen treffen. |
| P244 | Druckminderer frei von Fett und Öl halten. |
| P250 | Nicht schleifen/stoßen/.../reiben. |
| P251 | Behälter steht unter Druck: Nicht durchstechen oder verbrennen, auch nicht nach der Verwendung. |
| P260 | Staub/Rauch/Gas/Nebel/Dampf/Aerosol nicht einatmen. |
| P261 | Einatmen von Staub/Rauch/Gas/Nebel/Dampf/Aerosol vermeiden. |
| P262 | Nicht in die Augen, auf die Haut oder auf die Kleidung gelangen lassen. |
| P263 | Kontakt während der Schwangerschaft/der Stillzeit vermeiden. |
| P264 | Nach Gebrauch ... gründlich waschen. |
| P270 | Bei Gebrauch nicht essen, trinken oder rauchen. |
| P271 | Nur im Freien oder in gut belüfteten Räumen verwenden. |
| P272 | Kontaminierte Arbeitskleidung nicht außerhalb des Arbeitsplatzes tragen. |
| P273 | Freisetzung in die Umwelt vermeiden. |
| P280 | Schutzhandschuhe/Schutzkleidung/Augenschutz/Gesichtsschutz tragen. |
| P281 | Vorgeschriebene persönliche Schutzausrüstung verwenden. |

*Sicherheitshinweise (P-Sätze)*

| | |
|---|---|
| P282 | Schutzhandschuhe / Gesichtsschild / Augenschutz mit Kälteisolierung tragen. |
| P283 | Schwer entflammbare / flammhemmende Kleidung tragen. |
| P284 | Atemschutz tragen. |
| P285 | Bei unzureichender Belüftung Atemschutz tragen. |

**Reaktion**

| | |
|---|---|
| P301 | BEI VERSCHLUCKEN: … |
| P301+P310 | BEI VERSCHLUCKEN: Sofort GIFTINFORMATIONSZENTRUM oder Arzt anrufen. |
| P301+P312 | BEI VERSCHLUCKEN: Bei Unwohlsein GIFTINFORMATIONSZENTRUM oder Arzt anrufen. |
| P301+P330+P331 | BEI VERSCHLUCKEN: Mund ausspülen. KEIN Erbrechen herbeiführen. |
| P302 | BEI KONTAKT MIT DER HAUT: … |
| P302+P334 | BEI KONTAKT MIT DER HAUT: In kaltes Wasser tauchen nassen Verband anlegen. |
| P302+P350 | BEI KONTAKT MIT DER HAUT: Behutsam mit viel Wasser und Seife waschen. |
| P302+P352 | BEI KONTAKT MIT DER HAUT: Mit viel Wasser und Seife waschen. |
| P303 | BEI KONTAKT MIT DER HAUT (oder dem Haar): … |
| P303+P361+P353 | BEI KONTAKT MIT DER HAUT (oder dem Haar): Alle beschmutzten, getränkten Kleidungsstücke sofort ausziehen. Haut mit viel Wasser abwaschen / duschen. |
| P304 | BEI EINATMEN: … |
| P304+P340 | BEI EINATMEN: An die frische Luft bringen und in einer Position ruhigstellen, die das Atmen erleichtert. |
| P304+P341 | BEI EINATMEN: Bei Atembeschwerden an die frische Luft bringen und in einer Position ruhigstellen, die das Atmen erleichtert. |
| P305 | BEI KONTAKT MIT DEN AUGEN: … |
| P305+P351+P338 | BEI KONTAKT MIT DEN AUGEN: Einige Minuten lang behutsam mit Wasser spülen. Vorhandene Kontaktlinsen nach Möglichkeit entfernen. Weiter spülen. |
| P306 | BEI KONTAKT MIT DER KLEIDUNG: … |
| P306+P360 | BEI KONTAKT MIT DER KLEIDUNG: Kontaminierte Kleidung und Haut sofort mit viel Wasser abwaschen und danach Kleidung ausziehen. |
| P307 | BEI Exposition: … |
| P307+P311 | BEI Exposition: GIFTINFORMATIONSZENTRUM oder Arzt anrufen. |
| P308 | BEI Exposition oder falls betroffen: … |
| P308+P313 | BEI Exposition oder falls betroffen: Ärztlichen Rat einholen / ärztliche Hilfe hinzuziehen. |
| P309 | BEI Exposition oder Unwohlsein: … |
| P309+P311 | BEI Exposition oder Unwohlsein: GIFTINFORMATIONSZENTRUM oder Arzt anrufen. |
| P310 | Sofort GIFTINFORMATIONSZENTRUM oder Arzt anrufen. |
| P311 | GIFTINFORMATIONSZENTRUM oder Arzt anrufen. |
| P312 | Bei Unwohlsein GIFTINFORMATIONSZENTRUM oder Arzt anrufen. |
| P313 | Ärztlichen Rat einholen / ärztliche Hilfe hinzuziehen. |
| P314 | Bei Unwohlsein ärztlichen Rat einholen / ärztliche Hilfe hinzuziehen. |
| P315 | Sofort ärztlichen Rat einholen / ärztliche Hilfe hinzuziehen. |
| P320 | Besondere Behandlung dringend erforderlich (siehe … auf diesem Kennzeichnungsetikett). |

| | |
|---|---|
| P321 | Besondere Behandlung (siehe ... auf diesem Kennzeichnungsetikett). |
| P322 | Gezielte Maßnahmen (siehe ... auf diesem Kennzeichnungsetikett). |
| P330 | Mund ausspülen. |
| P331 | KEIN Erbrechen herbeiführen. |
| P332 | Bei Hautreizung: ... |
| P332+313 | Bei Hautreizung: Ärztlichen Rat einholen/ärztliche Hilfe hinzuziehen. |
| P333 | Bei Hautreizung oder -ausschlag: ... |
| P333+P313 | Bei Hautreizung oder -ausschlag: Ärztlichen Rat einholen/ärztliche Hilfe hinzuziehen. |
| P334 | In kaltes Wasser tauchen/nassen Verband anlegen. |
| P335 | Lose Partikel von der Haut abbürsten. |
| P335+P334 | Lose Partikel von der Haut abbürsten. In kaltes Wasser tauchen/nassen Verband anlegen. |
| P336 | Vereiste Bereiche mit lauwarmem Wasser auftauen. Betroffenen Bereich nicht reiben. |
| P337 | Bei anhaltender Augenreizung: ... |
| P337+P313 | Bei anhaltender Augenreizung: Ärztlichen Rat einholen/ärztliche Hilfe hinzuziehen. |
| P338 | Eventuell vorhandene Kontaktlinsen nach Möglichkeit entfernen. Weiter ausspülen. |
| P340 | Die betroffene Person an die frische Luft bringen und in einer Position ruhigstellen, die das Atmen erleichtert. |
| P341 | Bei Atembeschwerden die betroffene Person an die frische Luft bringen und in einer Position ruhigstellen, die das Atmen erleichtert. |
| P342 | Bei Symptomen der Atemwege: ... |
| P342+311 | Bei Symptomen der Atemwege: GIFTINFORMATIONSZENTRUM oder Arzt anrufen. |
| P350 | Behutsam mit viel Wasser und Seife waschen. |
| P351 | Einige Minuten lang behutsam mit Wasser ausspülen. |
| P352 | Mit viel Wasser und Seife waschen. |
| P353 | Haut mit Wasser abwaschen/duschen. |
| P360 | Kontaminierte Kleidung und Haut sofort mit viel Wasser abwaschen und danach Kleidung ausziehen. |
| P361 | Alle kontaminierten Kleidungsstücke sofort ausziehen. |
| P362 | Kontaminierte Kleidung ausziehen und vor erneutem Tragen waschen. |
| P363 | Kontaminierte Kleidung vor erneutem Tragen waschen. |
| P370 | Bei Brand: ... |
| P370+P376 | Bei Brand: Undichtigkeit beseitigen, wenn gefahrlos möglich. |
| P370+P378 | Bei Brand: ... zum Löschen verwenden. |
| P370+P380 | Bei Brand: Umgebung räumen. |
| P370+P380+P375 | Bei Brand: Umgebung räumen. Wegen Explosionsgefahr Brand aus der Entfernung bekämpfen. |
| P371 | Bei Großbrand und großen Mengen: ... |
| P371+P380+P375 | Bei Großbrand und großen Mengen: Umgebung räumen. Wegen Explosionsgefahr Brand aus der Entfernung bekämpfen. |
| P372 | Explosionsgefahr bei Brand. |
| P373 | KEINE Brandbekämpfung, wenn das Feuer explosive Stoffe/Gemische/Erzeugnisse erreicht. |
| P374 | Brandbekämpfung mit üblichen Vorsichtsmaßnahmen aus angemessener Entfernung. |
| P375 | Wegen Explosionsgefahr Brand aus der Entfernung bekämpfen. |
| P376 | Undichtigkeit beseitigen, wenn ohne Gefahr möglich. |
| P377 | Brand von ausströmendem Gas: Nicht löschen, bis Undichtigkeit gefahrlos beseitigt werden kann. |
| P378 | ... zum Löschen verwenden. |
| P380 | Umgebung räumen. |
| P381 | Alle Zündquellen entfernen, wenn gefahrlos möglich. |
| P390 | Verschüttete Mengen aufnehmen, um Materialschäden zu vermeiden. |
| P391 | Verschüttete Mengen aufnehmen. |

## Lagerung

| | |
|---|---|
| P401 | … aufbewahren. |
| P402 | An einem trockenen Ort aufbewahren. |
| P402+P404 | In einem geschlossenen Behälter an einem trockenen Ort aufbewahren. |
| P403 | An einem gut belüfteten Ort aufbewahren. |
| P403+P233 | Behälter dicht verschlossen an einem gut belüfteten Ort aufbewahren. |
| P403+P235 | Kühl an einem gut belüfteten Ort aufbewahren. |
| P404 | In einem geschlossenen Behälter aufbewahren. |
| P405 | Unter Verschluss aufbewahren. |
| P406 | In korrosionsbeständigem/… Behälter mit korrosionsbeständiger Auskleidung aufbewahren. |
| P407 | Luftspalt zwischen Stapeln/Paletten lassen. |
| P410 | Vor Sonnenbestrahlung schützen. |
| P410+P403 | Vor Sonnenbestrahlung geschützt an einem gut belüfteten Ort aufbewahren. |
| P410+P412 | Vor Sonnenbestrahlung schützen. Nicht Temperaturen von mehr als 50°C aussetzen. |
| P411 | Bei Temperaturen von nicht mehr als …°C aufbewahren. |
| P411+P235 | Kühl und bei Temperaturen von nicht mehr als …°C aufbewahren. |
| P412 | Nicht Temperaturen von mehr als 50°C aussetzen. |
| P413 | Schüttgut in Mengen von mehr als … kg bei Temperaturen von nicht mehr als …°C aufbewahren. |
| P420 | Von anderen Materialien entfernt aufbewahren. |
| P422 | Inhalt in/unter … aufbewahren. |

## Entsorgung

| | |
|---|---|
| P501 | Inhalt/Behälter … zuführen. |

# GHS/CLP-Verordnung:
# Umwandlung R-Sätze in Gefahrenhinweise

Grundlage der Auflistung ist Anhang VII, Tabellen für die Umwandlung einer Einstufung gemäß Richtlinie 67/548/EWG gemäß der GHS/CLP-Verordnung 1272/2008.

| R-Sätze | Gefahrenhinweise |
|---|---|
| R1<br>In trockenem Zustand explosionsgefährlich | EUH001<br>In trockenem Zustand explosionsgefährlich. |
| R2<br>Durch Schlag, Reibung, Feuer oder andere Zündquellen explosionsgefährlich | KEINE direkte Umwandlung möglich. |
| R3<br>Durch Schlag, Reibung, Feuer oder andere Zündquellen besonders explosionsgefährlich | KEINE direkte Umwandlung möglich. |
| R4<br>Bildet hochempfindliche explosionsgefährliche Metallverbindungen | KEINE direkte Umwandlung möglich. |
| R5<br>Beim Erwärmen explosionsfähig | KEINE direkte Umwandlung möglich. |
| R6<br>Mit und ohne Luft explosionsfähig | EUH006<br>Mit und ohne Luft explosionsfähig. |
| R7<br>Kann Brand verursachen | H242<br>Erwärmung kann Brand verursachen. |
| R8<br>Feuergefahr bei Berührung mit brennbaren Stoffen | gasförmig: H270 Kann Brand verursachen oder verstärken; Oxidationsmittel.<br>flüssig und fest: KEINE direkte Umwandlung möglich. |
| R9<br>Explosionsgefahr bei Mischung mit brennbaren Stoffen | H271<br>Kann Brand oder Explosion verursachen; starkes Oxidationsmittel. |
| R10<br>Entzündlich<br>flüssig:<br>Flammpunkt <23°C, Siedebeginn <35°C | H224<br>Flüssigkeit und Dampf extrem entzündbar. |
| flüssig:<br>Flammpunkt <23°C, Siedebeginn >35°C | H225<br>Flüssigkeit und Dampf leicht entzündbar. |

– Fortsetzung Tabelle nächste Seite –

*Umwandlung R-Sätze in Gefahrenhinweise*

| R-Sätze | Gefahrenhinweise |
|---|---|
| flüssig:<br>Flammpunkt >23°C | H226<br>Flüssigkeit und Dampf entzündbar. |
| R11<br>Leichtentzündlich:<br>flüssig: Siedebeginn <35°C | H224<br>Flüssigkeit und Dampf extrem entzündbar. |
| flüssig:<br>Siedebeginn >35°C | H225<br>Flüssigkeit und Dampf leicht entzündbar. |
| fest: | KEINE direkte Umwandlung möglich. |
| R12<br>Hochentzündlich:<br>gasförmig: Gefahrenklasse Entz. Gas 1 | H220<br>Extrem entzündbares Gas. |
| gasförmig:<br>Gefahrenklasse Entz. Gas 2 | H221<br>Entzündbares Gas. |
| flüssig:<br>Gefahrenklasse Entz. Fl. 1 | H224<br>Flüssigkeit und Dampf extrem entzündbar. |
| flüssig:<br>Gefahrenklasse selbstzers. CD | H242<br>Erwärmung kann Brand verursachen. |
| flüssig:<br>Gefahrenklasse selbstzers. EF | H242<br>Erwärmung kann Brand verursachen. |
| R14<br>Reagiert heftig mit Wasser | EUH014<br>Reagiert heftig mit Wasser. |
| R15<br>Reagiert mit Wasser unter Bildung hochentzündlicher Gase | KEINE direkte Umwandlung möglich. |
| R16<br>Explosionsgefährlich in Mischung mit Brand fördernden Stoffen | KEINE direkte Umwandlung möglich. |
| R17<br>Selbstentzündlich an der Luft | H250<br>Gerät in Berührung mit Luft selbsttätig in Brand. |
| R18<br>Bei Gebrauch Bildung explosionsfähiger/leichtentzündlicher Dampf-Luftgemische möglich | EUH018<br>Kann bei Verwendung explosionsfähige/entzündbare Dampf/Luft-Gemische bilden. |

– Fortsetzung Tabelle nächste Seite –

| R-Sätze | Gefahrenhinweise |
|---|---|
| R19<br>Kann explosionsfähige Peroxide bilden | EUH019<br>Kann explosionsfähige Peroxide bilden. |
| R20<br>Gesundheitsschädlich beim Einatmen | H332<br>Gesundheitsschädlich bei Einatmen.<br>(Achtung: andere Einstufungskriterien!) |
| R21<br>Gesundheitsschädlich bei Berührung mit der Haut | H312<br>Gesundheitsschädlich bei Hautkontakt.<br>(Achtung: andere Einstufungskriterien!) |
| R22<br>Gesundheitsschädlich beim Verschlucken | H302<br>Gesundheitsschädlich bei Verschlucken.<br>(Achtung: andere Einstufungskriterien!) |
| R23<br>Giftig beim Einatmen:<br>Gas/ Stäube/ Nebel | H331<br>Giftig bei Einatmen.<br>(Achtung: andere Einstufungskriterien!) |
| Dampf | H330<br>Lebensgefahr bei Einatmen. |
| R24<br>Giftig bei Berührung mit der Haut | H311<br>Giftig bei Hautkontakt. (Achtung: andere Einstufungskriterien!) |
| R25<br>Giftig beim Verschlucken | H301<br>Giftig bei Verschlucken.<br>(Achtung: andere Einstufungskriterien!) |
| R26<br>Sehr giftig beim Einatmen | H330<br>Lebensgefahr bei Einatmen.<br>(Achtung: andere Einstufungskriterien!) |
| R27<br>Sehr giftig bei Berührung mit der Haut | H310<br>Lebensgefahr bei Hautkontakt.<br>(Achtung: andere Einstufungskriterien!) |
| R28<br>Sehr giftig beim Verschlucken | H300<br>Lebensgefahr bei Verschlucken.<br>(Achtung: andere Einstufungskriterien!) |
| R29<br>Entwickelt bei Berührung mit Wasser giftige Gase | EUH029<br>Entwickelt bei Berührung mit Wasser giftige Gase. |
| R30<br>Kann bei Gebrauch leicht entzündlich werden | KEINE direkte Umwandlung möglich. |

– Fortsetzung Tabelle nächste Seite –

*Umwandlung R-Sätze in Gefahrenhinweise*

| R-Sätze | Gefahrenhinweise |
|---|---|
| R31<br>Entwickelt bei Berührung mit Säure giftige Gase | EUH031<br>Entwickelt bei Berührung mit Säure giftige Gase. |
| R32<br>Entwickelt bei Berührung mit Säure sehr giftige Gase | EUH032<br>Entwickelt bei Berührung mit Säure sehr giftige Gase. |
| R33<br>Gefahr kumulativer Wirkungen | H373<br>Kann die Organe schädigen bei längerer oder wiederholter Exposition. |
| R34<br>Verursacht Verätzungen | H314<br>Verursacht schwere Verätzungen der Haut und schwere Augenschäden. (veränderte Kriterien) |
| R35<br>Verursacht schwere Verätzungen | H314<br>Verursacht schwere Verätzungen der Haut und schwere Augenschäden. |
| R36<br>Reizt die Augen | H319<br>Verursacht schwere Augenreizung. |
| R37<br>Reizt die Atmungsorgane | H335<br>Kann die Atemwege reizen. |
| R38<br>Reizt die Haut | H315<br>Verursacht Hautreizungen. |
| R39<br>Ernste Gefahr irreversiblen Schadens: in Kombinationen mit R23 bis R28 | H370<br>Schädigt die Organe. |
| R40<br>Verdacht auf krebserzeugende Wirkung | H351<br>Kann vermutlich Krebs verursachen. |
| R41<br>Gefahr ernster Augenschäden | H318<br>Verursacht schwere Augenschäden. |
| R42<br>Sensibilisierung durch Einatmen möglich | H334<br>Kann bei Einatmen Allergie, asthmaartige Symptome oder Atembeschwerden verursachen. |
| R43<br>Sensibilisierung durch Hautkontakt möglich | H317<br>Kann allergische Hautreaktionen verursachen. |

– Fortsetzung Tabelle nächste Seite –

| R-Sätze | Gefahrenhinweise |
|---|---|
| R44<br>Explosionsgefahr bei Erhitzen unter Einschluss möglich | EUH044<br>Explosionsgefahr bei Erhitzen unter Einschluss. |
| R45<br>Kann Krebs erzeugen | H350<br>Kann Krebs erzeugen. |
| R46<br>Kann vererbbare Schäden verursachen | H340<br>Kann genetische Defekte verursachen. |
| R48<br>Gefahr ernster Gesundheitsschäden bei längerer Exposition:<br>in Kombination mit R23, 24 oder 25 | H372<br>Schädigt die Organe bei längerer oder wiederholter Exposition. |
| in Kombination mit R20, 21 oder 22 | H373<br>Kann die Organe schädigen bei längerer oder wiederholter Exposition. |
| R49<br>Kann Krebs erzeugen beim Einatmen | H350i<br>Kann bei Einatmen Krebs erzeugen. |
| R50<br>Sehr giftig für Wasserorganismen | H400<br>Sehr giftig für Wasserorganismen. |
| R50/53<br>Sehr giftig für Wasserorganismen, kann in Gewässern längerfristig schädliche Wirkungen haben:<br>Aqu.akut 1 | H400<br>Sehr giftig für Wasserorganismen. |
| Aqu.chron. 1 | H410<br>Sehr giftig für Wasserorganismen, mit langfristiger Wirkung. |
| R51/53 –<br>Giftig für Wasserorganismen, kann in Gewässern längerfristig schädliche Wirkungen haben | H411<br>Giftig für Wasserorganismen, mit langfristiger Wirkung. |
| R52/53 –<br>Schädlich für Wasserorganismen, kann in Gewässern längerfristig schädliche Wirkungen haben | H412<br>Schädlich für Wasserorganismen, mit langfristiger Wirkung. |
| R53<br>Kann in Gewässern längerfristig schädliche Wirkungen haben | H413 Kann für Wasserorganismen schädlich sein, mit langfristiger Wirkung. |

– Fortsetzung Tabelle nächste Seite –

| R-Sätze | Gefahrenhinweise |
|---|---|
| R54<br>Giftig für Pflanzen | KEINE direkte Umwandlung möglich. |
| R55<br>Giftig für Tiere | KEINE direkte Umwandlung möglich. |
| R56<br>Giftig für Bodenorganismen | KEINE direkte Umwandlung möglich. |
| R57<br>Giftig für Bienen | KEINE direkte Umwandlung möglich. |
| R58<br>Kann längerfristig schädliche Wirkungen auf die Umwelt haben | KEINE direkte Umwandlung möglich. |
| R59<br>Gefährlich für die Ozonschicht | EUH059<br>Die Ozonschicht schädigend. |
| R60<br>Kann die Fortpflanzungsfähigkeit beeinträchtigen | H360F<br>Kann die Fruchtbarkeit beeinträchtigen. |
| R61<br>Kann das Kind im Mutterleib schädigen | H360D<br>Kann das Kind im Mutterleib schädigen. |
| R62<br>Kann möglicherweise die Fortpflanzungsfähigkeit beeinträchtigen | H361f<br>Kann vermutlich die Fruchtbarkeit beeinträchtigen. |
| R63<br>Kann das Kind im Mutterleib möglicherweise schädigen | H361d<br>Kann vermutlich das Kind im Mutterleib schädigen. |
| R64<br>Kann Säuglinge über die Muttermilch schädigen | H362<br>Kann Säuglinge über die Muttermilch schädigen. |
| R65<br>Gesundheitsschädlich: Kann beim Verschlucken Lungenschäden verursachen: | H304<br>Kann bei Verschlucken und Eindringen in die Atemwege tödlich sein. |
| R66<br>Wiederholter Kontakt kann zu spröder oder rissiger Haut führen | EUH066<br>Wiederholter Kontakt kann zu spröder oder rissiger Haut führen. |

– Fortsetzung Tabelle nächste Seite –

| R-Sätze | Gefahrenhinweise |
|---|---|
| R67<br>Dämpfe können Schläfrigkeit oder Benommenheit verursachen | H336<br>Kann Schläfrigkeit und Benommenheit verursachen. |
| R68<br>Irreversibler Schaden möglich | H341<br>Kann vermutlich genetische Defekte verursachen. |
| R68/20, R68/21, R68/22<br>Gesundheitsschädlich: Möglichkeit irreversiblen Schadens durch... | H371<br>Kann die Organe schädigen. |

Tabelle 15: Übersicht zu R-Sätzen und Gefahrenhinweisen

# Umwandlungstabellen

Die R-Sätze/Gefahrenhinweise und Gefahrensymbole nach der EG Richtlinie 67/548/EWG können den Gefahrenpiktogrammen (GHS/CLP-Verordnung) und H-Sätzen zugeordnet werden. Grundlage dieser Auflistung ist die Umwandlungstabelle nach Anhang VII der GHS/CLP-Verordnung (EG-Verordnung 1272/2008). Bei mehreren Einstufungen ist keine direkte Umwandlung möglich.

Die folgenden Tabellen zu physikalischen Gefahren, Gesundheitsgefahren und Umweltgefahren dienen der allgemeinen Orientierung; sie sind nicht rechtlich verbindlich.

| Gefahrenhinweise R-Sätze | Gefahrensymbole nach 67/548 | Gefahrenpiktogramme nach GHS/CLP-VO | Gefahrenhinweise/ H-Sätze |
|---|---|---|---|
| R2, R3 | Explosionsgefährlich | Gefahr | H200 H201 H202 H203 |
| – | – | Achtung | H204 H205 |
| R6 R7 | – | Gefahr | H240 H241 |
| R7 R8, R9 | Brandfördernd | Gefahr/Achtung | H241 H242 H270 H271 H272 |
| R10 / Flammpunkt | – | Achtung | H223 H226 |
| R11 R12 R15 R17 | Leichtentzündlich | Gefahr/Achtung | H228, H225 H220, H221 H222, H224 H250, H261 H260 H250 |

– Fortsetzung Tabelle nächste Seite –

| Gefahrenhinweise R-Sätze | Gefahrensymbole nach 67/548 | Gefahrenpiktogramme nach GHS/CLP-VO | Gefahrenhinweise/ H-Sätze |
|---|---|---|---|
| – | – | Gefahr/Achtung | H251 H252 |
| – | – | Achtung | H280 H281 |
| – | – | Achtung | H290 |

Tabelle 16: Physikalische Gefahren

*Umwandlungstabellen* 151

| Gefahrenhinweise R-Sätze | Gefahrensymbole | Gefahrenpiktogramme | Gefahrenhinweise/ H-Sätze |
|---|---|---|---|
| R23<br>R24<br>R25<br>R26<br>R27<br>R28 | Giftig / Sehr giftig | Gefahr | H330, H331<br>H311<br>H301<br>H330<br>H310<br>H300 |
| R23, R24<br>R25, R26, R27<br>R28, R39<br><br>R48/23, R48/24<br>R48/25<br><br>R45, R49<br>R46<br>R60, R61 | Giftig / Sehr giftig | Gefahr | H370<br>H370<br>H370<br><br>H372<br><br><br>H350<br>H340<br>H360 |
| R65<br><br>R 42 | Xn | Gefahr | H304<br><br>H334 |
| R33, R48/20, R48/21<br><br>R68/20, R68/21<br>R68/22<br><br><br>R40<br>R62, R63<br>R68 | Xn | Achtung | H373<br><br>H371<br><br><br><br>H351<br>H361<br>H341 |
| R20<br>R21<br>R22 | Xn | Achtung | H332<br>H312<br>H302 |
| R36<br>R37, R67<br>R38<br>R43 | Xi | Achtung | H315<br>H335, H336<br>H315<br>H317 |
| R41 | Xi | Gefahr | H318 |
| R34, R35 | Ätzend | Gefahr | H314 |

Tabelle 17: Gesundheitsgefahren

| Gefahrenhinweise R-Sätze | Gefahrensymbole | Gefahrenpiktogramme | Gefahrenhinweise/ H-Sätze |
|---|---|---|---|
| R50<br>R50/53<br>R51/53 | Umwelt-gefährlich | Achtung | H400<br>H410, H400<br>H411 |
| R52/53 | – | – | H412 |
| – | – | – | H413 |

Tabelle 18: Umweltgefahren

# Anhang I

## Dokumentation
## der arbeitsbereichs- und tätigkeitsbezogenen Unterweisung
## gemäß § 14 Gefahrstoffverordnung

Am _____ fand

❏ die vor erstmaliger Aufnahme der Tätigkeit erforderliche
❏ die jährliche
❏ die bei veränderten Arbeitsbedingungen, neuen Arbeitsmitteln vorgeschriebene

arbeitsplatz- und tätigkeitsbezogene Unterweisung gemäß Gefahrstoffverordnung statt.
Die Unterweisung wurde durch Herrn/Frau _____ durchgeführt.

**Themen der Unterweisung:**

Anhand der Gruppenbetriebsanweisungen wurde über die auftretenden Gefahren, den Grad der Gefährdung sowie über die erforderlichen Schutzmaßnahmen und Verhaltensregeln bei Tätigkeiten mit

*explosionsgefährlichen, brandfördernden, entzündlichen, brennbaren, giftigen, gesundheitsgefährdenden, ätzenden, umweltgefährlichen*

Stoffen mündlich und arbeitsplatzbezogen unterwiesen. Auf die sachgerechte Entsorgung entstehender gefährlicher Abfälle wurde hingewiesen. Die Betriebsanweisungen stehen in schriftlicher Form zur Einsichtnahme zur Verfügung.

_____

❏ In der Unterweisung wurde auch die arbeitsmedizinsch-toxikologische Beratung berücksichtigt.

  ❏ Diese Beratung erfolgte mit Unterstützung des Facharztes für Arbeitsmedizin (arbeitsmedizinische Betreuung) am _____
  Datum

  ❏ In der Unterweisung wurde umfassend über Präventionsmaßnahmen und ergänzende Schutzmaßnahmen bei Tätigkeiten mit krebserzeugenden, erbgutverändernden oder fruchtbarkeitsgefährdenden Gefahrstoffen informiert.

_____
_____
_____
_____
_____
_____
_____

## Teilnehmer an der Unterweisung:

| Name | Arbeitsplatz | Tätigkeit als | Unterschrift der/des Unterwiesenen |
|------|--------------|---------------|------------------------------------|
|      |              |               |                                    |

_____, den _____

_____
Unterschrift des Apothekenleiters

Apothekenstempel

# Anhang II

## Gefährdungsbeurteilung
## Wirksamkeitsprüfung/Dokumentation

Die Gefährdungsbeurteilung erfolgte unter Berücksichtigung der im Apothekenbetrieb vorkommenden Tätigkeiten.

Die zur Verfügung stehenden Gerätschaften wurden hinsichtlich der Funktionsfähigkeit überprüft; der Apotheker wird unverzüglich informiert, wenn Gefährdungen/Risiken durch nicht ordnungsgemäß beschaffene Geräte, Bruch etc. zu befürchten ist.
Die betrieblich festgelegten Schutzmaßnahmen wurden im Rahmen der jährlichen Unterweisung erklärt; sie hängen schriftlich aus und können jederzeit nachgelesen werden.

Der Apotheker wird unverzüglich informiert, wenn im Rahmen der Tätigkeiten Gefährdungen/Risiken (Inhalation, Hautkontakt, Aufnahme) aufgetreten sind.

**Die angeordneten Schutzmaßnahmen entsprechend der Gefährdungsbeurteilungen sind einzuhalten.**

_____, den _____  _____
                                                                                            Unterschrift Apothekenleiter

Name/Mitarbeiter  _____
                                                                                            Unterschrift Mitarbeiter

# Anhang III

## Explosionsschutzdokumentation

❑ In der Apotheke werden brennbare Flüssigkeiten/Stoffe nicht in gefährlichen Mengen oder Konzentrationen, die zu Brand- oder Explosionsgefahren führen können, gelagert.

❑ Es sind nur geringe Mengen an brennbaren Stoffen (leicht entzündliche, hoch entzündliche, brandfördernde und explosionsgefährliche Gefahrstoffe) vorhanden.

❑ Bei Tätigkeiten werden die allgemeinen Schutzmaßnahmen eingehalten; insbesondere Zündquellen, die zu Bränden und Explosionen führen können, werden bei Tätigkeiten mit diesen Gefahrstoffen – soweit möglich – vermieden.

❑ Tätigkeiten, bei denen sich gelegentlich eine gefährliche explosionsfähige Atmosphäre als Gemisch aus Luft und brennbaren Gasen, Dämpfen oder Nebel bilden kann, sind – soweit vom Arbeitsverfahren möglich – im Abzug durchzuführen.

❑ Durch die betrieblich angeordnete Arbeitsorganisation, die Arbeitsverfahren und die Schutzmaßnahmen ist die Wahrscheinlichkeit wie auch die Dauer des Auftretens gefährlicher explosiver Gemische weitgehend auszuschließen.

❑ Besondere Sorgfalt gilt, wenn die Gefahr der Aktivierung von Zündquellen einschließlich elektrostatische Entladung besteht.

❑ Bei Brand oder Explosionen sind die in Kapitel I 7.3 festgelegten Schutzmaßnahmen (Betriebsstörungen, Unfälle, Notfälle) zu beachten.

_____, den _____  _____
                                                                                             Unterschrift des Apothekenleiters

# Anhang IV

## Checkliste Arbeitsschutz / Gefahrstoffe

- ❏ Die aktuellen Sicherheitsdatenblätter zu den im Betrieb verwendeten Gefahrstoffen stehen zur Verfügung.

- ❏ Das Gefahrstoffverzeichnis ist vorhanden und wird jährlich aktualisiert; dies ist mit Datum und Unterschrift zu dokumentieren.

- ❏ Neue Mitarbeiter wurden vor Aufnahme der Tätigkeit unterwiesen.

- ❏ Die Unterweisung aller Mitarbeiter erfolgt jährlich und arbeitsplatzbezogen.

- ❏ Die Gefährdungsbeurteilung sowie die betrieblich angeordneten Schutzmaßnahmen werden jährlich überprüft, aktualisiert und entsprechend den betrieblichen Gegebenheiten ergänzt.

- ❏ Die Überprüfung und Wirksamkeit der Schutzmaßnahmen wird jährlich mit Datum und Unterschrift dokumentiert.

- ❏ Personen- und tätigkeitsbezogene Dokumentation erfolgt im Rahmen der Gefährdungsermittlung auf Grund der Mengen und Konzentrationen
  - ❏ nicht
  - ❏ wird durchgeführt (Muster / Dokumentationsbogen Anhang V).

- ❏ Sicherheitstechnische und arbeitsmedizinische Betreuung (Unternehmen) _____,
  letzte Begehung (Datum) _____
  Festgestellte Mängel: _____
  abgestellt am: _____

- ❏ Im Rahmen der arbeitsmedizinischen Betreuung erfolgte auch eine arbeitsmedizinische toxikologische Beratung. (Name: _____)

- ❏ Auf die Vorsichtsmaßnahmen bei der Durchführung von Blutuntersuchungen wurde eingegangen. Die Empfehlungen der Bundesapothekenkammer werden beachtet.

- ❏ Dokumentation im Rahmen eines Explosionsschutzdokumentes oder der Hinweis, dass auf dieses auf Grund der Mengen und Konzentrationen brennbarer Gefahrstoffe verzichtet werden kann.

- ❏ Auszubildende werden nur entsprechend ihrer Kenntnisse und Fähigkeiten im Umgang mit Gefahrstoffen eingesetzt.

- ❏ Schwangere und stillende Mitarbeiter dürfen bestimmte Tätigkeiten mit Gefahrstoffen nicht durchführen; sie wurden diesbezüglich informiert.

- ❏ Bei der Herstellung und Prüfung von Ausgangsstoffen mit gefährlichen Eigenschaften wird ein geschlossener Kittel getragen.

- ❏ Schutzbrillen, Schutzhandschuhe mit unterschiedlicher Schutzwirkung, Atemschutzmasken stehen zur Verfügung.

- ❏ Fluchtwege und Feuerlöscher sind mit Hinweisschildern gekennzeichnet.

- ❏ Die Feuerlöscher werden regelmäßig gewartet und im Abstand von 2 Jahren auf ihre Funktionsfähigkeit geprüft.

- ❏ Die Mitarbeiter wurden in die Handhabung der Feuerlöscher eingewiesen.

- ❏ Abgabe von Gefahrstoffen: kindersichere Flaschen, tastbare Warnzeichen sind vorhanden.

- ❏ Gefahrenpiktogramme und Signalwörter; ein Hinweis zur ordnungsgemäßen Kennzeichnung der Gefahrstoffe, Auflistung der aktuellen H- und P-Sätze, Gebrauchsanweisung in kopierter Form für einige giftige und ätzende Gefahrstoffe (insbesondere Salzsäure, Natronlauge), Sicherheitsdatenblätter für die Abgabe an berufliche Verwender stehen zur Verfügung oder ein entsprechendes Computersystem.

- ❏ Elektrische Anlagen werden von einer Elektrofachkraft im Abstand von höchstens 3 Jahren hinsichtlich der Montage, der Installation und des Betriebes geprüft.

❏ Mängel festgestellt     ❏ nicht festgestellt

_____
_____
_____
_____
_____

Abstellung der Mängel:
_____
_____
_____
_____

_____, den _____     _____
                                                Unterschrift

# Anhang V

## Dokumentation – Gefahrstofftätigkeiten

| Datum | Person | Tätigkeit | | Gefahrstoff | Menge | besondere / ergänzende Schutz- maßnahmen | besondere Vorkommnisse |
|---|---|---|---|---|---|---|---|
| | | Herstellung Lösung/Salbe/ Kapseln | Prüfung | | | | |
| | | | | | | | |

# Anhang VI

## Notruftafel

**Polizei / Notruf**           110

**Feuerwehr / Rettungswagen**      112

| | |
|---|---|
| Erste Hilfe | Telefon |
| Arzt, Name, Adresse | Telefon |
| Arzt, Name, Adresse | Telefon |
| Arzt, Name, Adresse | Telefon |
| Kinderarzt, Name, Adresse | Telefon |
| Krankenhaus, Ambulanz, Name, Adresse | Telefon |
| Krankenhaus, Ambulanz, Name, Adresse | Telefon |

**Wichtige Notizen:**

# Anhang VII

## Giftinformationszentren
der Bundesrepublik Deutschland

| K | = | Kinderklinik |
|---|---|---|
| I | = | Medizinische Klinik |
| T | = | Toxikologisches Institut |

(Dem Bundesinstitut für gesundheitlichen Verbraucherschutz und Veterinärmedizin von den Bundesländern nach § 16 e Chemikaliengesetz benannt.)
Stets aktualisierte Fassung unter www.pharmazeutische-zeitung.de/index.phb?id=18

### Berlin

Charité, Campus Virchow Klinikum     **I**
Klinik für Nephrologie und
internistische Intensivmedizin
Augustenburger Platz 1, 13353 Berlin
Telefon (0 30) 450-55 35 55
Fax (0 30) 450-55 39 15
E-Mail: nephrologie@charite.de
http://www.charite.de/rv/nephro

Berliner Betrieb für     **K**
Zentrale Gesundheitliche Aufgaben (BBGes)
Institut für Toxikologie, Klinische Toxikologie
und Giftnotruf Berlin
ö.B.: Vivantes Humboldt Klinikum/KboN
Oranienburger Straße 285, 13437 Berlin
Telefon (0 30) 1 92 40,
E-Mail: mail@giftnotruf.de
http://www.giftnotruf.de

### Bonn

Informationszentrale gegen Vergiftungen,     **K**
Zentrum für Kinderheilkunde der Rheinischen Friedrich-Wilhelms-Universität Bonn
Adenauerallee 119, 53113 Bonn
Telefon (02 28) 1 92 40
Fax (02 28) 2 87-3 33 14, -3 32 78
E-Mail: gizbn@kkb.uni-bonn.de
http://www.meb.uni-bonn.de/giftzentrale/

### Erfurt

Gemeinsames Giftinformationszentrum der Länder Mecklenburg-Vorpommern, Sachsen, Sachsen-Anhalt und Thüringen
c/o Helios Klinikum Erfurt
Nordhäuser Straße 74, 99089 Erfurt
Telefon (03 61) 73 07 30; Fax (03 61) 7 30 73 17
E-Mail: ggiz@ggiz-erfurt.de
http://www.ggiz-erfurt.de

### Freiburg

Universitätsklinikum Freiburg     **K**
Vergiftungs-Informations-Zentrale
Zentrum für Kinderheilkunde und Jugendmedizin
Mathildenstraße 1, 79106 Freiburg
Telefon (07 61) 1 92 40, Fax (07 61) 2 70-44 57
E-Mail: giftinfo@uniklinik-freiburg.de
http://www.giftberatung.de

### Göttingen

Giftinformationszentrum-Nord der     **T**
Länder Bremen, Hamburg, Niedersachsen und
Schleswig-Holstein (GIZ-Nord)
Universitätsmedizin Göttingen–
Georg-Augustus-Universität
Robert-Koch-Straße 40, 37075 Göttingen
Telefon (05 51) 1 92 40    (für die Bevölkerung)
             (05 51) 38 31 80 (für med. Fachpersonal)
Fax (05 51) 3 83 18 81
E-Mail: giznord@giz-nord.de
http://www.giz-nord.de

### Homburg

Universitätskliniken     **K**
Klinik für Kinder- und Jugendmedizin
Informations- und Beratungszentrale
für Vergiftungen
66421 Homburg/Saar
Telefon (0 68 41) 1 92 40
Fax (0 68 41) 1 62 11 09
E-Mail: giftberatung@uks.eu
http://www.med-rz.uni-sb.de

## Mainz

Beratungsstelle bei Vergiftungen –    **I**
Giftinformationszentrum der Länder
Rheinland-Pfalz und Hessen
Universitätsklinikum
Langenbeckstraße 1, 55131 Mainz
Telefon (0 61 31) 1 92 40 (Notruf),
               23 24 66 (Infoline)
Fax (0 61 31) 23 24 68
Vanity-Nummer: 0700-GIFTINFO
E-Mail: mail@giftinfo.uni-mainz.de
http://www.giftinfo.uni-mainz.de

## München

Giftnotruf München,    **I**
Toxikologische Abteilung
der II. Medizinischen Klinik der
Technischen Universität München
Ismaninger Straße 22, 81675 München
Telefon (0 89) 1 92 40
Fax (0 89) 41 40 24 67
E-Mail: tox@lrz.tum.de
http://www.toxinfo.org

## Nürnberg

Giftinformationszentrale der    **I**
Medizinischen Klinik 2
des Klinikums Nürnberg Nord
Prof.-Ernst-Nathan-Straße 1, 90149 Nürnberg
Telefon (09 11) 3 98 24 51
Fax (09 11) 3 98-21 92
E-Mail: giftnotruf@klinikum-nuernberg.de
http://www.giftinformation.de

# Glossar

| | | | |
|---|---|---|---|
| Arbeitsplatzgrenzwert | Grenzwert für die zeitlich gewichtete durchschnittliche Konzentration eines Stoffes in der Luft am Arbeitsplatz in Bezug auf einen gegebenen Referenzeitraum. Er gibt an, bei welcher Konzentration eines Stoffes akute oder chronische schädliche Auswirkungen auf die Gesundheit im Allgemeinen nicht zu erwarten sind. | CMR | Stoffe mit der Einstufung cancerogen (krebserzeugend / Kanzerogenität), mutagen (erbgutverändernd / Keimzellen-Mutagenität), reproduktionstoxisch (Rf-fruchtbarkeitsgefährdend / Beeinträchtigung der Fortpflanzungsfähigkeit / Fruchtbarkeit; Re-fruchtschädigend / entwicklungsschädigend) |
| Biologischer Arbeitsstoffe | „Biologische Arbeitsstoffe sind Mikroorganismen, einschließlich gentechnisch veränderter Mikroorganismen, Zellkulturen und humanpathogener Endoparasiten, die beim Menschen Infektionen, sensibilisierende oder toxische Wirkungen hervorrufen können." § 2 Biostoffverordnung | DNEL | Derived no effect level (REACH-Verordnung, EG Verordnung 1907/2006), wissenschaftlich abgeleiteter Grenzwert, unterhalb dessen ein Stoff keine Wirkung auf den Menschen ausübt. |
| Biologischer Grenzwert | Grenzwert für die toxikologisch-arbeitsmedizinisch abgeleitete Konzentration eines Stoffes, seines Metaboliten oder eines Beanspruchungsindikators im entsprechenden biologischen Material, bei dem im Allgemeinen die Gesundheit eines Beschäftigten nicht beeinträchtigt wird. | Downstream user | Nachgeschaltete Anwender. Ein nachgeschalteter Anwender ist jede natürliche oder juristische Person mit Sitz in der Europäischen Gemeinschaft, die im Rahmen ihrer industriellen oder gewerblichen Tätigkeit einen Stoff als solchen oder in einer Zubereitung verwendet, mit Ausnahme des Herstellers oder Importeurs (Art. 3 Nr. 13 EG Verordnung 1907/2006 – REACH-Verordnung). Hersteller und Importeure sind nach REACH primäre Stoffverantwortliche, die nachgeschalteten Anwender, wie u. a. Apotheker (downstream user), werden als sekundäre Stoffverantwortliche bezeichnet. |
| CAS Nummer | Eindeutige Identifikationsnummer von chemischen Stoffen. CAS Nummern werden vom **C**hemical **A**bstract **S**ervice mit Sitz in Ohio, USA, vergeben. | | |
| CLP Verordnung | EG Verordnung 1272/2008 Regulation on Classification, Labelling and Packaging of Substances and Mixtures. Die Verordnung wird auch GHS genannt, weil sie das Globally Harmonized System of Classification and Labelling of Chemicals der Vereinten Nationen in die EG implementiert. Die Verordnung ist seit dem 20. 1. 2009 in Kraft. | ECHA | European Chemicals Agency – Europäische Chemikalienagentur, Helsinki, zuständig für das REACH Verfahren – Registrierung, Bewertung, Zulassung und Beschränkung chemischer Stoffe. |
| | | EG Nummer | Amtliche Nummer eines Stoffes in der Europäischen Union (EINECS-, ELINCS-Nummer). |

| | |
|---|---|
| EINECS | European Inventory of Existing Commercial Substances – Verzeichnis der Stoffe, die sich am 18. September 1981 in der EG im Verkehr befanden (EG Stoffrichtline 67 / 548 / EWG). |
| Einstufung | Zuordnung von Gefährlichkeitsmerkmalen. |
| ELINCS | European List of Notified Chemical Substances – Europäische Liste der angemeldeten chemischen Stoffe. Die Liste wird im Amtsblatt der Europäischen Union veröffentlicht. |
| Erzeugnis | Gegenstand, der bei der Herstellung eine spezifische Form, Oberfläche oder Gestalt erhält, die in größerem Maße als die chemische Zusammensetzung seine Funktion bestimmt (Art. 2 Nr. 9 EG Verordnung 1272 / 2008). |
| EUH-Satz | (EU-Leftover) Ergänzende Gefahrenmerkmale und Kennzeichnungselemente. Zusätzliche Kennzeichnungselemente, die nicht zum weltweiten GHS-System gehören, aber in der EU Bestandteil der Kennzeichnung sind. Hierzu gehören auch einige frühere R-Sätze (Anhang III, Teil 2 und 3 der EG Verordnung 1272 / 2008). |
| Fachkunde | Befähigung zur Ausübung einer bestimmten Aufgabe. Die Anforderungen an die Fachkunde sind abhängig von der jeweiligen Art der Aufgabe. Zu den Anforderungen können eine entsprechende Berufsausbildung, Berufserfahrung, zeitnahe berufliche Tätigkeit und die Teilnahm an gezielten Weiterbildungsmaßnahmen zählen (§ 3 GefStoffV) |
| Flammpunkt | Der Flammpunkt einer brennbaren Flüssigkeit ist die niedrigste Temperatur, bei der sich aus ihr unter festgelegten Bedingungen so viele Dämpfe entwickeln, dass sich ein durch Fremdzündung entflammbares Dampf-Luftgemisch bildet. Beim offenen Umgang mit brennbaren Flüssigkeiten, deren Flammpunkt niedriger ist, als Raum oder Umgebungstemperatur, besteht Entzündungs- oder Explosionsgefahr. |
| Gefahrenhinweis | Siehe H-Satz |
| Gefahrenkategorie | Die Untergliederung nach Kriterien innerhalb der einzelnen Gefahrenklassen zur Angabe der Schwere der Gefahr (Art. 2 Nr. 2 EG Verordnung 1272 / 2008). |
| Gefahrenklasse | Art der physikalischen Gefahr, der Gefahr für die menschliche Gesundheit oder der Gefahr für die Umwelt (Art. 2 Nr. 1 EG Verordnung 1272/2008). |
| Gefahrenpiktogramm | Eine grafische Darstellung die aus einem Symbol sowie weiteren grafischen Elementen, wie etwa einer Umrandung, einem Hintergrundmuster oder einer Hintergrundfarbe, besteht und der Vermittlung einer bestimmten Information über die betreffende Gefahr dient. |
| Gefährlichkeitsmerkmal | Gefährliche Eigenschaften von Stoffen und Gemischen/Zubereitungen (§ 3a ChemG, § 4 GefStoffV). |
| Gemisch | Gemische oder Lösungen, die aus zwei oder mehr Stoffen bestehen; der Begriff Gemisch ist bedeutungsgleich mit dem Begriff „Zubereitung" (Art. 2 Nr. 8 EG Verordnung 1272 / 2008). |
| GHS | Global Harmonisiertes System zur Einstufung und Kennzeichnung von Chemikalien (englisch: **G**lobally **H**armonized **S**ystem of Classification and Labelling of Chemicals). Die Einstufung und Kennzeichnung von gefährlichen Stoffen und Gemischen sollen weltweit vereinheitlicht werden. GHS der UN wird in Europa mit der EG Verordnung 1272 / 2008 (auch CLP-Verordnung genannt) umgesetzt. Die Verordnung trat am 20. 1. 2009 in Kraft. |
| H-Satz | Gefahrenhinweis (englisch: hazard statement) auf Verpackungen / in Sicherheitsdatenblättern. Textaussage zu einer bestimmten Gefahrenklasse und Gefahrenkategorie, die die Art und gegebenenfalls den Schweregrad der von einem gefährlichen Stoff oder Gemisch ausgehenden Gefahr beschreibt (Art. 2 Nr. 5 EG Verordnung 1272 / 2008). |

|  |  |
|---|---|
| Hersteller | Jede natürliche oder juristische Person mit Sitz in der Gemeinschaft, die in der Gemeinschaft einen Stoff herstellt (Art. 2 Nr. 15 EG Verordnung 1272 / 2008). |
| Inverkehrbringen | Entgeltliche oder unentgeltliche Abgabe an Dritte oder Bereitstellung für Dritte. Die Einfuhr gilt als Inverkehrbringen (Art. 2 Nr. 18 EG Verordnung 1272 / 2008) |
| Lagern | Aufbewahren zur späteren Verwendung sowie zur Abgabe an andere. Es schließt die Bereitstellung zur Beförderung ein, wenn die Beförderung nicht binnen 24 Stunden nach der Bereitstellung oder am darauffolgenden Werktag erfolgt. Ist dieser Werktag ein Samstag, so endet die Frist mit Ablauf des nächsten Werktages (§ 3 GefStoffV). |
| $LC_{50}$ | Mittlere tödliche Konzentration eines Stoffes oder eines Gemisches, die nach Aufnahme über die Atemwege von Versuchstieren innerhalb eines bestimmten Zeitraumes die Hälfte der Versuchstiere tötet. Sie wird ausgedrückt in Milligramm pro Liter Luft pro vier Stunden und wird an der Ratte als Versuchstier bestimmt. |
| $LD_{50}$ | Mittlere tödliche Menge eines Stoffes oder eines Gemisches, die nach Verbringen in den Magen oder auf die Haut von Versuchstieren derselben Art von deren Körper aufgenommen wird und die Hälfte der Versuchstiere tötet. Sie wird ausgedrückt in Milligramm pro Kilogramm Körpergewicht. |
| Nachgeschalteter Anwender | Siehe Downstream user |
| P-Satz | Sicherheitshinweis (englisch: precautionary statement) auf Verpackungen/in Sicherheitsdatenblättern. Textaussage, die eine (oder mehrere) empfohlene Maßnahme(n) beschreibt, um schädliche Wirkungen aufgrund der Exposition gegenüber einem gefährlichen Stoff oder Gemisch bei seiner Verwendung oder Beseitigung zu begrenzen oder zu vermeiden (Art. 2 Nr. 6 EG Verordnung 1272 / 2008). |
| REACH | Registration, Evaluation, Authorisation of Chemicals (Registrierung, Bewertung, Zulassung und Beschränkung von Chemikalien, REACH Verordnung EG Nr. 1907 / 2006). Die Verordnung ist am 1. Juni 2007 in Kraft getreten. |
| Sicherheitsdatenblatt | Formular: Auflistung der wichtigen physikalischen, chemischen, sicherheitstechnischen, toxikologischen, ökologischen und sonstigen Eigenschaften eines Stoffes/Gemisches |
| Sicherheitshinweis | siehe P-Satz |
| Signalwort | Ein Wort, das das Ausmaß der Gefahr angibt, um den Leser auf eine potenzielle Gefahr hinzuweisen; dabei wird zwischen folgenden zwei Gefahrenausmaßstufen unterschieden: Gefahr: Signalwort für die schwerwiegenden Gefahrenkategorien; Achtung: Signalwort für die weniger schwerwiegenden Gefahrenkategorien; (Art. 2 Nr. 4 EG Verordnung 1272 / 2008). |
| Stand der Technik | Entwicklungsstand fortschrittlicher Verfahren, Einrichtungen oder Betriebsweisen, der die praktische Eignung einer Maßnahme zum Schutz der Gesundheit und zur Sicherheit der Beschäftigten gesichert erscheinen lässt. Bei der Bestimmung des Standes der Technik sind insbesondere vergleichbare Verfahren, Einrichtungen oder Betriebsweisen heranzuziehen, die mit Erfolg in der Praxis erprobt worden sind. Gleiches gilt für die Anforderungen an die Arbeitsmedizin und die Arbeitsplatzhygiene (§ 3 GefStoffV). |
| Stoffe | Chemische Elemente oder chemische Verbindungen, wie sie natürlich vorkommen oder hergestellt werden, einschließlich der zur Wahrung der Stabilität notwendigen Hilfsstoffe und der durch das Herstellungsverfahren bedingten Verunreinigungen, mit Ausnahme von Lösungsmitteln, die von dem Stoff ohne Beeinträchtigung seiner Stabilität und ohne Änderung seiner Zusammensetzung abgetrennt werden können (§ 3 ChemG). |

| | |
|---|---|
| Stoffverantwortliche | Oberbegriff, der alle gewerblichen oder industriellen Akteure bezeichnet, die gemäß REACH Beiträge zum Risikomanagement erstellen. Hersteller und Importeure sind primäre Stoffverantwortliche, die nachgeschalteten Anwender sind sekundäre Stoffverantwortliche. |
| STOT | Specific target organ toxicity – Zielorgan Toxizität; Stoffe und Gemische dieser Gefahrenklasse greifen ein bestimmtes Organ an. |
| TRBA | Technische Regeln für biologische Arbeitsstoffe. |
| TRbF | Technische Regeln für brennbare Flüssigkeiten. |
| TRBS | Technische Regeln für Betriebssicherheit. |
| TRGS | Technische Regeln für Gefahrstoffe, sie beschreiben den Stand der sicherheitstechnischen, arbeitsmedizinischen, hygienischen sowie arbeitswissenschaftlichen Anforderungen an Gefahrstoffe hinsichtlich Inverkehrbringen und Tätigkeiten. |
| Upstream User | Hersteller, Importeure und Lieferant nach REACH Verordnung (EG Verordnung 1907 / 2006); auch vorgeschaltete Akteure. |
| Verwendung | Verarbeiten, Formulieren, Verbrauchen, Lagern, Bereithalten. Behandeln, Abfüllen in Behältnisse, Umfüllen von einem Behältnis in ein anderes, Mischen, Herstellen eines Erzeugnisses oder jeder andere Gebrauch (Art. 2 Nr. 25 EG Verordnung 1272 / 2008). |

# Inhalt beiliegender CD-ROM

Auf beiliegender CD-ROM sind wichtige Dokumentationshilfen und Formulare dieses Buches in elektronischer Form enthalten. Damit wird eine individualisierte Verwendung der Dokumente und deren Anpassung an apothekenspezifische Gegebenheiten möglich.

Zur korrekten Wiedergabe der Symbole ist ein Farbdrucker erforderlich. Zur Wiedergabe von Dokumenten im Format .pdf ist die Software Acrobat®-Reader® erforderlich. Sie ist nicht auf der CD-ROM enthalten und kann über das Internet-Angebot des Herstellers (http://www.adobe.de) bezogen werden. Dokumente im Format .rtf können mit gängigen Textverarbeitungssystemen geöffnet und vom Benutzer bearbeitet werden.

**Liste der verfügbaren Dateien auf beiliegender CD-ROM**
(BA = Betriebsanweisung; GB = Gefährdungsbeurteilung) mit Angabe der entsprechenden Buchseite(n):

| Dateiname | Buchseite |
|---|---|
| BA_1_GHS1_Physikalische_Gefahren.pdf | 91 – 93 |
| BA_1_GHS1_Physikalische_Gefahren.rtf | 91 – 93 |
| BA_2_GHS2_Physikalische_Gefahren.pdf | 94 – 97 |
| BA_2_GHS2_Physikalische_Gefahren.rtf | 94 – 97 |
| BA_3_GHS3_Physikalische_Gefahren.pdf | 98 – 99 |
| BA_3_GHS3_Physikalische_Gefahren.rtf | 98 – 99 |
| BA_4_GHS4_Physikalische_Gefahren.pdf | 100 – 101 |
| BA_4_GHS4_Physikalische_Gefahren.rtf | 100 – 101 |
| BA_5_GHS5_Gesundheitsgefahren.pdf | 102 – 104 |
| BA_5_GHS5_Gesundheitsgefahren.rtf | 102 – 104 |
| BA_6_GHS6_Gesundheitsgefahren.pdf | 105 – 107 |
| BA_6_GHS6_Gesundheitsgefahren.rtf | 105 – 107 |
| BA_7_GHS7_Gesundheitsgefahren.pdf | 108 – 110 |
| BA_7_GHS7_Gesundheitsgefahren.rtf | 108 – 110 |
| BA_8_GHS8_Gesundheitsgefahren.pdf | 111 – 114 |
| BA_8_GHS8_Gesundheitsgefahren.rtf | 111 – 114 |
| BA_9_GHS9_Umweltgefahren.pdf | 115 – 116 |
| BA_9_GHS9_Umweltgefahren.rtf | 115 – 116 |
| BA_10_GHS8_Steroidhormone.pdf | 117 – 118 |
| BA_10_GHS8_Steroidhormone.rtf | 117 – 118 |
| BA_11_GHS8_Zytostatika.pdf | 119 – 121 |
| BA_11_GHS8_Zytostatika.rtf | 119 – 121 |
| BA_12_Explosionsschutz.pdf | 122 – 124 |
| BA_12_Explosionsschutz.rtf | 122 – 124 |
| GB_Allgemeine_Schutzmassnahmen.pdf | 125 – 126 |
| GB_Allgemeine_Schutzmassnahmen.rtf | 125 – 126 |
| GB_Zusaetzliche_Schutzmassnahmen.pdf | 127 – 128 |
| GB_Zusaetzliche_Schutzmassnahmen.rtf | 127 – 128 |
| GB_Besondere_Schutzmassnahmen.pdf | 129 – 130 |
| GB_Besondere_Schutzmassnahmen.rtf | 129 – 130 |

| Dateiname | Buchseite |
|---|---|
| Anhang_I_Dokumentation_Unterweisung.pdf | 153 – 154 |
| Anhang_I_Dokumentation_Unterweisung.rtf | 153 – 154 |
| Anhang_II_Dokumentation_GB.pdf | 155 |
| Anhang_II_Dokumentation_GB.rtf | 155 |
| Anhang_III_Dokumentation_Explosionsschutz.pdf | 156 |
| Anhang_III_Dokumentation_explosionsschutz.rtf | 156 |
| Anhang_IV_Checkliste.pdf | 157 – 158 |
| Anhang_IV_Checkliste.rtf | 157 – 158 |
| Anhang_V_Dokumentation_Taetigkeiten.pdf | 159 |
| Anhang_V_Dokumentation_Taetigkeiten.rtf | 159 |
| Anhang_VI_Notruftafel.pdf | 160 |
| Anhang_VI_Notruftafel.rtf | 160 |
| Anhang_VII_Giftinfo.pdf | 161 – 162 |
| Anhang_VII_Giftinfo.rtf | 161 – 162 |

**Symbole**
GHS01.jpg
GHS02.jpg
GHS03.jpg
GHS04.jpg
GHS05.jpg
GHS06.jpg
GHS07.jpg
GHS08.jpg
GHS09.jpg
Atemschutz.jpg
Augenschutz.jpg
Schutzhandschuhe.jpg
Feuer_verboten.jpg
Zutritt_verboten.jpg